琉球民俗誌

金関 丈夫

法政大学出版局

琉球民俗誌／目次

I

I

南島の古代

一

縄文土器で代表されている日本の先史時代文化、いわゆる縄文文化が沖縄列島に達していることは明らかであり、古くから知られているところである。しかし、これは沖縄本島までの話であって、宮古列島以南にまで達していたかどうかということは、わかっていなかった。宮古は調査されておらず、いまなおブランクである。

八重山列島の先史文化については、鳥居竜蔵博士以来の断片的な報告があったのみで、これも最近に至るまで明白にされていたとはいえない。鳥居博士は八重山の先史文化を縄文系のものとは異なるものと印象を受けていたらしく、そうした意味の予報を数回発表されたが、明治時代のこの知識は、その後いっこうに進歩しなかったのである。

日本先史時代文化の第二の波、弥生式文化は、南島にはまだ証明されていない。薩南の種子島や屋久島までは波及していることが、国分直一氏らの最近の調査で判明している。奄美大島には、かろうじてその影響かと思われる程度のある様相が見られるが、これも最近にわかったことで、まだ学界一般の知識にはなっていない。

日本では古墳時代文化の一つの代表者である祝部式の土器文化も近年までは、薩南の諸島にまでおよんでいることが知られていたのみで、その南進の限界ははっきりしていなかった。

従って、奄美群島や沖縄本島の先史文化は、まず縄文文化であり漁猟の文化であったと考えられていた。それは土器の様式からいえば、縄文文化としては前期式のおもかげを存し、その絶対年代は那覇市城嶽《ぐすくだけ》の貝塚出土の明刀銭（中国戦国時代の貨幣）の指すところに従って、紀元前にまでさかのぼり得るものとされていた。ただしこの明刀銭の出土を信ずるについては、なお幾分の保留を要すと思われていた。

しかし、注意すべきは、沖縄の縄文文化は日本の縄文文化そのままの様相ではなかったということである。土器の文様から見ても、石器の様相から見ても、そこには一種の特徴があり、いわば、沖縄式縄文文化とでも称すべき特殊点を含んでいることである。

南島の先史時代の文化の様相について、今までに知られていたことをかいつまんでいえば、ざっと右のとおりになる。

二

今次の我々の調査（南島文化の総合的調査第一年）が、以上のような従来の知識につけ加えることの出来る新事実として提供し得るのは、次の諸点である。

まず、沖縄本島の中頭郡の越来《ごえく》貝塚からは、祝部土器の破片が出る。のみならず、同様の土器は八重山の石垣市付近の諸遺跡からも発見される。正確な層位関係はまだ明らかではないが、祝部土器の文化は、八重山地方にまで、ある時代に、およんでいたことはたしかである。ただしこれは祝部土器の破片のみであって、これを含む日本の古墳時代の文化のあらゆる、あるいは多くの様相がこれに伴っているのではない。土器は日本内地で焼かれ、八重山にまで伝来されたかの印象をうける。その時代は日本内地の祝部文化のそれよりは非常に下るものであることが、いろいろの点から推察されるが、いまはこの問題に触れないでおく。

第二の発見は、八重山地方の先史文化が一種の農耕文化であり、沖縄本島以北の縄文文化とは全然系統を異にするものであるということである。この新しい知識は、こんど我々の発掘した波照間《はてるま》島の下田原《しもたばる》貝塚から得られたのである。下田原貝塚の土器は、近年まで八重山の新城《あらぐすく》島で焼かれていたハナレ焼きの先駆者と認められる。きわめて厚手の、貝粒の混った、赤焼きの、無紋の粗土器である。これは八重山群島内の他の諸遺跡からも発見され、また下田原以外の多くの遺跡では、明代の浙江省処州産の青磁の破片とも共存するものであって、明らかに近代にまで系統が続いている。

石器には工具と思われる少数の重量のある石斧のほかに、礫面利用の、扁平な、長方形の、半磨製の軽量なものが、おびただしく出る。

三

下田原貝塚は、波照間島の北岸にあり、眼の前に西表《いりおもて》島をひかえている。石器の石質や、貝塚出土の獣骨や、現在の住民のいろいろな土俗の上から推察して、下田原貝塚人は、ある時代における西表島の先史時代人の支派であったろうと考えられる。その時代は明確ではないが、さほど古いものとは思われない。この貝塚人の子孫が、ジャングルを次第に征服して、島の中央部に達したころは、もはや明代のシナ青磁が輸入され始めた時代であった証拠がある。島の中央部を占める現在の部落内の土地からは、処州産の青磁の破片がおびただしく見出される。それに混ってところどころ、下田原式の石器も発見されるのである。この時代に入って、島民の生活はやや豊かとなり、おそらくは稲作が始まっていたと思われる。ある程度の経済的集約が行われて、英雄時代に入ったもののようである。慶長十四年の島津の琉球入りまでは、そうしたロマンスの時代が続いたのである。この英雄時代の末期が、すなわち島の歴史時代の始まりであり、この時期以来、沖縄本島の文献に八重山が登場するのである。

下田原貝塚の示す文化様相は、しかし、波照間島だけに見られるのではない。竹富島や石垣島の大浜や、平得《ひらえ》や川平《かびら》などの遺跡もこれであり、これらの遺跡では下田原式の土器や石器と明代の青磁片とが共存している。鳥居博士は川平や大浜の遺跡のこうした状態から推して、八重山の石器時代は今から約五百年前に終りを告げたと想像せられた。もっともなことと思われる。

しかし、この八重山式先史文化は、いつのころから始まったか、それは今のところ、まだはっきりしていない。西表島や与那国《よなくに》島の将来の調査によってこれをはっきりさせる必要がある。

また、八重山式の先史文化は、どこにつながりを持つものであるかの問題がある。近代のハナレ焼きの祖型と見られる八重山の先史土器と同一のものは、沖縄本島の各遺跡にも見られる。また、その多くは八重山の場合と同じく、やはり明代のシナ青磁片を伴っているが、なかには青磁を伴わないものもある。

一方、鉄製のヘラによる現代の農耕の風は、八重山のみならず、宮古から沖縄本島におよんでいる。これらの地方でも、明らかに八重山式の先史文化が存在し、それが現代にまで連続しているのである。

沖縄本島において、この八重山式先史文化が、北方式の縄文文化と接触した可能性は、十分あると思われる。沖縄の縄文文化人が、漁猟時代を後にして、農耕時代に移ったのは、決して弥生式文化の影響ではなかった。沖縄特有の縄文土器や、礫面利用の軽量な石斧が、沖縄の縄文文化に伴うことも、これらの両文化の接触による一つの過渡期の様相と見られないことはないのである。

四

下田原貝塚の文化によって代表される八重山式の先史文化は、先にのべたように沖縄本島にも存在している。しかしここには古くから日本式の縄文文化が存在しており、これが独自の発展を遂げて、八重山式文化を結果したとは思えないから、後者が北方から起って八重山にまで南漸したとは考えられない。

鳥居博士はかつて、石垣島川平の先史文化は、マレイ式かと想像されたが、波照間の貝塚からは台湾の紅頭嶼や、さらに南方の先史時代に見られる一種の鑿《のみ》形の磨製石斧が出ている。紅頭嶼の用例から見て造船用の木工具と考えられるものであり、これは多分に南方式のものである。

また、ただの一例にすぎないが、明らかに北部台湾の先史土器にまぎれのない、格子状の押型紋土器の破片が下田原貝塚から出ている。島外の製品の輸入されたものであり、北部台湾の先史文化との連絡は疑うことが出来ない。こうした押型紋土器を特長とする北部台湾の遺跡からは、かつて永楽銭の出土したことがあり、ここでも石器時代の終末が明初に近いころであったことがわかっている。織物や、木彫や、有用動植物などの様相から見ても、八重山と南方との連絡の疑いは濃厚である。

しかし、重要なことは、現在の八重山人の体質である。われわれの調査によると、与那国島人や波照間島人の体質は、宮古や沖縄本島人よりもむしろ薩摩や大隅の住民に近いものであり、北九州人とはやや異なっているが、台湾や紅頭嶼の現在の住民とは、はなはだしくかけはなれているのである。

八重山地方の先史時代の文化が現在まで連続しているように、体質も先史時代から連続している、と見るよりほかはない。八重山の先史文化が北方より南下したのではないとすると、体質も文化と共に北上したものとしなければならない。

すると、先史時代の八重山人と同一の種族は、少なくとも九州の南端まではひろがっていたかも知れない。それよりもさらに北上して日本人の祖先の重要な要素の一部となったかとも考えられる。とりあえず南九州だけを問題にするとして、その地方の先史時代の文化は、日本一般の先史時代文化にほかならないが、沖縄本島の縄文式文化が一種の沖縄式様相を呈しているように、九州南端の縄文式や弥生式文化も、いくらか他の地方とは違った特殊の様相をもつ点はないであろうか。

最後につけ加えておくことは、八重山島民の体質が現在の台湾住民に似ていないことはたしかであるが、これで南方との縁が切れたと考える必要はない。フィリピンでは古い方の人種層に数えられているが、ルソン島東北岸には、ベイヤー教授がかつて「アイヌ」要素と記載した、毛深い人種がいる。調査資料がなくて比較されないのは残念であるが、これを念頭に置く必要はあるものと考える。

琉球通信

一

船待ちのため、一日ひまが出来て、鹿児島の市内を歩いた。島津家の菩提寺であった福昌寺の跡には、美しい石門や石階がのこっている。アフリカはスペインから始まると言われているが、こうした石造物を見ると、琉球はもうここから始まっている、と言いたくなった。

今の鹿児島県は、天下に名だたる貧乏県だ、と言うことで、それは台風のおかげだというのであるが、沖縄が貧乏なのも、一つはやはり台風のためである。沖縄の貧乏は鹿児島から始まる、というのが失礼にあたるようだから、石造物をもち出したので、台風のおかげで、これらの地方には、ひとしく石造の文化が発達したのであろう。アルファベットのアから始まる台風ではなくて、アメリカ軍の火力が、鹿児島や那覇や首里の石を吹っ飛ばしてしまったのも、やはりこれらの地方が戦いの通路に当ったからである。この不幸は、アの字の一度で沢山だ。福昌寺の石門がかろうじて残ったように、那覇では崇元寺の石門が、ただ一つ残されている。その重みは那覇市の戦後の建物全体よりもはるかに大きい。

こちらへ来て、混血児の問題が話題にのぼった。琉球にも混血児は非常に多い。皮膚の黒いのも少なくない。混血児は多いが、しかしここでは混血児の「問題」はない。母親の貧乏は、日本の母達にも劣らないだろうし、こちらのアチラさんが特に責任感に富んでいると思われる節もないのに、ここには混血児の収容所もなく、その社会問題もない。

ある米軍の士官が、本国の夫人の許諾を得て、琉球婦人に生ませた子供を、国へ連れ帰ろうとした。と、琉球の〝お蝶さん〟は、子供を連れて行方をくらましてしまった。子の取り合いはしばしば問題になるが、ここでは未だかつて子の押しつけ合いは起っていない。

この、琉球婦人の、子に対する強い愛着は、かりに子を生まさぬ場合を考えると、直ちに男に対する強い愛情だ、と考えてもいいらしい。利己的で小生意気な他県の彼女たちよりは、熱情的、献身的な琉球婦人の方に、彼らはかつての「お蝶夫人」を多分に見出すもののようである。三重城《みえぐすく》の港頭に立って、大和へ去る船中の愛人にハンカチを振る日傘姿の琉女のふりは、踊りの「花風」で見ると、優にやさしいものだが、そのうちには強い熱情が包まれているのが感じられる。彼女らはいまもこれを持ちつづけているらしい。

ところで、思い出すのは、鹿児島の港をわれわれの乗った白雲丸が離れた時のことである。港頭に立つ、同行のN君の夫人が、手首がちぎれて飛びはしまいかと気ずかわれたほど、はげしくハンカチを振りつづけた。うらやましいと思ったが、考えてみると、N夫人も鹿児島人である。鹿児島婦人の熱情も、琉球婦人のそれに、おさおさ劣るところはないようだ。もし一般がそうだとすると、ここでも、琉球は鹿児島から始まると言えそうだ。

二

奈良を訪れて、東大寺もなく、春日の森もなく、一本の大杉も一むれの馬酔木も見えず、どこが三笠の山で、どこが猿沢の池だったかも見当がつかない、というような光景を想像してもらえば、首里の都の跡に立った私の気持が察してもらえると思う。

「あの美しい綾の大路を歩いて、いま一度守礼の門を仰ぐことが出来なかったら、私の後半生は不幸な半生であろう」と、これはかつて私の書いた、やや誇張されたあこがれの言葉であるが、私一個の幸不幸の問題ではなくなった。世界はかけがえのない宝物を失ったのである。日本でもなく、中国でもなく、沖縄以外にはどこにもない文化の、最大の記念物が、いまはたれにも見ることが出来ない。東京にいる沖縄のある先輩は、この不幸を見る辛さを怖れて、戦後九年、まだ帰国しようとしないそうだが、その気持はよく解る。

かつての竜潭、いまは見るかげもない池のほとりに立って、悲しみの気持を味わうまでには、唖然たる幾時かが必要であった。「上るを見ても落つる涙は」と言うような、言葉の洒落には、遠い遠い気持だったが、ほんとうの涙はとめかねた。

竜潭のほとりに「首里博物館」を見出したのは、せめてもの慰めだった。館長は原田貞吉氏。昨年五月開館とのことで、まだ完全に整備されているとは言えない。〝琉球風〟屋根をふいたコの字形の平家建てで、決して堂々たるものではないが、東京の駒場の民芸館に次ぐ、東亜では第二の美しい民芸館になろうとしている。その美しさの大半は、壁面を埋めた琉球の染織品の美しさから来ている。琉球に来ても、こうした物を数多く見る機会は、戦前になかったことだ。

ただ、残念なことは、この種のものの第一流品は、すべて東京に集められて、ここでは見ることが出来ない。ここにあるものも、多くは戦後に、東京、京都の商人から回収したものだという。一流品が東京にあって戦禍を免れたのは、幸いだったとも言える。然しそう言って、首里博物館のなけなしの費用で、第二流品を買わせてすましていては義理が悪かろう。私はこの博物館を見て、うしろめたい気持になる一人の日本人だ。日本の収蔵家は、二枚のうちの一枚を、首里に送りとどけてもらいたい。私はこれを提唱する。

陶器のうちでは、近年八重山の墓地から発掘されたものに非常に美しいものがある。まだ日本では紹介されていない種類のものもあるようだ。私のカラーフィルムがうまくいっているように祈っている。

林業試験場長の多和田真淳氏によって、近年各地から発見された考古学的の遺物もこの館に収められている。これらの物については後に報告したいと思う。

首里博物館で、見逃すことの出来ない傑作の一つは、館長の原田氏その人である。その熱心と琉球文化に対する愛情の深さでこの博物館は保持されている。いまの日本ではどこにも見出すことの出来ない風格をそなえた人で、正に博物館におくべき人物である。眼でなくて、舌で味わう琉球料理博物館の、この人は館長でもあるとのことだ。

三

この島には泥坊が一人もいないそうである。われわれの宿も戸じまりは何もしない。夏はあけ放しらしい。百姓は農具を畑に置いて帰ることもあるそうで、われわれも発掘道具を毎日現場においで帰るが、翌日何の異状も発見しない。青年会の図書館が、学校の門のわきに建っている——置いてあると言いたいくらいの小さい小屋だが——。それも戸じまりはなく、いつでも入って勝手に本が見られる。もっとも本はリーダースダイジェストの日本語版より他は何もなく、これは無料でもらったものだと言う。

しかし、この島には泥坊がいないのでもない。それはおびただしいカラスの群で、この黒ずくめの礼服を着た紳士淑女連中が、井戸端におき忘れた石鹸だとか、頭にのせて運ぶ籠の中から卵だとかをかっぱってゆく。ここでは物がなくなったら、カラスの巣を捜索すれば出てくるそうである。

島のお巡りさんはカラスの戸籍簿をつくったり、指紋をとったりするのはバカくさいから、そんなことはやらない。従って仕事がなくてひまなものだから、毎日われわれの発掘場へ出掛けてきて、手伝ってくれる。そしていろいろなおもしろい話をしてくれる。われわれの掘っている畑の持主は耕作中に出てきた石を畑のすみに石塚のように積んでいる。その中から石器が出てくるので中学生を頼んでその石塚をくずしていると、今日はその中からヤシガニが三匹も出て来た。お巡りさんにいわせると、このヤシガニも大きな泥坊だそうで、アワの穂にぶら下ってアワを食ったりイモを掘ってかじったりする。捕えようとすると後ずさりして浜に走り下る。それがネズミより早くてなかなかつかまらない。それでここの学校の運動会のプログラムには「ヤシガニの浜下り」と言うのがあるそうだ。競技者は四つんばいで後方に走るのだそうで「こんなのはバカらしいものです」とお巡りさんは謙遜した。

カラスも作物をあらすが、カラスやヤシガニの他にいま一つの大泥坊はハトである。キジバトとアオバトとの二種類で、これがおびただしくいる。二、三尺前のくさむらの中から、急に飛び立ってゆくので、ふみつぶさないですむといった風であるから、このハトどもの被害が非常に大きい。

お巡りさんによると、この島では昨年まで田福さんという船持ちの那覇の中学校を出た息子が、空気銃を一つもっていたが、いまはこわれて使えない。この他には島中に銃の形をしたものは何もない。そして何によらず、機械がこわれるとこの島では修理が出来ない。田福さんの家ではラジオも長い間こわれたままになっている、ということであった。

島の泥坊どものうちでは、ヤシガニが一番気の毒で、空を飛ばないばかりに、ときどき人に捕まって吸物の汁の実にされる。昨夜われわれは町長の家にまねかれて、このヤシガニの吸物をごちそうになった。初物のせいか、ふつうのカニよりはうまいような気がした。

四

「ハテルマ」という島の名の起りについては、明治の中ごろ、首里市長の西常央氏が言い出して以来、「果ての宇留間」と言う説がひろく行われてきた。宇留間とは琉球を言う、という紹巴の『狭衣』の注釈の誤りにわざわいされた誤説であるが、近ごろは八重山出身の宮良当壮博士が、ウルマはサンゴ礁のことで、ハテルマはこの意味でのやはり「果てのウルマ」だと説いて、それに従う人々も、この地方には多いようだ。

しかし、私には別の考えがある。波照間はもとパトロー島と呼ばれたことが、文書にのっている。ところが、台湾の東海岸の住民のアミ族は、沖の島のことをボトルとかボトロルとか言っている。紅頭嶼をいまボテルトバコ島といっているのは、このボトルと、日本名のタバコシマとが合併した名であることは、既に明らかにされているが、波照間のパトローもこのボトルに関係があるであろう、と言うのが私の考えである。

それで、この島に来て以来、何か、私のこの考えを裏づけするような事実はないものかと気をつけていた。いろいろの発見があったが、中で最もおもしろいのは、島の北岸の、この島での最初の居住地であったろうと思われる、下田原《しもたばる》と言う地の貝塚遺跡から、たくさんの石器などと共に、台湾北部地方の先史時代遺跡の出土品中に見られる、格子形の押型紋のある土器片が発見されたことである。いまのところ一片だけであるが、たとえ一時的であったにもせよ、この島と台湾との間に、先史時代に交渉のあったことは、これでたしかめられたことになる。

この島の人々が、お互の間ではなす話をわきで聞いていると、言葉はもちろんわからないが、そのイントネーションが、台湾の高砂族などの話すインドネシア系の言葉のそれにそっくりで、ときどき台湾の蕃地にいるような錯覚をおこさせる。八重山語も日本語系の言葉に違いないが、われわれには外国語も同様である。同じ日本語が、どうしてここまで変ったか、ということについて、私は、ことによると、インドネシア流のイントネーションを棄てかねた人々が、新たに異系の日本語を採用したとき、その話法にそうように新来の言葉を変化させたのではあるまいか、これが琉球語の起りではないかと考えはじめた。それはちょうど京都人の語法で「アホラシイ」だが、江戸っ子の語法では、何としても「アホラシイ」とは言えない。「ベラボウメエ」と言う新しい日本語が必要となり、それだけ日本語は変化したことになる。それと同じことではなかったろうか、と思いついたのである。

これは将来よく考えてみようと思っている。

五

波照間の開闢神話は、棄老説話から始まっている。老人を生きながらに遺棄した島民の悪習が神の怒りにふれ、一日、油雨が降りそそいで島民を焼きつくす。ただ心正しい二人の兄妹が生きのこり、これが島民の先祖を生んだ、と言うのが、その大要である。またこの島には、これとは別に、一、二の棄老ばなしもある。

この棄老説話は、インドから日本にわたる広い範囲にひろがっているが、今は単なる昔ばなしとしか、人々は考えていないようである。しかし、これがある条件を許すならば、いまでも現に行われているのを、私は知っている。台湾の紅頭嶼のある部落では、ある場合に、病人をある特定の場所に、生きながらに遺棄する風がある。私と国分直一君とは、一九四八年、イガンというその現場で、いくつもの人骨を採集したことがある。

また、明代の台湾北部の蕃族の風俗を記載した『東西洋考』の記事によると、この地方では、病者をやはり生きながらに、部落のはずれに遺棄する。そして毎日戸外に立って、その病人の名を呼ぶ。返事の有無によって、その生死をたしかめた、とある。

紅頭嶼の例から察するならば、北部台湾の例も、やはり、死者を極度に恐れる原始民の心理から起った葬風で、つまり、これならば何人も死者に触れずにすむのである。

私は信州の姥捨伝説なども、中部の山々の神秘を背景に、のちには文芸作品にまで発展していった山姥の説話と、関連があろうと、かねてから思っているが、事実こうした風習があったと考えると、棄てられて死ぬべかりしを、生きのこった老婆の生身の姿が「寒林に骨を打つ」ていの、物すごい深山の乱骨場を舞台に、人々の恐れの中に幻想されてゆく径路が、容易に理解されるように思う。

実は、波照間にくるまで、私は、日ごろのこうした私の空想がたとえ幾分でも、この島でたしかめられようとは考えていなかった。同行の民俗学者酒井卯作君の採集によると、この島では死者を墓に葬ると、三日目にその縁者は墓を訪ねて、死者の名を呼ぶ。これを「ミダチ」と言うが、これもやはり、返事の有無によって、その生死をたしかめるためだと言う。

紅頭嶼の島の名のボテルが、この島のハテルマと同語だという推測は、前に記した通りである。また、この島の下田原の先史時代の貝塚からは、まぎれもない北部台湾の先史土器片が発見された。このことも前に報告した。

偶然のようでもあるが、これらの地方に、現代行なわれ、あるいは明代に行なわれていた棄老の風は、いまは説話として、この島には濃厚にのこっている。北部台湾の葬風と同じく、その名を呼ぶことによって、死者の生否をたしかめる葬風も、つい近ごろまではこの島にもあった。

これを偶然とするならば、この偶然を、私はたいへん面白いことに思っている。

六

波照間島の前村の親盛家にいつのころからか伝えられている木製の鼓胴がある。かまどの間の火の神の上の棚に安置されて、神聖視されている。この家の代々の長男が、毎年一度これをとりおろしてほこりを払うだけで、余人は触れることが出来ない。

われわれは特にたのんで、長男をわずらわしてこれを調べた。直接に手を触れてはいけないというので、尺をあてるにも苦労する。心配そうな家人の眼を前にしての調査には骨が折れた。

長形中空の懸垂式の鼓で、南方系のものであるが、その表面に刻まれた文様が大変おもしろかった。胴をとりまく実線あるいは点線の間を、山形の連続紋の組合せで、菱形つなぎが出来ている。これが主要のモチーフで全体としては、台湾の東海岸の種族やことに北部のケタガラン族の木彫に非常によく似たものである。国分君の考えでは、日本縄文土器の一様式であるが、琉球先史土器の紋様は、他の日本の縄文土器に見られない、一つの特性がある。沖縄本島の荻堂貝塚の土器などは、一つの荻堂式といってもいいような特徴をもっているが、いまこの鼓胴を見て、深く思い当ることがある。この鼓の示すような一つの紋様文化をもっていた民族が、列島の北部で、日本の縄文文化に接して、作りあげたのが、いまいう荻堂式で代表される琉球の縄文土器文化ではないだろうか。

私はこの国分君の考えをたいへん面白いと思う。この鼓胴の彫刻が、ケタガランの木彫に似ているというのも、非常に面白い。それは、台北の博物館所蔵のケタガラン族の織物の中に、ハサミ織とカスリとを併用したものがただ一片あり、台湾では他には見られないものである。このハサミ織とカスリとは、沖縄の織物文化として有名であるが、フィリピン以南のインドネシアや海南島では盛んに作られている。こんどの調査で、波照間島の下田原の貝塚から、ケタガランの先史土器の一片が見出されたことなどとともに併せ考えると、ことに興味の深いものがある。少なくともこの島の古い文化が、南方とつながりがあり、ことに台湾の東海岸や北部と、ある程度の接触のあったことは、ほとんど疑い得ないと思う。

こんな感想を抱きながら、親盛家を辞してかえりかかると、ふと路傍の穀倉の下に、一匹の小山羊がつながれているのが眼についた。この島の人々は、終戦の年に西表島へ強制疎開を命ぜられて、沢山の人命をマラリヤで失ったほかに、すべての家畜をなくしたということであったが、それでも少数の家畜は山野にエスケープして余命を保っていた。帰島後そうした家畜をさがし出して、各家に均等に配分した、ということであった。戦後アメリカから贈られた山羊は、皆大型のりっぱな山羊だがいま眼についた山羊は非常な小型で、これが従来種であることは、あとで聞いてわかった。この小山羊が、白黒茶の三毛で、これは紅頭嶼やフィリピンの山羊と変りのないものである。山羊は人の携行したものであり、ここにも南方への一つの連絡の糸口が見出されるようである。

七

台湾やさらに南方に見られるような、そして日本の弥生式時代の原始絵画にのこっているような、高倉式の穀倉が、沖縄一般にいまも遺っていることは、久しく知られていた。この波照間の島にも、至るところにそれが見られる。

しかし波照間の穀倉は、沖縄本島の羽地村などにあるものとは大分様子がちがっている。その違いの一つは、床の低いことである。

われわれは昨日、島の東端の高那《たかな》の断崖を見に行った。そこには昨年の台風のあとを示す目ざましい景観があった。数トンから数十トンの大岩が、根からもぎとられて、数十メートルも押し流されている。高浪の作用であり、台風の眼が八重山と台湾の間を北上するときに、七十メートルに近い風速で島を襲い、太平洋をこの島の一部にうちかぶせるのである。

この島の穀倉の床が低く、赤瓦の重々しい本屋根をふいたものさえ少なくないというのは、明らかにこの台風への対策から来ている。

違いの第二は、沖縄本島の倉に比較して、波照間の倉は大きいのである。この島では、収穫は毎年一回とは限らない。泉の水が恒久的に農業用水にされる下田原一帯のごくわずかの水田以外では、すべて田畑が天水に頼っているこの島では、わずかの干天でたちまち収穫はゼロになる。穀物はこの島では一年分でなくて、常に三年を見越して貯蔵される。しかし、三年間穀物を貯蔵するには、穀粒を穂からはなして、籾にしては不可能である。籾は一年しか貯蔵出来ない。穂につけたままだと、三年は腐らないというのである。

石垣をめぐらし、副木やイヌマキなどの樹壁をつくった、赤瓦ぶきの一見いかにも裕福そうな農家と同様、赤屋根の、がっしりした堂々たる穀倉は、その見かけとはちがった、この島の住民の苦しい生活を象徴しているようである。

波照間の穀倉には台湾やフィリピンに見るようなネズミ返しがついていない。床をささえる脚ごとに、その上端に石や木の円盤を付したのがネズミ返しである。この島の穀倉は、台風にそなえて低く作る。そのためにネズミはどこからでも飛び上ることが出来るのであろう。その害にたえかねて、近ごろでは、金のある連中はコンクリート製の倉を建てている。この島でコンクリートの建物は、穀倉と、貯水槽くらいのものであり、いずれもまだ普及はしていない。貯水槽と言うのは屋根の樋を受けて、天水をためる。屋敷の西南端に、多くは石積みで作り、これは各家ごとに見る。われわれの宿では、東北端にもコンクリートの水槽があり、風呂水をこれからとっている。天気がつづくと、われわれは風呂に入ることが出来ないのである。

八重山の民家

——石原憲治氏への書簡——

——前略——八重山民家のことについては、まだ何にも書いておりませんが、ノートの中から不完全ながらひきぬいてお目にかけます。正確な寸法はノートにもしるしておりません。お含み下さい。

第一図は普通の民家（これは田福氏の邸）のプランです。皆、正方形、周囲石垣（サンゴ礁礫）、ただ旧家といわれる一軒だけ、サンゴ礁の切石を積んでいました。

門は南向き（例外なし）、一カ所だけ門のつきあたりにマエグスク（前城）—サンゴ石積—これは客人・貴人は右まわり、家人は左まわでり出入します。

石塀の内側は四周に立木密植、多くはフク木（建築用まっすぐな幹、棺材、染料）、中にテリハ木（油をとる）、イヌマキ（最良建築材）、桑（カイコ用、大木）などを植えています。もちろん、防風用。

家の東側は神聖。小便、唾はき、汚物など許されず。神様の出入りは東側より。東南隅石（ビジュル）あり、土地神なり。塀の四隅石塔の上に

〇方〇〇天　木片

東方持国天
西方広目天
南方増長天
北方多聞天

と墨書、これは石垣のお寺でもらってくる（島には寺なし）。

母屋とはなれ、西側に「トーラ」（奄美ではトーグラ）あり、北半で豚の餌などを炊く。客人があると人の食物の炊事もする。南半は穀物、道具などの置場。西南隅の天水槽はコンクリートで作る（一般的でない）。

通常、西北隅に豚舎、これは西側の中央にあることもある。それに接して便所。もちろん、もとは便所はなく、豚舎のへりで用をたしたもの。

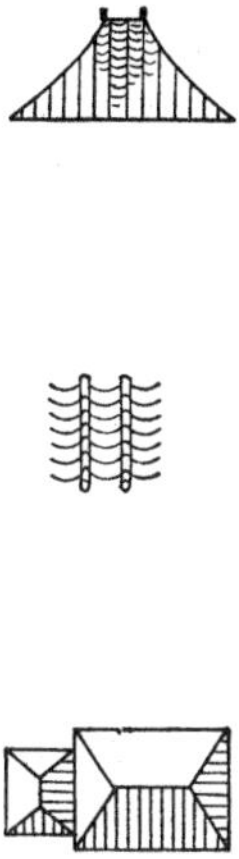

湯殿のある場合は便所の東側に接してあり、それに付属の天水槽その東側にあることとあり。

母屋と「トーラ」と接したプランもあります。

屋根は赤瓦、島内産。

家は、孤立せず、接続して整然たる区画を作る。従って道は井然として、家の一方南側は皆おもて、北方は皆裏となる。東西は隣家につづく。

第二図は母屋のプランです。

Aが一番親柱で、建築のときこの柱で行事がある。

母屋の面積はこの図よりも、少し小さいでしょう。前グスクと母屋の間はもっと広いようで、穀物などを干していました。

D・E・Fには、石垣の寺でもらってきた護符「奉祈念仏頌経陀羅尼家中諸縁吉利攸」を貼る。

Jの柱に「御守護」と書いた護符を貼っている。Bはザートウク Zātuk（座床）、床の間。いいかげんな掛物をかけ、花瓶と香炉、雑物をおく。家内の神様で吉凶事に香を焚いて拝む。

Cは Tuk（床）という。正面中央上壇に Undun（位牌）をおく。故人の俗名を書きならべている。これは祖先の祭壇で神様ではない。

Gは自然石を三つおく。火の神。Hは炊事用かまど。

或る家では二三〜二四ページにみるようなプランもありました。

K——家人はこの縁側から母屋に上る。南正面の縁側は家人のみ出入する。家人も死ぬと南の縁側から出る（ことに女は死んだ時だけ）。食事は三番座おもてでする。一、二番座うらで寝る。一番座うらは衣類・たんすなどおく。二番座うらはその他雑具をおく。

Lのところ、板戸で仕切っている所もある。その板戸の前に祭具などの櫃をおく。ここが一ばん聖いところという。

高倉は各屋敷になく、部落のはずれに共同の地所にたてる（倉そのものは共同ではない）。台風に強い土地で、倉の脚は低く、脚の数も多い。穀物は穂のまま貯蔵（交通不便で飢饉の時、他より補給の便少なく、三年分の穀物を貯蔵する必要あり、穂のままでないと三年保たない）するから容積は大きい。

大変まずく出来ましたが、大体右のようなもので、中には脚数のもっと少ないのもありました。

屋根は茅葺でした。↓のところが入口になります。

これは高倉といっていいかどうかわかりませんね。奄美のとは大変ちがっています。台風対策のための変形でしょうか。竹富島では波照間とちがい、普通は倉をもたず、屋敷のAのところに「シラ」（倉）といって、穂だけをかこいなしで積んで置くようです。

なお書き落したこともあるように思います。御質問によって、或いはなおお答え出来るかもしれません。

瓦焼きは、円筒を作り（布でつつんだ竹の簀巻きを泥で蔽って簀を細めてぬきとる）、それを縦に半分に切って作っています。樋形で内側に布目がつきます。

第一図

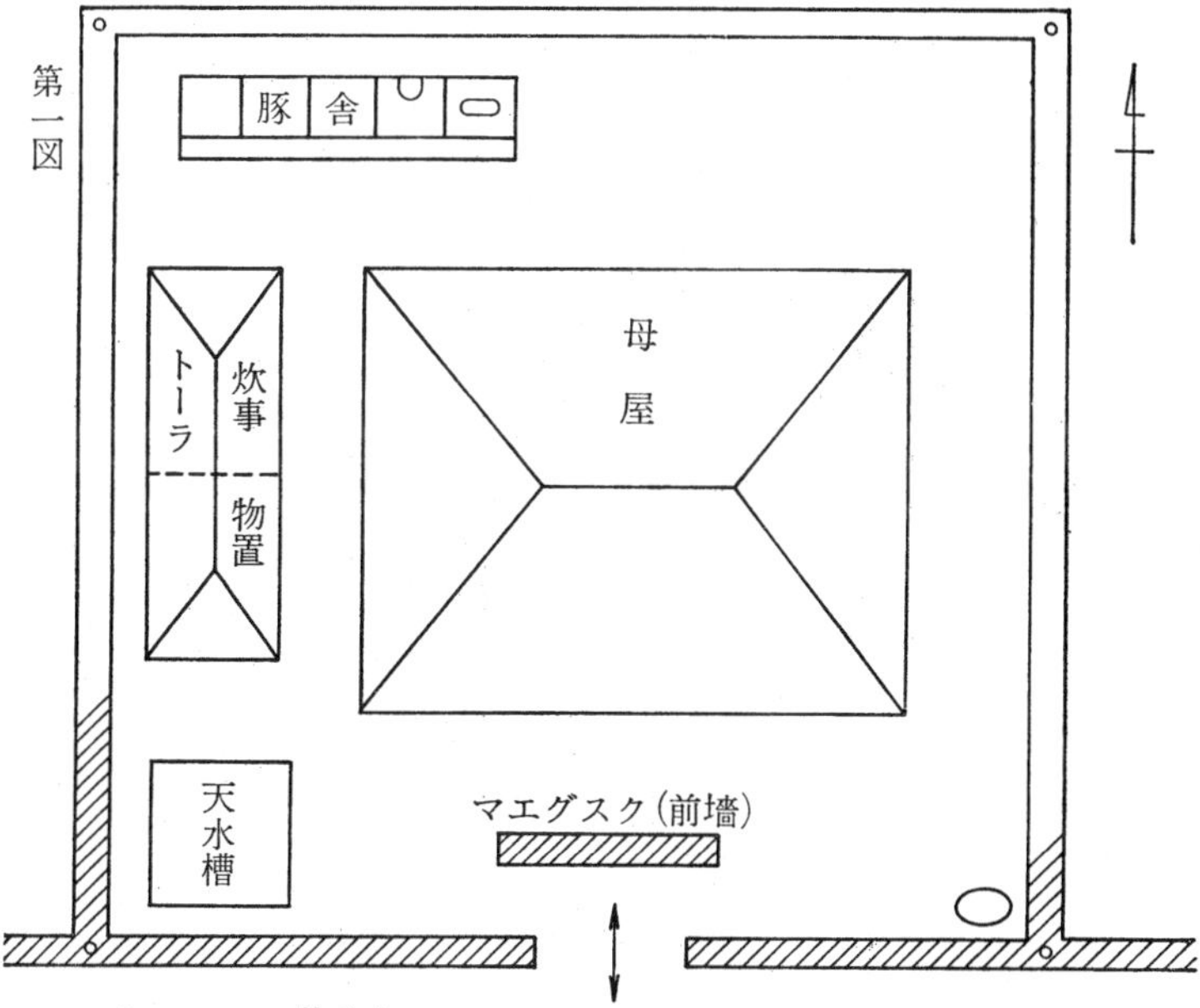
豚舎
炊事
トーラ
物置
母屋
天水槽
マエグスク(前墻)

第二図　母屋

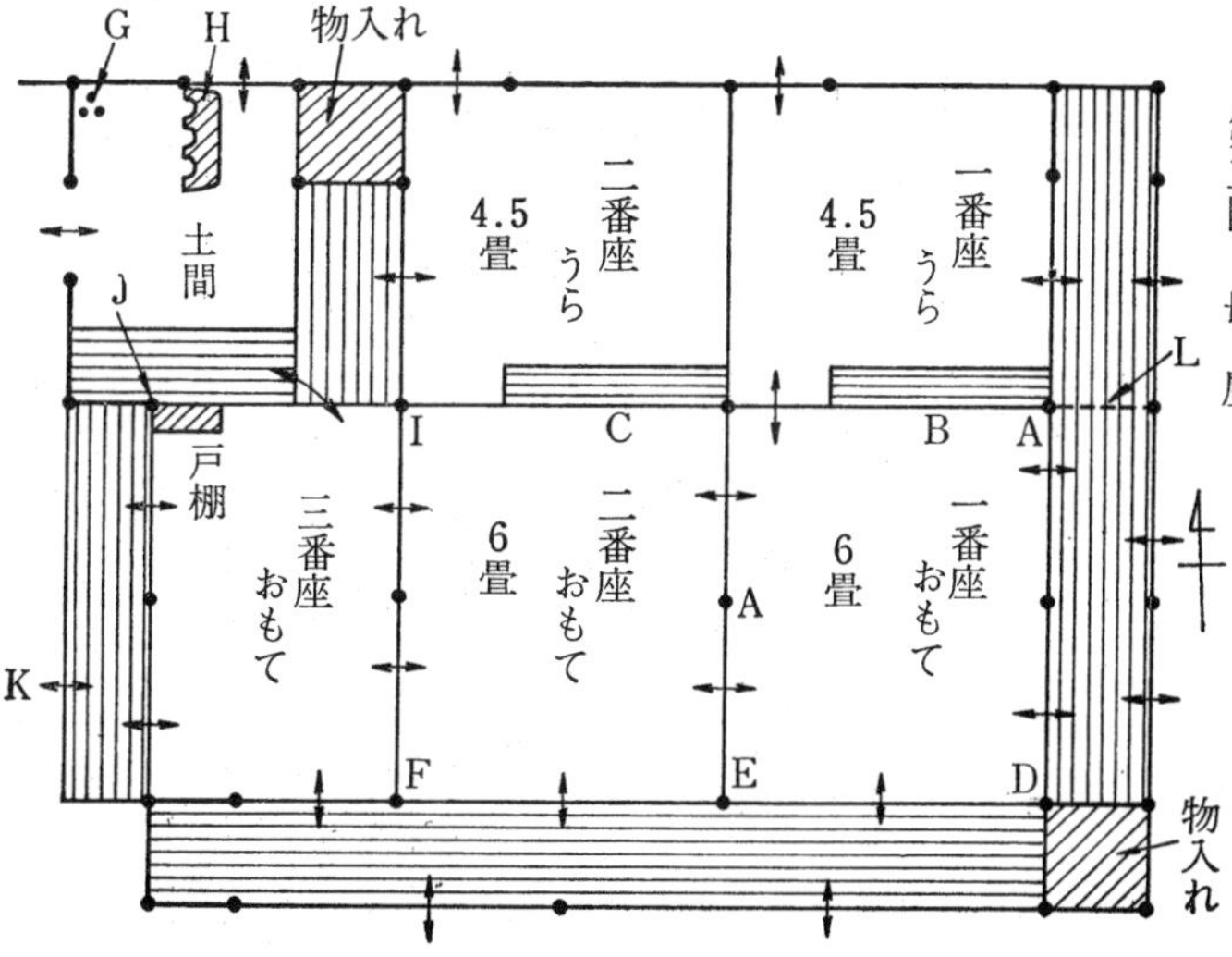
G
H
物入れ
土間
J
戸棚
K
二番座
うら
4.5
畳
一番座
うら
4.5
畳
L
I
C
B
A
三番座
おもて
二番座
おもて
6
畳
一番座
おもて
6
畳
A
F
E
D
物入れ

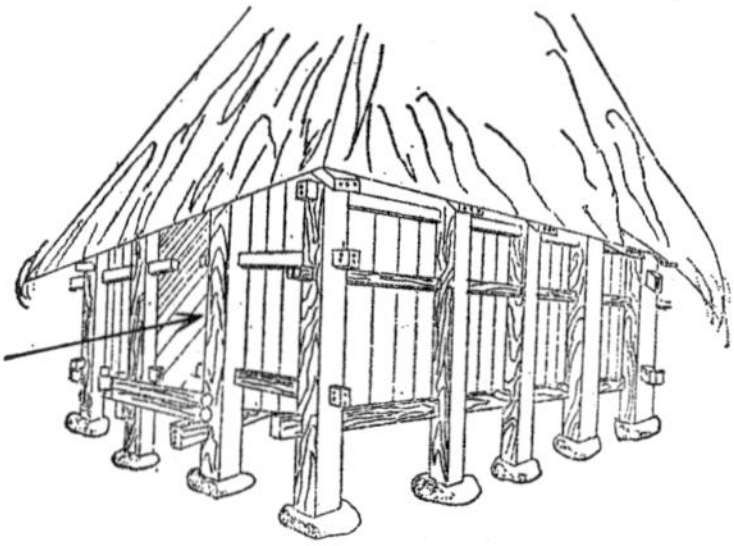

高倉の図

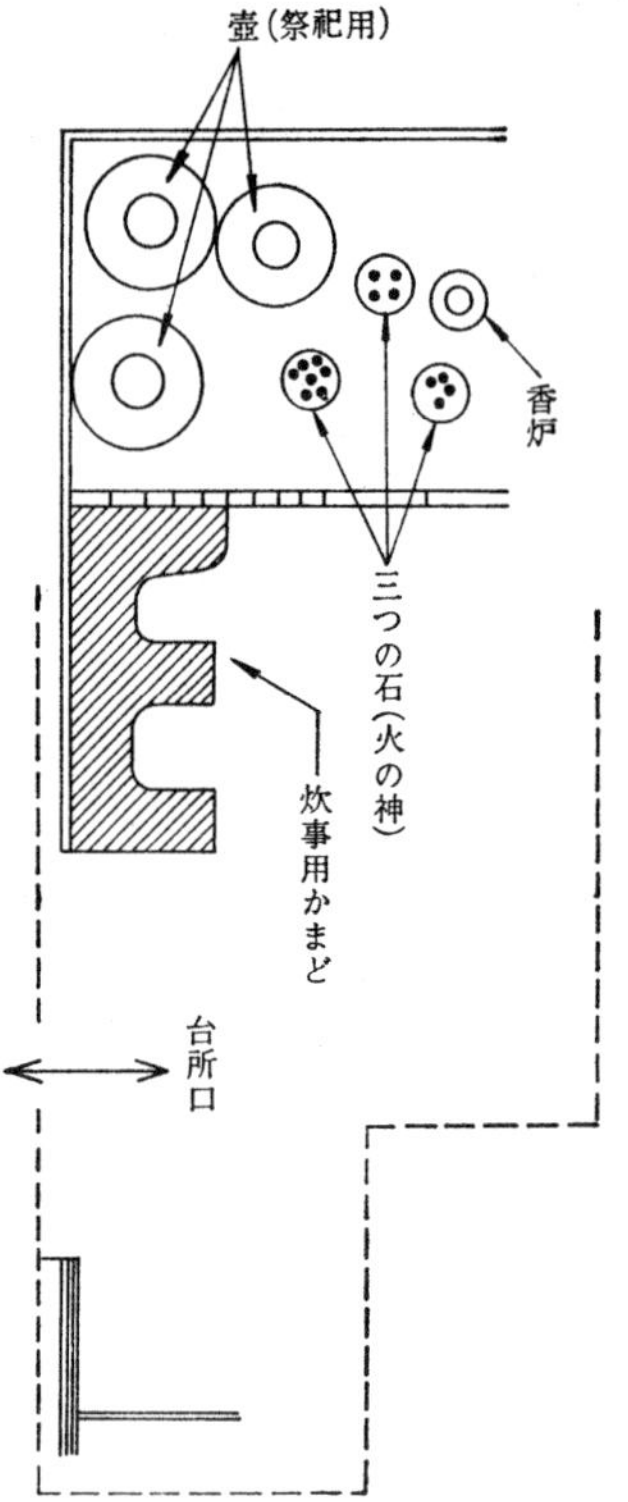
壺(祭祀用)
香炉
三つの石(火の神)
炊事用かまど
台所口

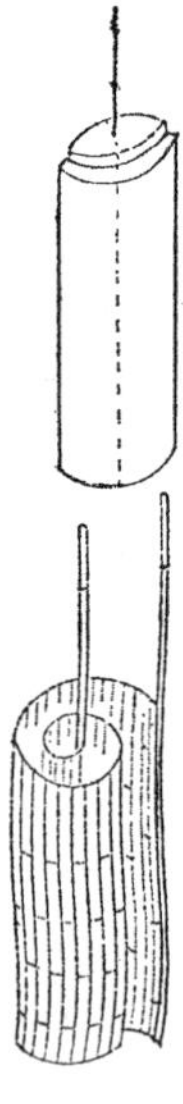

瓦焼きの図

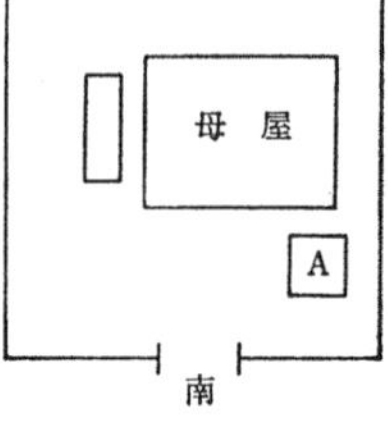
母 屋
A
南

ガーサと月桃

今朝（一九六〇年一二月一八日）の本紙（琉球新報）学芸欄で、仲原善秀さんの「ムーチ・ガーサ」を拝見した。おかげでいろいろな疑問が氷解して、たいへんありがたく思った。

琉球列島のいろいろな島を歩いて、サンニンの名をきくと、あるときはサンニン、あるときはガーサ、あるいはガータ、またあるときはサンニンガーサと答えられる。ガーサ、あるいはガータがこの植物のやや広い名称で、サンニンはそのうちのある種に対する限定語であろう。という所までは想像していたが、そして、正月に餅を包むものと、繊維をとるものとは、葉の形が少し違うようだ、ということも気づいていたが、仲原さんの一文によって、これらの関係がはっきり判った。

また由来記にヤマコートの名があり、ガーサ、ガータのほかにゴートの如き記載例のあることも、仲原さんに教えられた。

しかし、私がここに言おうとするのは、仲原さんもしるしている「げっとう」の名とガータの名との関係についてである。この植物をゲットウというのは、どの範囲までひろがっているか、わたしは知らないが、台湾では普通これに対して「月桃」の字を与えている。美しい名だと思っていたが、この発音は台湾では「グァトウ」に近い。この音と、琉球列島の「ガータ」とは、音が似ている。無関係ではないだろうと、かねてから思っていた。

もし月桃とガータの名称が、無関係でないとすると、琉球名に対して、漢人が月桃の文字をあて、これを台湾で使用したということは、考えにくい。同様に、漢語の月桃から、琉球語のガータが発生したとも思われない。最もありそうに思われるのは、この中間に何かあって、それから漢語の月桃にもなり、琉球のガータにもなったのではないか、ということである。

私は、この疑問をもっていたので、先日台湾を一巡したとき、東海岸の花蓮港のアミ族であるタウラン社の老人に、この植物の名をたずねた。台湾の原住民としてはタウラン社のアミなどは、琉球列島に最も近い地理的位置にある。答えは「ラールガァッ」だった。このラールとガァッの間にはちょっとした休みがある。明らかにガァッは一つの語であって、ラールは恐らく限定詞であろうと思われる。すると、アミ族でも、この種の植物をガァッといっている、ということになり、このことは、広くインドネシア系の語にも、これがあるのではないか、ということを想像させる。私は、短期の旅行中のことで、それを台湾の各族について、広くしらべる暇がなかったので、台湾大学の陳奇禄教授にその調査をたのんでおいたから、やがてその間のことがわかってくるかと思う。

今のところ、これだけの資料で少し材料不足の感はあるが、アミの用いるガァッの如きものが基本にあって、それが一方では台湾の漢族の月桃の語となり、他方琉球のガータ、ガーサの如き語に残ったのではないか、という想像が可能になる。私はそう思っているが、これに関する資料をおもちの方があったらどうか御教示ください。

(追記)この数日後の同じ紙上に、沖縄の植物学者多和田真淳氏のこの説に対する反駁文があった。多和田説は琉球の「ガーサ」は日本語の「柏《かしは》」の「かし」から来た語だというのであった。

野国貝塚発見の開元通宝について

一

ニューヨーク博物館のバート、エックホルム両博士の主宰する調査団の発掘によって、野国貝塚群の一つから、五枚の開元通宝が発掘されたことを、本紙（琉球新報）の記事によって承知した。くわしい考古学的の報道はまだ見ていないが、従来知られているところでは、野国貝塚群の土器は、いわゆる川田原式の、沖縄先史土器としては、晩期に近い様式のものを主体とすると聞いていたが、今回の貝塚出土の土器がもしはなはだしく特異なものでなければ、開元通宝の発見によって、沖縄の先史時代の晩期の絶対年代の上限はわかったことになる。これは大変貴重な発見だといわなければならない。

しかし、先般の報道では、この発見をもって、いまから一三〇〇年前に、中国との「交易」のあった証拠だとする一部の人々の説が紹介されていたが、これについては、直ちにそういっていいかどうか、もう少し考えてみる必要があろうと思う。

まず時代についてであるが、なるほど、開元通宝（開通元宝というを正しいとする人もある）が、始めて鋳造されたのは、唐の高祖の武徳四（六二一）年だから、いまから一三三八年前だということになる。しかし、同名の銅銭は、晩唐の武宗の会昌六（八四六）年を最後として、その間にたびたび鋳造されている。

かりに発行当時直ちに沖縄に将来されたとしても、それは一一〇〇年前のものだったかも知れない。

のみならず、銭貨というものは、発行当時だけで、流通が止むというものではない。昭和五年に鎌倉市大町の第一小学校の校庭から掘り出された陶壺の中に、一括して納められていた中国古銭は、その種類が六〇種、その総数八、六三六個であったが、そのうちの最終年代のものは、南宋の咸淳元宝であった。これは一二六五年の鋳造のもので、これから見ると、この一括発見された古銭は、少なくとも十三世紀の後半までは、流通していたことになる。その中に含まれた銀貨の、もっとも古いものには、実に漢代の五珠銭の二枚があり、いま問題の開元通宝のごときも、そのうちに七四六枚までも含まれていた。開元通宝が、十三世紀後半まで比較的多量に流通していたことは、この一例でもわかるが、事実は、もっと後まで、後世の銭と混用されて流通していたことが、容易に察せられる。

だから、宗教的儀礼銭などは別として、流通量の多かった銭の存在を、時代指針として利用するのには、よほどの用心が必要である。時代の上限を画す上には、絶対に有用であるが、下限を知る上には、ある場合にはほとんど役に立たないといってもいい。こんどの発見では、沖縄の晩期の貝塚の成立は、古くとも西紀六二一年をさかのぼり得るものではない、ということが判明しただけであっても、その実年代は、単にこれだけの事実では少しもわからない。しかし、この可能的な上限がわかったということだけでも、この発見が非常に有意義であることは、もちろんである。沖縄本島の一部では、少なくともそのころまでは、まだ石器時代的様相にあった、ということがこれではっきりしたからである。

国分直一氏などによって報告された、久高島シマシーヤーマ貝塚の文化様相は、従来知られている野国貝塚群のそれと、ほぼ同様であるということだが、今発掘の野国貝塚文化が、従来知られていた野国貝塚群のそれと、著しく異なったものではないという仮定のもとではあるが、国分氏らの推定によると、これにつづく文化が、久高島南部の集落地の中に存在する小規模の貝塚文化で、恐らく須恵器を伴い、農耕文化のきざしを有していたと思われるものであるという。

沖縄石器時代晩期の文化がいくら古く見積っても、七世紀初めということになるわけだから、須恵器を伴ったり、初期の農耕文化の始まったのは、さらにそれより後れるわけで、先年、私が沖縄の稲作文化は、須恵器などの文化とともに、八世紀以後に伝えられたであろう、と想像しておいたことが、幾分の実証性を得てきたように思われる。実は、こんど発見された開元銭の伝来について、私はさらに穿った想像をもっている。それについては次章にのべるが、その想像の結論だけをさきにいえば、野国貝塚の開元銭は、八世紀半ばのものだったかもしれない。そのころのこの地方は、まだ純然たる漁撈採集経済の社会だった。須恵器や農耕の文化の伝播は、それよりもまだおくれているのである。

二

いま一つは「交易」の問題であるが、銭の存在が直ちに交易を意味するかどうかは、これもそう軽々しく断定することは出来ない。沖縄近海に産する小形の宝貝は、古代中国人の尊重したものであるが、唐代以後にはそんな風習は見られない。一体、沖縄の貝塚人に対して、彼らは何をもとめたというのだろう。そして、宝貝以外に、沖縄の貝塚人が何を彼らに提供し得たであろう。またかりに提供し得るものがあったとして、その社会が中国の銭貨を必要とするような経済状態にあっただろうか。どの点をとっても、ありそうには思われない。しかも銭の存在は事実である。だとすると、その存在は、交易以外の他の何かの「偶然」によってもちこまれたものと考えなければならない。少なくとも、そう考える方に蓋然性がより多いと思われる。

その偶然が何であったかを探る手がかりは、今のところほとんど与えられていない。われわれが辛うじて知り得るのは、それが単独の例であるということ、その五枚が貝塚底部の一カ所から一括して発見されたということ、そして、それがことごとく開元通宝のみであって、他銭をまじえていないということ、それくらいのものである。

この最後の手がかりに、まずとりついて見よう。五枚という少数ではあるが、それが開元銭のみで、他銭を混じていない、ということは、その時代が、開元銭を圧倒的な通貨としていた、という事実を匂わせる。唐代には、開元通宝のみならず、乾封泉宝（六六六年）、乾元重宝（七五八年）など数種の公銭が発行され、また前代の五珠銭などもまだ残留している。しかし、乾封銭はわずか一年たたぬうちに廃止されたから、八世紀半ばまでは、通貨としては、開元通宝が圧倒的である。

この銭がもともと開通、開元いずれであったにしても、中唐玄宗帝の時代には「開元銭」として通称され、その流通の功徳を謳歌する意味で、年号さえ「開元」と改めた、といわれるくらいで、開元年間は唐朝の全盛期であったとともに、開元通宝の最盛時でもあった。開元末年（七四一年）には、山東方面では、この銭三枚で「米一斗」——いまの四升あまりの穀物——が買えたのである。

さて、大和唐招提寺の開祖鑑真和上《がんじんわじょう》が、渡日の目的を果した最後の航海の、その最後のコースで、沖縄に漂着停泊している。それから薩摩の秋妻屋浦に上陸したことは、人の知るところだが、これが開元につぐ玄宗の天宝十二（七五三）年、乾元銭発行の五年前、安禄山の乱で唐朝が最盛期から急傾斜を始めた直前であった。この鑑真の沖縄停泊と、この開元通宝の存在との間に、何らかの関係があるのではないか。私の想像は、いまのところこの点に固着しようとする。

『鑑真東征伝』などの記事では、沖縄の停泊地や、停泊中の出来事などは、何一つ知ることが出来ないが、もし鑑真一行が、銭を携行していたとしたら、それは開元通宝であっただろう。このことはほとんど疑い得ない。またもし、一行中の一人が、難航海のあとで、病死或いは変死でもしたとすれば、彼らは、海岸の某地にそれを埋葬し、その風習に従って、数枚の銅銭を、屍体に着けたにちがいない。六道銭の考えは、まだなかったかも知れないが、中国人の性癖として、それは奇数の五枚でなく偶数の六枚だったかもしれない。一枚は腐朽したか、発掘時に失われたか、そんなことも考えられる。

しかし、もしこのように、冥銭《めい》として用いられたとすると、そこに、少なくともある期間は遺骨がのこっていた筈である。貝塚底部だと、現今までのこり得る可能性は多い。

くわしい発掘報告に接しないのでそのところがよくわからないが、もし貝層が薄く、或いはその他の原因で遺骨が腐朽し果てたとしても、その土地には、人骨の主要成分、たとえば多量の燐などの存在が、化学的に証明されるかもしれない。発掘者は恐らくそうした調査も、ぬかりなくやっていることと思う。

銅銭の付近に、人骨もなく、その痕跡もなかったとすれば、私の想像は成り立たない。またその銅銭が、鑑真の離唐以後に鋳造されたもの、たとえば会昌開元銭だとすれば、やはり同様である。会昌開元銭は、背面に鋳造地名などを表わす文字が刻まれているから見ればすぐわかる。私の想像説は銅銭の実物を見ればくずれる可能性がある。

もう一つ重要なことは、かりに私の想像のように、人屍を埋葬したとしても、その時既に貝塚は成立しており、人々は貝層を掘り下げて、底部にまで掘り進み、そこに屍体を安置したかもしれない。もしそうだとすると、貝塚成立の年代と銅銭渡来の年代とは、無関係だということになる。銅銭出土部位に、表土の混入、貝層の混乱は果たしてなかったかどうか、これが私の最も知りたいデータの一つであるが、調査者はそれらの点をもよく注意していることと思う。

詳細な報告に接しないうちに、いろいろと想像説をのべたのは、はなはだ軽率のそしりはあるが、この発見に深い興味を感ずるあまり、筆をとることを禁じ得なかったのである。

（追記）その後、「九州考古学」9（一九六〇）に、小田富士雄氏から、次のような補足を頂いた。「金関博士のお話では、その後同じく琉球新報に地元の調査者が寄稿し、開元通宝は調査によって発見されたものではなく、工事中に人夫が発掘したので、層位関係は明瞭でないこと。出土した土器の様相は金関博士の想定どおりであったことが報じられたという。」

与論島をめぐって

高地で、与論島の中心部落をなしていて、深い汲み井戸や掘り井戸のある城《グスク》の部落には、至る所に石垣にかこまれた「屋敷あと」があり、多くは芋畑になっている。そうした屋敷あとの間を縫っている道路の上には、畑から投げ出された瓦礫が散らばり、泥土の中に踏みしだかれているが、その中に、明代の初めに浙江省の竜泉窯で焼かれた処州青磁の破片が、たくさん見られる。

それと同じところから、緑泥片岩の石斧の破片を一つ拾った。また花崗岩製の凹み石が、かつてその付近から採集されたことを知った。石器と青磁片とは、路上に投げ出される前に、畑の土の中で共存していたものである。畑の土は、文化層が幾重にも重なって存在するほどの深さはないようである。

同じ部落のある場所では、やはり多数の青磁片の散布している路上で、祝部土器の破片を二つ拾った。青磁と石器と祝部土器とが、同一の表面に共存する例は、昨年調査した八重山の石垣市外のフルストバルの遺跡などにもある。しかし、祝部土器の問題はやや複雑と思われるから、ここではこれ以上触れないことにする。

同じ折に調査した八重山の波照間島でも、島の高所に、深い汲み井戸や掘り井戸の存在を必要条件として村が作られた。そして、同じく多くの「侍屋敷」の伝説を有する村落内の畑地からは、非常に多量の明代の処州青磁片と、少数の石器とを出していて、この点では与論島の場合と非常によく似ている。偶然の類似ではなく、サンゴ礁下に展開した南島文化史の、同一条件に支配された結果だと思われる。

波照間島では、地下水の天然露頭のある海岸の下田原《シモタバル》付近では、中国青磁を伴なわない、純石器時代の貝塚遺跡があった。与論島では、海岸に近い茶花の幸名波《コウナハ》という部落に、そうした遺跡があったらしいが、徹底的に開墾されて、今は畑からのハネ石で出来た石積みの中から、石器を拾い得るに過ぎない。この付近には、中国青磁片は見当たらない。

波照間では見られなかった面白い事例が、与論島では見つかった。それは城よりも古く成立したという伝承のある麦屋の部落と、城部落とのちょうど境界のあたりで、路上に多量の石斧や凹石が見つかった。多くは硬砂岩製である。みな両側の畑から投げ出されたものである。しかし、畑はいまは水田化しており、遺跡は亡びて、遺物だけが路上にのこったのである。

ここで面白いというのは、この沢山の石器の間に、やはり中国の処州青磁片が出る。しかしその量は非常に少なく、それは、城の屋敷あとでは、青磁片が多くて石器が少ないのとちょうど逆な現象を呈している。

麦屋は城よりは海岸に近く、やや低地になり、その下《しも》には天然の泉がある。またこの付近には、石器の材料になった古生層の石材が露出している。これらにくらべると、幸名波は石材を求めるのに、やや不便の地である。

茶花の海岸で、石器だけを使っていたこの島の最初の住民は、恐らく石材採集の便宜から麦屋方面に移住した。しかし、その頃はじめての明初の青磁に接触した。青磁とともに輸入された鉄や鉄器使用の技術が、深い汲み井戸や掘り井戸の開さくを可能にした結果、住民はさらに高所の城に住みつくことができた。その頃は青磁の輸入量が急激に増えている。

こうした現象は、八重山の各地の遺跡の調査の結果から、さきにも想像したところであるが、同じことだが、与論島でも符節を合わしたように起っている。しかも八重山では見られなかった中間的の様相、すなわち、多数の石器と少数の青磁片を伴ない、海岸と高地の中間を占める麦屋部落の事例が、この島では確認された。これは非常に面白いことであった。

幸名波、麦屋、城の各文化を通じて、石器の様相には変化は認められない。

石器と明代青磁片を伴なう遺跡は、与論島を南北にさし挟む沖縄の国頭地方と、沖永良部島にも見られる。

沖縄波照間島発掘の石器

黒潮はこの島の西端につきあたって、北と南との二条に分かれて流れている。黒潮は強い南の日光を吸いこんで、深い紺碧の色だが、島に近いところでは、ところどころに、サンゴ礁が水面下にベットを作っていて、そこで紺碧の中に、ヒスイのような美しい緑がまだらを作っている。もっと浅い暗礁のあるところでは、凪の日にも雪のような白浪が、島の輪を幾重にもふちどっている。遠くから見おろすと、その白い浪の動きが、高速度映画を見るようである。

龍舌蘭のたかだかと伸びた花茎は、蒼空の文字盤に、時しらぬ白雲を指す時針の模様をつくり、デイゴの花は、霊泉をとりまくジャングルの、深い緑のまえに、真紅の炎を燃やしている。おびただしい鳥の群が、その枝にあつまって、花の蜜を吸っている。

まつ毛の長い島の女たちが、頭に籠をのせて、石の多い細道をはだしで歩くと、その二、三歩まえの草むらから、山鳩が飛び立つ。アコウの枝からは、ここにも女夫鳥が、女の籠をねらっている。

島についてからの数日は、こんな景色に魅了されて、われわれはただ歩くだけでうれしかった。この風景を失っただけでも、日本はたいへんな損をしたとまで考えた。いまでも、その興奮はおとろえてはいない。しかし、島の現実は、こんな旅行者の詩人めいた観察とは、全然別の所で営まれているのである。

波照間の島には、いま一二〇〇人あまりの住民がいる。戦前には一六〇〇人弱の人口だったが、終戦の年の、西表島への強制疎開で、住民の九九・八パーセント、すなわちほとんど全部が、猛烈なマラリアに冒され、そのうちの三〇パーセントが死亡した。その後の八年間に約一〇〇人の増加があって、今の人口に達したのである。

その強制疎開では、五〇〇の人命の他に、八〇〇頭の牛馬をはじめ、二〇〇〇頭の山羊、四〇〇頭の豚、二五〇〇羽の鶏が殺され、漁船は徴発され、耕地は荒れはてた。戦前は島民の平均貯金高、一人三〇〇〇円で、沖縄第一の貯蓄村といわれていたのが、戦争が終って西表島から帰ったときは、疎開中に荒廃しきった耕地——というよりは、ものすごい茅原——の他には、なに一つ残っていなかった。

三分の二の生きのこりの人々は、マラリヤでうちひしがれた身体で、やっと耕地を起し、家畜を飼いはじめた。一、二年このかた、ようやく生活の曙光が見え始めた。と、昨年五月のキット台風に見舞われた。これは雨を伴なわない型の台風で、島民は「火の風」と呼んでいる。雨のかわりに、風は黒潮を吹きあげて、すべての草木の緑を奪ってしまった。

水田の植付けも終ったというので、われわれ人類学班では、この二十五日から、島民の体質の調査を始めたが、朝の九時から日没までの間に、往復の時間を入れて三十分の時間を、島の人々に割いてもらうのが、思いの外に困難であることがわかった。一分間の余裕もない生活を、彼らは営んでいるのである。この島での生活の苦労は、しかし、近ごろはじまったわけでもない。これはこんどの考古学班の調査の結果からもうかがわれるようである。

付近の、より大きい島、恐らくは朝夕この島の北方に見えている西表島から、この島の北岸の下田原に移り住み、海岸のジャングルをわずかに切りひらいて、隆起サンゴ礁の上の、乏しい土を耕しはじめた人人が、この島の最初の住民だったと思われる。そこに遺された、シャコ貝や、ヤコウ貝や、タカラ貝などの——東方の古代人が宝物あつかいにした——貝で出来た貝塚が、このことを物語っている。この下田原の貝塚から出るおびただしい石器を見ると、その多くが、特殊の農耕具で、それは、とぼしい土を、水平の方向に押し掘るための、ヘラ形の手すきであり、これは今もこの島で鉄製となって、そのままの形をのこしている。島民はいまも石器時代と同様の手の運動法で、草を切り、芋を掘っている。

下田原に貝塚を遺した人々は、その後ながい年のあいだに、ジャングルをしだいに切りひらいて、島の中央部にまで耕地をひろげた。明代の中期のころまでには、そこに住むようになったと思われる。これらの地点では、あらゆる住居のあとに、明代龍泉窯の粗青瓷片のおびただしい数が散布していることで、これが知られる。島の耕地は増し、住民は比較的富んで来たのであろう。そのころにはじめて、この島は一つの英雄時代に入ったらしい。伝説の英雄の屋敷あとというのが、こうした遺物の散布地にある。

しかし、慶長十四年以後の、薩摩藩の苛政は、このロマンスの時代をたちまちに吹きとばしてしまった。最後の英雄ヤグ村のアカマラは、重税に苦しむ島民の一部をひきつれて、南方の楽土「ハエハテルマ」に船出したといわれる。波照間の英雄時代は、彼とともに去ったのである。爾後二五〇年、人々は幼児を殺して人頭を減らさなければならなかった。明治になり、とくに善政とも思われない統治が始まる。人頭税が廃されただけで、島の人々は、もうこれこそ古来の予言の「ミルク世果報《ユカフー》」の時代と信じた。それほどのつらい生活が、過去にはつづいたのである。

ミルク世とは彌勒出世の時であり、西人のいわゆるミレネウムである。明治以後のあいも変わらぬとぼしい生活を、ミレネウムの世界と感じた島民の、過去の苦闘史を、われわれは涙なしに聞くことが出来ないのであった。

私と琉球と本

私は台湾で終戦に会い、自分の蔵書は持ち帰れないものとあきらめた。その後しばらくして、まだ一般人の引揚げの開始されない頃であったが、柳田国男先生の発起で、沖縄関係の論説集を出版し、その印税の収入をあげて、戦禍であとかたもなくなった、沖縄の図書館の復興費にあてよう、という企てのあることを聞いた。私は心を動かされた。

原稿を寄付して、この企てに参加することが出来なかったので、私は私自身として、それまでに集めた沖縄関係の蔵書を、一切沖縄図書館に提供しようと思った。一般日本人の引揚げは一応終ったが、国籍の関係や、船の関係で、沖縄人はまだその後もしばらく台湾に残っていた。私は寄贈本を、多年の友人のK君に托すことにしていたが、日本人の引揚げたのちに、その蔵書の多くが、古本屋に出る。その中に、私の所蔵中になかった沖縄関係の本があると、私は出来るだけ買い集めて、私の沖縄文庫を少しでも完全にしようとした。

二一年の暮れに、K君らは、私の本をもって、沖縄に引きあげた。私は「これは君個人、或いは君ら少数の人にあげるのではなく、沖縄図書館への寄贈なのだよ」ということを、別れの時にも、念を押しておいた。なるべく多数の人に利用してほしいと考えたのである。K君は篤実な、信義にあつい人であったから、間違いはないと信じていた。

その時の寄贈本は、しかし、実をいうと、別に珍本も、貴重本もそうあったわけではなく、坊間に一般にある沖縄関係の本が、ほぼ一通りあったくらいのことであるが、しかし中には、私としては思い出の多い本もあった。

バジル・ホールの航海記のスエーデン語訳などはもちろん安価なものであったが、ストックホルムの本屋の棚で、見つけ出して買って帰ったものであった。珍本——これも高価本ではないが——といえそうなものも、ないではなかった。乾隆のころの、沖縄出身の青年たちが、福州に赴いて、考試をうけた、その時の答案の詩文集の写本などがあり、他ではまだ見聞したことのないものであった。

リストもとって置かなかったから、本の数すら判明しない。いずれにしても、大したものではなかったが、とにかく、K君らは、それをもって帰国していった。

そのころ、もちろん沖縄は、すでにアメリカの行政下にあった。私はこれまでに、欧米の図書館が、小冊子の論文などを送っても、一々ていねいに礼状をよこす例のあることを知っていたので、K君などが帰れば、やがて沖縄政府から、寄贈書の受取りの挨拶くらいはあるものと考えていた。別に待っていたわけでもなく、それを貰って、どうしようとも考えてはいなかったが、そうした挨拶状は、今日までついに来ずに過ぎた。K君からも、本の処分については、はっきりしたことを、今もいって来ない。

昭和二四年の夏、私どもも台湾を引揚げた。日本で出版された人類学、考古学、日本民俗学、などに関する私の蔵書は、スタンフォード大学のフーバー文庫で買いとってくれた。これは余談だが、その後アメリカの日本研究家というような人に会うと、フーバー文庫で、君の本の厄介になったよ、という人が何人もあってうれしい気がした。

そんなとき、時々、沖縄の人も私の本を利用してくれているだろうか、と思い出したりした。

ところが昨年三月、はからずも柳田先生のいいつけで、南島文化の綜合調査の一斑を担当して、沖縄に渡ることになった。沖縄は私には曾遊の地で、いろいろの思い出がある。生死は不明だが、古い知人も多い。それと同時に、私の気にかかっていた、寄贈本の、望むらくは無事の姿も見たい、というような、さまざまな夢を抱いて、船に乗った。

私が那覇に着いたときは、K君は公用で八重山へいっていた。K君のいない那覇で、図書館長その他いろいろの文化事業の関係者に会ったが、その時会った人は、誰一人、私の寄贈した本のことは知らなかった。こちらから事情を話すと、そういえば、K君が沢山本をもって帰った。その一部は、いま琉米会館にある、ということであった。

戦火で、石門の他はあとかたもなくなった崇元寺のあとに、木造の、琉米会館というものが建っている。その一室に、沖縄関係の本が少しばかりある。全部で、私の寄贈本よりは少ない。その中に、ちらほらと、見覚えの本がある。手にとったが、私の寄贈本とも何ともしるしていない。洋書は全然姿を消している。ペリーの航海記もバジル・ホールも、ベニョフスキーもジーモンも何もない。索然たる気持で、しばらくものを言うことも出来なかった。

その後K君に会って、事情をきくことが出来た。彼の話では、本の荷物が、引揚げの人々よりも早く着いた。K君が帰って見ると、本の一部は既に散佚していた。残りの本を図書館においたが、アメリカの女流管理人が頑固で、アメリカ式に自由携出を許した。それで大部がまた散佚した。と、こういう話であった。

私たちが八重山の波照間島という孤島へ調査にゆくと、そこの学校の校庭に、風速三十メートル以上の、この次にくる最初の台風で疑いもなく、学校の屋根のあたりまで吹っ飛んでしまうだろうと思われる。

る、藁葺のあわれな図書館があった。「波照間島青年団図書館」という木札がかかっていなければ、山羊小屋かと思うところだった。戸じまりも何もない。のぞいて見ると、日本版のリーダースダイジェストが四五十冊ならんでいるだけで、あとは何もない。村の青年は、年中、くり返してこれを読んでいるのであ

気の毒に思って、私は性こりもなく、また心を動かした。帰って三十冊ばかり読み古しの本を、小包で送っておいた。こんどはしかし、もう受取りの挨拶状などは、期待しないつもりでいた。

ところが、その後間もなく、波照間島青年団の名で、私のところへ丁重な礼状と、一包みの黒砂糖がとどいた。八重山地区の教育長からもこのことについて礼状がきた。私は始めて心暖まる気がした。

私はいま琉球関係の本を、ぼちぼち買い集めている。

（追記）その後、一九六八年の「第十回国際図書館週間」にあたって、その件について沖縄から表彰状をいただいたことをつけ加えておく。

亡くなった懐しい者が、まだこの地上のどこかで生きているのではなかろうか。遠い地の果ての繁華な街のゆきずりに、ふと逢えるような気がする。理智に進んだいまの世の中では、こうした痴愚の心はもはや喪われようとするのであろう。しかし、近い世までは現に肥前五島のみみらくが、そうした夢幻の希望をつなぐ、いわば憧れの島であった。痴愚だといえばそれに違いはないが、私はこの心を美しいと思う。

喪われた過去の文化に懐しい想いを寄せるものの心持は、なにほどかこれに近いところがある。思いもかけぬ山奥に、みやびた言葉や風俗を見出しては、優しかりし平家の公達をその祖先に擬した心の動きが、飛騨や四国や九州のどの地方でも、符節を合わすようであったというのは、かえってわが国人の心の優美さを証拠立てる事実であったかも知れない。みみらくへの憧れとは違い、失われた文化への再会は、全然夢ではなかった証拠にもなろう。

海島であったために、いささか事情を異にしたせいか、沖縄については、平家に合わせて、永く源氏の流寓が信じられていた。今では鎌倉時代の絵巻物などに、ぽつりぽつりとしか遺っていない、あのおおどかなもの言いぶりが、この島ではまだ聞かれる。「侍る」だとか「候らへ」というような言葉が、いまも日常つかわれているのだと聞いただけで、懐しがらぬものがあったならば、それはもはやわれわれとは別の時代に住んでいる日本人だと言わなければならない。

鎌倉や室町の時代はおろかのこと、『万葉集』や『古事記』に見える、古さも古い言葉でさえ、ちょっと気をつければ、十や二十は即座に探し出すことが出来るであろう。こうした古典の一行すら、まじめに読んだとは思われない某宰相が、したり顔に国民を指導し、祭政一致などと言う大それた冒瀆の標句を掲げたことが、近い頃にあったようであるが、この人などは、沖縄にいまも勾玉を頸に懸けた祝女の祈りの声が絶えず、かすかながらも上代のまつりごとの神聖さを匂わせていることなどは、一向御存じないであろう。

さほど古めかしいことでなくて、いま少し身近い興味をと心掛ける人のためには、私はあの組踊りを一見することをお勧めしたい。例えば沖縄では、未ださまで名優とも謳われていない儀保松男君などが、「執心鐘入」の中城若松《なかぐすく》に扮するのを見て、その美しい若衆姿に心を動かさぬ男女があろうか。理智の眼のかがやきに煩いされて、今の東京や大阪の女形には、もはや見ることの出来ない古い歌舞伎の艶めかしさが、那覇の舞台ではまだ見られる。

台湾に住む人々のためには、江戸時代の好事家の心を惹いたその若干の異国情緒や、昭和の詩人佐藤惣之助を眩惑させた、南の日の光の強さについては、ことさら語る必要はないかも知れない。しかしこれとても過去を恋うる切なる心とのつながりがあるのでなくては、どうしてあのような不思議な魅力となることが出来るであろうか。沖縄を知らずに過ごす日本人の一生を、私は不幸な一生だと思う。私がもしいま一度、首里の城趾を訪ねて、あの美しい守礼門の下をくぐることが出来ないとしたら、私の後半生もまた不幸な半生であろう。しかしながら、沖縄のもつこうした魅力に惹きよせられるのは、己が姿に憧がれるわれわれ日本人の心だけであっただろうか。いま私が紹介しようと思うバジル・ホールの『航海記』が百千の否をもってこれに答える。

一八一六年九月、英艦アルセストおよび、本航海記の著者バジル・ホールの艦長たりしライラの二隻が、朝鮮を経て日本近海に現われ、同十六日那覇港に投錨する。彼等と沖縄人との接触がこれから始まる。そして十月二十七日、彼等が無限の離愁を抱いて出帆するまでの約四十日間、この接触がつづく。その間のさまざまの心の動きが巨細となく描き出されて、世の常の航海記には見られない異常な魅力を本書は与えているのである。

政治的折衝では、彼等は事ごとにはぐらかされている。これは沖縄人の猜疑心によるものだと、彼等は躊躇なく認める。四十日の淹留を通じて、女性の顔と言えば、垣間見ることだに許されていない。そうした待遇を一方に受けながら、彼等は一言の不平も洩らさない。いわば有頂天になって沖縄礼讃に終始するのである。こんな不思議がまたとあろうか。

例えば一行中のジラード君は、

「帆はあげられたり。錨は水を離れぬ。」

の対句をもって始まる百行の長詩を詠じて、綿々たる別離の悲しみを述べ、これは予が一個の情にあらで、艦隊全員の心だといっている。

こうした情緒に溢れた記事によって、沖縄は始めて世界に紹介されたのである。すなわちホールの原著は、同一行中のマックレオードの別著と共に、本国では早くも版を重ね、蘭、仏、独、伊、スェーデン等の国語につとに移されて、広く世界に流布された。その歓迎の熱烈さをもって看れば、十九世紀の初葉における全世界のノスタルジアが、この武器なき国の美しい人情につながれたと言っても過言ではないのである。

想えば異邦の旅人に対する温かい心の冷却は、小国の大国に進んだことを証すのではなくて、善国の悪国に移ったことを表わすのである。もし大国になったがために、この温い心の失われるのが必至であり、カフェーで旅人を殴るものが、街の英雄となるのであったならば、私はむしろ過去の沖縄の如き小国の民であることを誇りとしたい。しかしこれは余計な感慨であった。

この魅力ある『航海記』が、今日まで却ってわが国人の間に広く読まれようとしなかったのは、何としても奇怪なことである。幸いにして台北高等学校の須藤教授は、このほどわれわれが待望の訳著を完成され、表記の如きタイトルを付して台北の野田書房より出版せられた。これはわが読書界の慶事であると共に、わが台北人の名誉であると言わなければならない。

教授の深切丹念な性癖が、本書の訳者として格別の資格であったことは、琉球側の文書をあまねく博捜して、随所に明快な傍注を下し、或いは三四頁に渉る詳細な巻頭の解説を付し、別著よりの図版を加え、さらに巻末索引を添えるなど、あらゆる労苦を惜しまれなかったのを見て、何人もそれを承認せずにはおられないであろう。

私はこの名訳が広く読まれることを希望すると共に、これを機縁として、世人の沖縄に対する興味が油然として起ることを祈願したい。本紹介の冒頭にいささか感傷的とも見える感慨をながながと連ねたのも、またこの念願のあるがためであり、もしそのために肝腎の書評が、幾分粗雑に傾いたとしても、著者は必ずこれを咎めないであろうと信じたがために他ならない。

呉志の亶洲と種子島

種子島広田の弥生中期遺跡の第三回調査が、この二十日から開始された。一昨年の第一回調査と昨年の第二回調査によって、この遺跡から多数発見されたきわめて特徴的な貝製品は、その手法や紋様の点で古代中国の玉器の手法や紋様の伝統を考えないかぎり、その由来が理解されない。ことに昨年の調査では、ただ一例には過ぎなかったが、「山」の字を刻んだ貝符が発見された。その書体はいわゆる漢隷《かんれい》に属するもので、京都博物館長神田喜一郎博士は後漢末くらいの書体だとの意見を、筆者への私信で述べられた。この事実によって、弥生中期のころまでに、種子島と中国大陸との間に、ある程度の交渉のあったことが推定された。しかし、この広田遺跡において片鱗を示した古代中国文化は、その後の発展によって、後世の日本文化に影響を与えることがなかった。すなわち、その交渉は一時的のものであったかの感じがせられる。

また発見された貝器の紋様は、古代中国紋様の系統であることは疑い得ないが、しかし中国中原に繁栄した典型的な紋様と、そのまま一致するものではなく、その間にかなりの退化現象が見られる。その退行現象は種子島渡来後において起ったと見るよりは、中国において、すでに幾分の変化を遂げたものが渡来した、と考えた方がいいようである。

種子島貝器の紋様の基本となった古代中国紋様は、いろいろの点から、先秦時代の特徴を有するものであったかの疑いが濃厚である。そうした紋様が「山」の字の書体の示す後漢末のころまで、中国のいずれか、中原から遠い地方で停滞退行していたのではないか。その地方としては、まず江南の沿海地方のどこかを考えた方がいいのではないか、というような想像は、昨年以来われわれの脳裏にたえずあった。

しかも、この種子島で発見されたような特殊な遺物は、朝鮮や九州本土からは一例も出ていない。もしこれが中国との交渉を語るものだとすると、その交渉は大陸の北方のルートによってわが国に伝わり、九州を南下して種子島に達したものとは思われない。この交渉は江南の沿海地方と、薩南との間の海上の直接ルートによって、いとなまれたのではないか。ところが、最近、協同調査者の一人、三島格君は昭和十年に白鳥庫吉博士が『三国志』の呉志の中に出てくる亶洲（タンシュー）の地を、わが種子島に比定していることを想い出して、われわれに非常な興味をもたらした。

『三国志』は三世紀の編纂であるが、亶洲については呉の孫権の伝に彼が黄竜二年（西紀二三〇年）将軍衛温と諸葛直に甲士一万人を付してこれを海外に派遣し、夷洲と亶洲を求めしめたことが出ている。この記事によると「亶洲は海中に在る。故老の伝承によると、秦の始皇帝が方士徐福を、童男童女数千人をひきいて、海外に派遣し蓬莱の神仙と仙薬を求めしめたとき、彼らはこの洲（亶洲）にとどまって還らなかった。その子孫は代々つたわって今では数万家になっているとのことだ。その地の人民はときどき会稽に布を以って交易にやってくる。会稽の東県の人民が海に出たとき、大風のために流されて、亶洲にいたるものもあった」。

これは紀元三世紀のはじめのころまでの亶洲に関する中国人の知識である。衛温や諸葛直は、この時、その所在が絶遠であるためついに亶洲に達することが出来なかったので、この地に関する新しい知識は得られなかった。

この呉志の亶洲に関する記事のうち、徐福のことは単なる伝説にすぎない。しかし、会稽の地方にときどき交易にやってきたり、その地方の人々が、亶洲に漂着してまた帰還したというような記事は、事実を伝えるものである。会稽はいまの浙江省の一地方でなく、当時は浙江、福建などの沿海地方の一般的名称だったが、その地方と三国以前からこうした交易の事実があった亶洲とはどこであろうか。市村瓚次郎博士などは、これを海南島に擬しているが、白鳥博士はその説のいわれのないことを説き、亶（タン）と種子（タネ）の音の近いこと、その他の理由から、これを種子島に比定した。石田幹之助氏も、これに賛成している。その詳細を知りたい人は「民族学研究」第一巻第四号の白鳥博士の原著を参照されたい。

この説は、種子島と中国南方の沿海地方との間に、古代において交渉があっただろうとの、われわれの推定にとって、まことに有力な根拠になる。しかし一方からいえば、われわれの種子島における近年の発見が、考古学的遺物という厳然たる事実によって、白鳥説を有力に傍証したのだともいえる。ただ種子島発見のこれらの証拠物件のうち、もっとも重要なきめ手ともなるべき文字の例が、いまのところ数において乏しい。今後の調査では、これらの不足を補って余りあるというような資料が、あるいは発見されるのではないか。そういう期待で、われわれはいま胸をふくらませている。

『耽羅紀年』に見える琉球関係記事

一

『耽羅紀年』は南鮮済州島済州面の人金錫翼の著作で、大正七年に京城で版行されたものである。諸書を博捜して、済州島に関する記事を集め、年紀風に編纂している。耽羅はもちろん済州島のことである。私は最近に至って初めてこの書を見たが、世間にはあまり知れわたっていないように思うから、その中の琉球関係の記事の二三を、ここに紹介しようと思う。

先ずはじめに、次のような記載がある。島の地方長官が、漂着した琉球の王子を、強盗の目的で虐殺した、という驚くべき事件である。

辛亥、光海君三年、明国万暦三十九年（一六一一）

A　秋九月、琉球国の世子、州城の竹西楼下に漂到す、牧使李玹・判官文希賢等、其の財宝を利とし、圍み捕えて之を掠殺す、初め琉球国王、日本に擄《とら》え被《ら》る、世子、父王を贖《あがな》い還らんと欲し、其の国宝を載せ、将に日本に入らんとするも、颶に遇いて漂到す、牧使李玹等、初め頗る厚く之を待つ、順風を竢《ま》ちて発去せんとす、既にして官属勧めて宝貨を索《もと》めしむ、是に於いて玹は軍を率い、更に往きて其の有する所を問う、則ち答うるに酒泉石・漫山帳を以てす、蓋し酒泉石は一個の方石にして、中央に凹処有り、清水を貯うれば、即ち変じて酒と為る者也、漫山帳は蜘蛛糸を以て薬に染め、織り成せる者也、小さく張れば則ち一間を覆う可く、大きく張れば則ち太山を覆う可し、而して雨水の漏らざる者也、玹等請うも許さず、遂に囲みて之を捕う、世子は石・帳を海中に投ず、玹盡く余貨を籍し、捕えて世子及び舟中の人を殺す、

世子は死に臨み、一律を書して曰く、「堯の語は明らめ難く桀は身に服す、刑に臨んで何ぞ蒼旻に訴うるに暇《いとま》あらんや、三良は穴に入り人誰か贖わん、二子舟に乗れば賊不仁、骨は沙場に暴《さら》す纏《まつわ》るに草有り、魂は故国に帰るも弔するに親無し、竹西桜下滔滔の水、遺恨分明なり万春に咽《むせ》ばん」琉球国は極南の海中に在り、今日本の幷《あわ》す所と為る、按ずるに州人の琉球に漂到するに、必ず済州を諱《い》みて、康津・海南等の地に托する者は、此れを以て也、

すなわち、日本の年号でいえば、慶長十六年の九月に、琉球国の世子が、日本に捕えられている父王を贖還する目的で、海上に出たのが、暴風のため済州島に漂着した。地方長官の李玹等、はじめは優遇したが、世子が宝物をもっていると知ったので、それを渡せという。断わられたので、世子をはじめ一行を皆殺しにした。世子は宝物を海に投じ、一首の詩を賦して死についた。という話で、その宝物というのは酒泉石と漫山帳である。酒泉石は、清水を酒に変じる石、漫山帳は蜘蛛の糸で織ったもので、大きくすると山をも覆うて雨を漏らさない、という、いずれもお伽話めいた宝物である。そして以後、済州島から逆に琉球に漂着した者は、このため他の地の者と偽ったという。

『中山世譜』などを見ると、日本に捕えられた尚寧王は、その年の九月二十日までは、まさに日本にいた。この点ではつじつまは合っているが、しかし王には男子はなく、尚久の子の尚豊を世子として、尚豊

はもちろん、のちまで生きている。尚豊の世子となったのは、何の年であるかわからないが、その以前に、こうした逆運のために暴死した、史上不見の世子があったのであろうか。或いは尚家のいずれかの王子が、世子を称したか、またはこれに誤まられたのであろうか。

宝物の品目ははなはだ怪しいが、李、文などの役人は実在の人物であろうし、さきにも言う如く、話のつじつまは一応合っている。この記事は、琉球史の上に一つの謎を投じるものではないかと思う。但し私は琉球史書のことをあまりよく知らないので、このような事を珍らしがっているが、もし琉球側に、これに符合するような記録があれば、知りたいものである。

二

清朝に入って、次の記事がある。

庚戌、(正祖)十四年、清・乾隆五十五年(一七九〇)

B　琉球国那覇府の人、貴日浦に漂到す、頭に着する所無し、一髻両簪、身に青斑布の周衣を着す、船上に大旗を建て、上に太極を画き、下に順風相い送るの四字を書す、船中に論語・小学・中庸・実語教・童子訓・古哥集・節用集・三国志・百重暦有り、

意味は自ら明らかである。この記事では、琉球船が、上に太極の画を描き「順風相送」と書した大旗を建てていた、という風俗史上の事実がわかる。また船貨中の書籍には、漢籍もあるが、古歌集、節用集などの和書もあり、これは大和より琉球に下る途中の遭難であったろうと思われる。文化移入史の一つの小さい資料にもなるであろう。

第三は次の記事である。

年紀なし

C 是の歳、異国人五名、州境に漂到す、容服言語、曽つて未だ聞かざる所にして、字を書するも亦た通ぜず、何国の人なるを知らざる也、牧使以て聞《ぶん》し、陸路従《よ》り燕京に入送するも、本島に還送さる、七年に至る、毎《つね》に其の国を語りて、必ず莫可畏と称す、丁卯（一八〇七）秋、琉球国人漂到し、其の容服を見て曰く、此れは是れ呂宋《ルソン》の人、所謂莫可畏は、即ち其の国の官音なりと云う、然れども方向を弁ぜず、送還するに路無し、日夜号泣して死す、

国籍不明のものが（陸路北京に送ったが、また帰されてきた）済州島に漂着した。自称「莫可畏」というのみである。六年後に琉球国人の漂着するものがこれを見て、これはルソン島人であり、「莫可畏」とはその国語だと教えた。ルソンでは帰らせる方途もないとて、そのままにしているうち、日夜号泣しつづけて死んでしまった。

哀れな話であるが、これは島津藩が南方貿易を禁止してから、既に二〇〇年も後の話であるのに、琉球人にはルソン島人が見わけられ、その語を弁識するものがいた、ということを、この記事は示している。

最後にいま一つ挙げておく。

己巳、（純祖）九年、清・嘉慶十四年（一八〇九）

D 是の歳、琉球国巡見官翁世煌、史官姚世康・毛維煥等、牛島に漂到す、巡見官は髻上に金簪を挿《さ》す、簪頭は菊花の如し、頭に紫綾冠を載き、腰に黄緞の大帯を施《ひ》き、足に紅靴を躡《は》く、史官は皆な銀簪を挿し、黄綾冠を載き、紺色の周衣、大袖長裔なり、曰く、国王の命を奉じ、民情を巡察して大島に到る、事竣《おわ》りて還るも、風に遇いて漂来す、王都は中山の地に在り、国俗は都《すべ》て印信無し、公

行の文蹟は、皆な墨套を以て之を用うと云う、内容は平凡であるが、琉球官人の風俗がよくわかる。最後の墨套は矢立のことであろうか。ここに見える翁、姚、毛の諸人の名は、琉球側の史料にも見えるであろうが、私はまだ当っていない。

ただ、この琉球官吏が民情視察のために出向いた「大島」というのは、果たして今の奄美大島であろうか。慶長以来、純然たる薩藩に編入された奄美に、この頃そうした琉球王の官吏の巡見があったとは思われない。この「大島」も一つの小さい謎であるかも知れない。

沖縄の旧友

昭和四年の暮から五年の正月にかけて、沖縄を訪問したときに、相識った友人のうちで、いま残っているのは、琉球新報社の国吉真哲氏だけである。国吉氏はそのころ、まだ白面の青年教師で、和服に袴をつけた当時の姿が、いまでも眼底にのこっているが、私を先樋川の石器時代遺跡に案内してくれた。その折はどうした事か、遺跡の所在が見つからず、空しく引きあげたと記憶している。この遺跡は、のち京大助手の島田貞彦君が発掘して、多大の成果をあげた。その島田君も今は亡い。

この訪問の折、私を最もよく世話してくれたのは、図書館長の真境名安興氏だった。ひまがあると図書館に通って、私は冠船踊の写本によみ耽った。当時はまだ伊波さんの『琉球戯曲集』が出ていなかった。名護では島袋源一郎校長が健在で、私を運天港の百按司墓に案内してくれた。その折に見出した木造御殿造りの骨棺を、島袋氏はのちに郷土館へ運んだと聞いた。こんど百按司墓を再訪して見ると、それが見えなかった。保存の意図が却って災いしたのは、こんどの大戦の悲劇のうちでは、最少の一例には過ぎなかったろうが、惜しいことをしたものだ。九州地方の墓地に今も新しいサンプルの見える木造御殿作りのミタマヤが、このものに著しく類似しているように思うが、いまはもう比較するすべもない。

多くの亡くなった旧知のうちでも私の心の中で最も親しんできたのは、俳優の儀保松男君だった。私は儀保君を誘って、よく飲みにいった。彼は当時沖縄の婦女子のあいだに人気第一のスターであったが、その中城若松などに扮した艶な姿は、男の私でもほれぼれするほどだった。しかし、彼には彼としての悩みはあり、捕手の一人になってもいいから、中央の映画俳優になりたい、などと言っていた。私はそれをいましめる役であった。那覇の劇場で、儀保の姿の見えないのはかぎりなく淋しい。私のこの心を察して、当時舞台を共にした上間朝久さんは、儀保の天川踊りのプロマイドを、こんど私に贈ってくれた。日本歌舞伎の舞台にも、いまはもう見られない女形のなまめかしさが、このプロマイドにも漂っている。儀保の芸がどの程度のものであったかは、当時の私にはよく判らなかったが、儀保は私の心を沖縄につなぐ上に、大きい役目をはたしていたと思っている。

こんど沖縄を再訪して久闊を叙した旧知の大部分は、みな台湾在住時代に相識った人々である。別れてこの方、八、九年目に会って見ると、心はたちまち通じてあたかも昨日別れた人のようである。私がいま世話になっている真和志のオランダ屋敷の主人は、南風原朝保博士である。この人とは台北で別れるときに、私の側の誤解から、喧嘩別れをして、長くあと味の悪い思いをしたが、のちにあやまっておいた。心の寛いひとで私はいま平気で世話になって、好き勝手なことをしている。ただこの人は自分自身にも寛大なところがあって、時々失敗するたちだが、憎めない人で、いま沖縄医学会長をしているのも、そういう徳を自然にそなえているからであろう。終戦後、内地人ののこしていった書画の類が、台北市の露店に出ているのを、彼と競争で買いあつめた時代は、いま思っても楽しかった。今の沖縄では、書画では南風原博士のコレクションが随一のものであろう。改めて拝見すると、その一つ一つにことごとくなつかしい思い出がある。

いまオランダ屋敷にとぐろを巻いている食客は私だけではない。朝保博士には弟にあたる朝光画伯がいて、自分自身の世話をしたり私の面倒を見たりしている。この人とも私は台湾以来の相識である。物欲しそうな、いやしい所の少しもない人柄で、その作品にも、それがそのまま出てくる。効果を狙った、前受けのする絵は、見ているうちに色があせてくるが、彼が最近琉展に出品したという、小品の雪景のような絵は、見るうちにだんだんとその好さがにじみ出てくる、といったていのものである。こうした画人がいまでは大変少なくなった。彼は酔っぱらうと谷茶前を踊る。ちょっと風格があって、もう十年もしたら、無形文化財の指定を受けるかもしれない。

八重山の調査を終ったころに、新聞紙上で放送局長の罷免という報道を見て驚いた前放送局長川平朝申君も、台湾時代の友人である。善意に満ちた人で、どんな時にも明るさを失わない童心の人である。那覇に帰ってみると、私の察しの通り、彼はこんどの事件で、少しもいら立っていなかった。暇が出来たのをもっけの幸い、といった様子で、私たちの世話をしてくれるのが、ありがたいとは思えても気の毒だとは思わせない、彼は元来こうした人物である。この機会に本を読むと言っている。私もそれに賛成である。今後いつまでその暇がつづくかは知らないが、この時に得られた知識や鍛錬が、彼の生涯への大きなプラスになることを私は祈っている。

南風原朝保博士を懐う

昨年の秋、熊本市で開催された九州医学会に、沖縄医学会長として出席するというので、南風原博士は愛妻の登美子夫人同伴で私のところへやってきた。見ると、顔色が悪く、少しやせて元気がない。あれほど呑んでいた酒もやめているというので、これはただ事ではないな、と感じた。その暮に東京の癌研究所で手術した。その結果は良好で、元旦の飛行機で上機嫌で帰国したときいたので、やや愁眉を開いた。ある事件で、当人の頭をなやますようなことに、私は係わり合い、そんな交渉も病中につづけていた。ところへ、突然重態、つづいて逝去の報があり、私は茫然とした。社会のため、国家のために、その死が惜しまれるというような人もあるが、南風原博士の死は第一には私自身のために、惜しくてしかたがない。正直なことをいいすぎるようだが、これは私の立場で書くのだから致し方がない。

しかし、こういっても、それは別に功利的な意味でいっているのではない。もちろん彼は収入も多く、太っぱらだったから、私にとってはその意味でも大いに益友だった。だが、その意味で先ず彼の死を惜しむほど、私はまださもしくはない。彼は何よりもまず、純粋な意味での得がたい友人だった。そういう友人は決して数多くはない。その死はこの意味で、私には惜しくてしかたがない。

自然児で、底ぬけの楽天家であった。従ってそこから来るいろいろの欠点もあり、失敗もあった。敵も作ったことであろうが、また類のないゆたかな愛情が常に彼を包んでいた。天国の門で聖ピーターが、彼の生前の罪状を数えると、その数の多さに驚くかもしれない。しかし、結局第一番に門をくぐれるのは彼である。聖ピーターは彼の肩をたたいて、にっこりと笑いながら「よくも愛したな。それでは門を通れ。こんどはお前が愛される番だ」。彼は躊躇する。聖ピーターがいぶかると、彼はいう。「いや、やっぱり私が愛する方にまわりたい。ここにはそんな相手はいないのですか?」。こんな空想をして、いつのまにか私は自分が微笑しているのに気がつく。そうなのだ。彼は死んだときにも、他人を微笑させるものをもっていた。彼を包んでいた空気が、どんなものであったかが、これでわかるであろう。

いろいろな思い出がある。台湾を引揚げるとき、日頃愛用していた、細工のいい紫檀の小卓、これをどうしても持って帰るという。途中でこわれるだろうというと脚を抜いてたたんでゆくといい、ぬきかけると、にかわがかたくて、脚が折れる。と、そのとたんに、たった今まで離れ難い愛着を示していた小卓を「えい」と打ちくだいて、二度とふりむきもしなかった。人間に対する彼の愛情にもそうした面があったと思う。愛情を拒む相手に――不幸にして、それがわが子であった場合にも――彼は二度とふりむかなかった。それだけに、彼を必要とする相手には、限りない愛をそそいだ。相手を見棄てるということを絶対にしなかった。

またこんなことがある。昨年のことだが、琉球大学所蔵の、操坦晋《みさお》の『渡琉日記』の複写の斡旋を彼に依頼した。彼は那覇市の写真屋某に撮影させ、その費用を立てかえてくれたが、相手が五〇〇円でいいというのを、よく出来たから奨励のため一〇〇〇円やった、といってきた。私ははらを立てたが、同時に大いに笑った。いかにも彼らしいやり方である。私が払う払わぬを彼は問題にしていないからこそ、そんな勝手なことも出来たのである。浄瑠璃の「堀川」に、お俊という遊女が男に対する自分の気持をのべる。その中で「世話しられても恩にきぬ」といっている。私の彼に対する感情もそれであり、彼にはそれだけの大きさがあった。つき合っていると、こちらの気が大きくなり、のびのびしてくるのを覚えた。

大金を投じて東京の書店から『質問本草』を買い入れた。琉大がそれを必要としていることをきくと、即座にそれを琉大に贈った。将来大いにもうけて、那覇市に独力で美術館を建ててやる。そんな夢も抱いていた。だが、彼は決して金持ちではなかったのだ。しかし、普通の金持ちには出来ないゆたかな生活を、外面にも内面にももっていた。この点で彼はほとんど偉大ともいうべき男であった。

私の周囲を見まわしても、もうそういう人物は少ない。その人のぬけたあとは、大きい空洞になり、寒い風がそれを埋める。私の人生の淋しさがそれだけ深くなった気がしてならない。彼をうしなったのはかえすがえすも惜しい。

カーの思い出

ジョージ・カーの『琉球の歴史』が最近翻訳され、南風原博士や川平朝申氏の好意で、私にも一本贈られた。この本についてはすでにいろいろの人が批評もし紹介もしているから、私は別にいうこともない。しかし、これを機会に、カーについての思い出を少しばかり書いてみたくなった。

台北の大学に在職中、当時台北高商の英語教師であったカーの訪問をうけた。昭和一二、三年のころであったと思う。彼は日本文化史に関心があり、私のもっていた掛物などをよろこんで見ていった。やせた、アメリカ人としては貧相な男だったが、物を見る眼は普通の日本人の鑑賞力よりも勝れていた、という印象がのこっている。

その後、再会の機会はなく、私は彼のことは忘れてしまって、思い出すこともなかった。戦争が終って数カ月すると、私はまた突然カーの訪問を受けた。その時はもう顔さえ忘れていたので、話をきいてから、やっと戦前の会合を思い出したくらいだった。こんどは台湾駐在のアメリカ副領事としてのカーであった。

彼の話をきくと、カーは戦争中は、アメリカ随一の台湾通で、台湾爆撃の作戦の枢機にいた。一、二度は、自ら爆撃機に乗ってきたという。そして、台大の浅井教授と金関教授すなわち私とは、貴重なコレクションを持っているから、二人の住居付近は作戦地域から除いておいた、無事だったろう、という。私は彼の事を忘れていたのに、彼はこのように私たちのことを考えてくれていたのだ。

戦争中、私は陶器などを地下に埋め、書籍を疎開し、そのためにさまざまの苦労をなめた。そうと知っておれば、と今さら残念に思ったことだが、もちろん、それを知っていたら、憲兵隊さわぎで、もっとひどい目にあっていただろう。

終戦後、日本人の大多数が内地に引揚げた。その中には台湾永住のつもりで、先祖代々の重宝などを、台湾に移していた人々も少なからずあったから、そして、それらの品物は、持ち帰ることを許されなかったから、多くは売ったり、台湾人に預けたりして帰国した。そうしたものが、その後ぞくぞくと市場に出る。道ばたのノミの市などにとんでもない面白いものが出たりして、われわれを驚かせる。私とても、やがては引揚げる身で、その時そうした物を、携行できるかどうかは、わからない。しかし、道ばたに、安い値段でそういうものが出ているのを、何としても見逃すわけにはゆかない。さきのことは考えないで、私はそうしたものを、毎日のように買い漁りはじめた。

この仲間に南風原博士がいた。そして、カーがこれに加わり、その他台湾人、日本人の二、三人の人々が加わった。

そのうち、ただ集めているのでは面白くない。他の仲間の動静も知りたい。というところから、別に名はつけなかったが、毎月一回、会場は各自の家をまわりもちにして、集収品のもちより会、つまり自慢会をしようということになった。

今から思うと、終戦後の生活で、この時代ほどおもしろい時はなかった。ある月、カーの公舎で会があった。見るからに古画で、竹林の七賢を描いたものがある。印章を見ると「意誠」とある。意誠は室町時代の画家で、その遺品は非常に稀れである。他には、私は一、二点しかしらない。こうしたものを、カーは、自分の眼力のみによって、掘り出しているのだ。私は垂涎《すいぜん》し、もちろん大いに賞讃した。カーはうれしそうだった。

こんな事をしているうちに一九四七年二月の、いわゆる二・二八事件が起った。私ども日本人は、家にひっそくしていたが、カーは大いに活躍したらしく、台湾人の側から物を見る立場に立って、事件中の出来事を、大小となく本国に知らせていた。三月九日以後、事件の主導権が国民政府側に移り、カーのそうした活躍は、当然彼を危険な立場におくようになった。身辺さえ危くなって、彼は急遽本国へ飛び去ってしまった。

最近、中共の立場から書かれた二・二八事件に関する一、二の書物を見ると、カーは当時アメリカ帝国主義の手先として活躍したように書かれている。つまり台湾に対する中国の失政を宣伝して、台湾を国際管理にでもさせようと努力したかの如くに解しているが、これはカーにとっては気の毒な話で、彼には当時そこまでの考えはなく、単なる人道主義者の立場だったと思う。

もっとも、こういう所に歴史のむつかしさがあるので、もっと大きい史眼から見ると、当人の意識の如何にかかわらず、やはり帝国主義の手先、という事になるのかも知れない。それはともかくとして、彼は当時大いに活躍した。そして、国民政府にねらわれて、本国に逃亡したのである。

アメリカ帰国後、彼はワシントン大学の東洋学の講師の職についた。私とは、他人の仲介を経て文通していた。それほどにも彼の名は、台湾では禁物になっていたのである。

一九四九年、私たちも台湾を引揚げることになり、私はたくさんの書籍と、陶器のコレクションをもてあました。そしてカーのかねての希望を容れて、陶器は彼にゆずり渡すことにした。数日がかりで荷造りすると、ある日領事館のものがきてトラックにのせていった。飛行機で一度に送ってしまうのだという。

その簡単さに啞然とした。

カーは私のコレクションを受け取って、方々で数回展覧会をしたらしく、その模様をカラー写真等で報告してきた。しかし、その後自分にはおまえのコレクションはもちきれない、と断わってきた。つまり、私に支払う金が出来ないから、所有を他に移す、というのである。カリフォルニア大学が、それを買ったらしく、カーは私に対する支払いを完納した。

私が貰った最後の手紙には、それは一九四九年の夏の手紙だったが、やがて日本の、美しい秋の古い都、奈良や京都で、また一緒に美術品を漁りましょう。この楽しみの予想は自分を有頂天にさせる、とあった。その後数回、彼は日本にきたらしいが、私が怠って新しい住居を知らせてなかったためか、連絡がとれず、今日までまだ会っていない。

Ⅱ

八重山群島の古代文化——宮良博士の批判に答う——

一、序　言

昨年（昭和二十九年）四月、琉球波照間島調査中に、「朝日新聞」西部版に投じた通信文のうち、「波照間」の名称と、琉球語の起りに関する小文が、宮良当壮博士の眼にとまり、本誌（「民族学研究」）一八巻四号において、懇切な批判を受けた。批判文中には、同旅行中の、琉球新報社主催による座談会においての、私の発言の一部にもふれるところがあった。

元来こうした種類の発表に対しては、それがなんらかの学説にわたるものであっても、多くは看過されて、問題にのぼることが少ないのであるが、宮良博士がこれを取り上げ、詳細な批判を加える労を惜しまなかったのは、私のはなはだ光栄とし、感謝するところである。また同博士の学問に対する熱心な態度に敬服するのである。

しかし、私のこれらの発表は、一つは旅行中の通信文であり、一つは座談会席上のとっさの発言であって、決して意を尽くしたものではない。したがって、これのみによって批判された宮良博士の言には、多くの誤解がある。またこれを別として、同博士の説には私の承服し難い点もある。私の蒙った誤解を解き、同博士の説に対する私の率直な感想をも述べるために、この一文を発表して、改めて批判を仰ぎたいと思う。

以下、便宜上、宮良博士の発表の順序に従って述べてゆく。ただ、その前に一言しておきたいことがある。「序」の後半において、宮良博士は私の説を要約紹介している。そのうち(1)から(3)までは、〝波照間〟の名は台湾語の〝ボトル〟に由来するものではないかとの、私の疑いに関するものである。その証拠として、同島下田原貝塚出土の台湾土器の存在を私が挙げたことを引いているが、これのみを証拠として、私が波照間のボトル説を裏づけたもののようにいっている。同様のことは、(9)の結論の中にも「金関氏が波照間において格子形の押紋のある一片の土器片を発見したことによって鬼の首でもとったように」という表現で繰りかえされているが、私の発表中にもある通り、これは「いろいろな発見があった」が中でももっとも興味ある例として挙げた、一つの例にすぎない。長文を不可能とする新聞通信では、多くの事実のうち、もっとも印象的な事例を挙げるのを得策と考えたまでである。波照間の名義に関しては、後に詳述したいと思う。

二、隋書の「流求」国について

「(2)『隋書』の「流求」は台湾に違いない」。これは三月十六日の新聞社主催の座談会席上での、私の発言に対して書かれた啓蒙的の記事である。

私もかつて『隋書』の「流求」の記事に関しては興味をもち、必要な文献は一通り見ているが、この度の宮良博士の所説からは別に新しい教示は得られなかった。戦後台湾の諸雑誌に発表された中国学者梁嘉彬氏のこれに関する説は、徹頭徹尾琉球説で、日本の諸学者の台湾説を極度にこきおろしているが、その論法ははなはだ乱暴であって、論旨には見るべきものがない。しかしその細部の説については、あるいは他山の石として、一顧に値するものがあるかも知れない。折角の御発表があったから、こういう文献もあるということをつけ加えておきたい。

右の梁氏とは、私は会うたびにこの問題について論争したのであって、私は梁氏とは違い、『隋書』の流求伝中に、いまの台湾に関する記事を多く含むことを疑っていないのである。のみならず、この考えに基づいた発言を数次行っている(1)。

ただ、無条件に台湾だというのではない。小野妹子の夷邪久人布甲の説などをしばらく不問として、との条件つきである。

私は妹子が軽々しく〝妄言〟を吐いたとの立場をとりたくない。妹子には夷邪久人の布甲に対する知識があったものと推定する。朱寛の持ち帰ったものが台湾の布甲であり、妹子はこれを夷邪久人のものと認めた。そこで妹子の夷邪久を通説のとおり、琉球北部の名称と考えるならば、当時台湾にも薩南にも、同様の土俗があった、ということになる。しかし宮良博士はこれを認めない。これを認めないとすると、妹子の夷邪久は台湾を指すか、あるいは全然妄言であるか、ということになる。ところが妹子が当時台湾の知識を有し、かつ台湾が当時の日本人に夷邪久の名で知られていたとは到底考えられないから、結局、宮良博士の考えは、妹子は「妄言のそしりを免れない」ということになる。

私はこの点で宮良博士の考えに反対する理由をもっていない。しかし、妄言と即断する前に、なお、慎重な立場をとってもいいと考えるまでである。私の考えによると、妹子の夷邪久を琉球北部を指すものであったとして、『隋書』流求伝の記事の矛盾を合理化するには、二つの可能な考え方がある。前記のとおり、台湾と琉球の両所に同様の布甲を用いていたとするか、あるいは朱寛の大業四年の遠征が、同じ流求の名において、前年の台湾とは異なった今の琉球になされたとするかである。『隋書』流求の記事の中に、台湾とのみは考えられず、むしろ琉球とするを可とするごとき記述が少なくない。そのためにこそ多くの論争がなされたのであるが、「流求」伝の記載が、両度の異処遠征の記事の綜合的編纂に成ったであろう、という可能性も軽々しく否定できないと思う。しかし、これは否定できないというまでであって、決してそうであったというのではない。私はしばらくその可能性をも考えの中から放棄しないでおこうという立場をとるものである。ただ遺憾なことは、博士の問題とした私の座談会席上の発言を読み返して見ると、なるほどこの点に関してやや断定的な語気が含まれている。しかし、断定は必ずしも私の真意ではなかったことを明らかにしておきたい。

なおこの章の註(2)に、宮良博士は、「対馬から琉球にかけて現存する小形の日本在来種の馬」ということを言っているが、これと同じ小形馬の骨は、薩摩出水貝塚等の石器時代遺跡からも発掘されて、昨年の連合大会で林田重幸氏によって報告されている。これは大陸系の蒙古馬とは別種のもので、琉球現存の小形馬とともに、海南島から東南アジアの小形馬につながるものであることが判明している。すなわち地域の点から、あるいは恐らく伝来の上からいって、琉球の小形馬は、南方に類縁のあるものであることを申し添えておく。

三、琉球の鉄文化

宮良博士は同じ章で、琉球の鉄文化の発生に関する私の座談会席上の発言をもとり上げている。「明初のころに沖縄には初めて豊富な鉄が入ったであろう。沖縄の石器時代の終末はそのころであろう」との意見を述べたのに対する批判である。その反証として、博士は八重山地方に『和名抄』に見えるカナフグシの名から由来するカノーシという鉄製農具が今もある、ということをいっている。すなわち言葉の上からの反証である。

これに対して私は改めて疑問を提出したい。平安朝中期の言葉が八重山にのこっているということは、それが平安朝中期のころから、そこにあったと言うことと同じであるかどうか。言葉は物質や電気のようなものではないということは、この際にも思い出しておく必要があるであろう。

しかし、これは一般論であって、私も実は八重山にも相当古くから鉄ははいっていたかも知れぬ、と思っている。そのことは石垣島の遺跡から、日本内地のどこかで製せられた祝部土器の破片が、この度の調査ではじめて数片発見されたことから想像されるのであって、これは同座談会より後に得られた知識である。ただしこれについても、言語の場合と同じことが言えるのであって、祝部土器の存在が直ちに奈良朝平安朝の以前からそこにあった、ということを意味しないかもしれないのである。これについては、後に再び触れるつもりである。

琉球の鉄文化の問題に入る前に、いま一つ一般論を申しておきたい。宮良博士もいうように、日本の鉄文化は、まず「紀元前約百年」あるいは二百年のころ、弥生式文化の発生に伴って起ったものである。それ以前の縄文式文化には伴わないものである。ところが、この弥生式文化は、今日までの調査の結果では沖縄本土以南には入っていない。奄美大島にもその痕跡は見出せない。正確に弥生式文化の認められるのは、薩南の臥蛇島までである。臥蛇島がその南限なのである。そして、縄文式文化は沖縄島までは入っているが（宮古島は未調査でよく判らないが）、八重山に入っていないのである。このことは、日本の鉄文化の発生と、沖縄のそれとを、一口に論じてしまうわけにはいかないことを示すものである。

しかし、宮良博士のために私は次の事実をいい添えておかなければならない。八重山の祝部土器の存在については先にも述べたが、奄美大島、沖縄本島にも、その層位関係は不明ながら、しばしば日本製の祝部土器の破片が出土している。おそらく祭祀用品として携行され南下したと思われる。また、これに伴って、この土器の代表する時代の日本文化の一般がある程度南渡し、したがって鉄文化も伝播したと考えられる。沖縄に明初に至るまで、鉄文化が知られていなかったのではない。『おもろ』(巻一三)にも、むかし大和世に、やまとから鉄匠がきて、船材その他を造ったことが歌われている。

ただ、問題は上代以後におけるこうした交渉が、その勢いでひき続き行われ来ったか否かである。鉄は消耗するものであることをこの際銘記しておきたい。上代のある時期にある程度の鉄が入っても、その輸入が連続しなければ、自ら鉄を産しない限り鉄文化は存続し得ないのである。

台湾の例がそれである。宮良博士の引用した『隋書』の「其処少鉄」の記事はあるが、これはおそらく偶然の漂流者などから得られたものであって、決して鉄文化といわれる程のものではなかった。その証拠に、唐末昭宗の時の広州の司馬劉恂の撰『嶺表録異』に、陵州の刺史周遇が流虬国に漂着したときの記事として、国人が「競将食求易釘鉄」と記してあるので、その事情がうかがわれる。また南宋の淳熙のところになって、なお台湾西海岸の蕃族が、竹筏に乗じ、泉州を侵して、鉄を掠奪したことが『諸蕃志』に出ている。(2)のみならず、北部台湾では明初のころまで、まだ一般に石製利器を使用していた証拠がある。

以上の例を見ても判る通り、台湾では、隋の時に少鉄ありと記されたからといって、それが決して石器時代の終熄を意味しなかったのである。かつて鉄を知っていたといっても、鉄の文化は必ずしも同じ勢いで永続するものではないということの、これはやや極端な例である。

上代において琉球に鉄の入った事情は、台湾の例とは異なっているであろうから、これほどまでであったとは思わない。しかし、宮良博士も本批判文に記しているように、史実の上からも、内琉間の交渉は、しばしば断続していることが明らかである。「古来幾度かの大和世があったことを考えて差支ない」と、伊波氏はいっている。(3) 必ずしも政治的支配ではなく、大和の技術の文化が権威を以って臨んだ時代をいうのであろう。それが幾度か断続したことをいうのであろう。

伊波氏によると、伊平屋の前島の「大城くわいにや」の中に「石よき」と「金よき」の名が対句としてうたわれている。金に対する石の対語で、石よきは単なる造語にすぎぬといわれるかも知れないが、造語にしても観念上不可能な語は成り立たないはずで、これは第一尚氏時代に、この地方でまだ石斧の、少くともその記憶が残っていたことの一証とすることができる。

また、明の嘉靖十九年（一五六四）に鄭暁の撰んだ『皇明四夷考』の「琉球」は、沖縄本島の記事であるが、これに「以螺殼爨、爨無釜甑、耕無鉄」とある。宮良博士も引用した一四七七年の済州島漂流人の口書によると、当時沖縄本島の文化は相当なものであり、武器武具の類に鉄を用いたことは歴然としている。また「陸田則用小鍤治之」とあって、鉄製のヘラを用いたことがうかがわれるが、それより約九〇年後の嘉靖の記事には「耕無鉄」なのである。これらの文献を併せ考えると、社会の上層の文化と一般庶民の文化とが、一概にいえないこと、また、鉄が不足すれば、庶民の文化は再び石器時代に逆行せざるを得ないことを示している。

「明初に初めて豊富な鉄が」琉球に入ったとの私の発言に対して、宮良博士はいろいろと臆測しているようであるが、これはそのままの意にとって下さればいいので、『皇明実録』の洪武七年の記事に、刑部侍郎李洪等に命じ、「文綺百疋、沙羅各五十疋、陶器六万九千五百事、鉄釜九百九十口」をもって、琉球産の馬と交易せしめたことが見え、その翌々年の李洪の復命には「其国俗、市易不貴紈綺、但貴磁器鉄釜等物」とあったので、自後、多くは磁器鉄器をもって、馬にかえたとある。明初に初めて豊富な鉄が琉球に入ったという私の発言には、別に間違いはないと思う。

少なくとも八重山においては、仮りに祝部土器がよほど古くから入っていたとして、その頃から鉄が知られていたとしても、石器時代様相を一変させるほどの豊富な鉄が輸入されたのは、遙かに後世のことである。石垣島の諸遺跡では、鳥居竜蔵博士の明治三十七年の調査によって、多くの石製利器と、明初の、主として処州青磁片とが伴出することが知られている。われわれも今回の調査でこれを確認している。この地方で、明初のころまで石器を使用していたことは明らかな事実である。

石垣島大浜の崎原御嶽の由来に関する伝説では、二人の兄弟が船を作り、薩摩坊津に到って鉄の農具を購い帰ったとある。年代もその真偽も不明ではあるが、石垣島の人々は、記憶にのこるほどの近い過去において、鉄製農具に不足した時代のあったことを知っており、それを沖縄に求めないで、直接薩摩に求めたとすることを不思議としなかったということが、少なくともこの話から知られる。さきに引いた済州島漂流民の、与那国島の土俗を記したもののうちに、鍛冶はあって、鍤鎌のような農具や、斧小刀小鎗のような工具、猟具の類は作っていたが、「無釜鼎匙筯盤盂磁瓦」とあって、鉄はまだ炊爨具にまでは普及していなかったのである。八重山に豊富な鉄や磁器が入り初めてから百年後にも、与那国ではまだこの状態なのである。

以上、鉄があったとか無かったとかいうことを、そう手軽に考えるわけにはいかないということを、事例を挙げて説明したのである。私が琉球の石器時代の終末を明初のころであったろうといったのは、従来の、より所のない漠然たる観念を破ろうという、ややおせっかいな気持から出た、多少奇矯な言い方であったかもしれないが、決して大過はないのである。「琉球の石器時代の終末」は、これを簡約していう場合、その終末が琉球各地において一時に起らない限り、その最後の例をもって示すのも一法であろう。私はこの方法をとったまでのことである。

四、日本人のインドネシア要素と琉球人のアイヌ要素について

「(4)琉球史以前の南島」。宮良博士はこの章で、「現代日本人の遠祖はツングース人、モンゴリアン人、インドネシア人、アイヌ人、その他の結合より成る原日本人だといわれている」といっている。この説に賛成するもののようである。

インドネシア人が日本人の祖型の一つであったかどうかということは、体質人類学の方面からは、まだ明確には実証されていない。したがって今のところ、この方面からは何ともいえない。宮良博士がこれを認めるとすれば、それはおそらく、日本語の中に多少のインドネシア要素を認めるからであろうか。それはともかくとして、いずれにしても日本人の祖型の一つにインドネシア人の要素があるとすると、そのインドネシア人は一体どのような径路で日本島に渡来したのであろうか。

その所説の全体から察して、博士はこれが琉球諸島を経由して日本に入ったとは、考えていないと想像される。すなわちフィリピン、台湾の方面から、琉球諸島を素通りにして日本に達したか、あるいはまた全然別の方面から直接日本に渡ったか、ということになる。

しかし、この際銘記すべきは、今日一部の人々によって想像されているように、日本のインドネシア要素が、弥生式文化の伝播とともに、南朝鮮より北九州方面に入り来ったとしても、あるいはまた、それよりも古く別の方面から入り来ったとしても、その南朝鮮に到達し、あるいはまた日本に直接到達するのに、

東支那海なり太平洋なりを、直接横断して、大航海の結果一挙にやって来たとは到底考えられないことである。島づたいに、時々波状的に渡来したものと考えるのが、われわれの常識である。かなりの大船を操って、東支那海を渡った奈良朝平安朝時代の航海が、いかに安全性を欠くものであったかを、考え合すべきであろう。

インドネシア要素を認めるならば、南伝南漸のいずれを考えるにしても、それが琉球列島を経由せずして、日本あるいは南朝鮮に渡来したとは考えられないのである。この点は私の後述の考えに深い関係をもってくる。

次に見逃すことのできないのは、宮良博士は薩南の種子、屋久から、八重山の祖納、鬚川にわたる多くの南島地名が、「アイヌ語と関係があると思われる」といっている。素人ではなくて、宮良博士ほどの専門家がそういうからには、定めし専門学上の有力な証拠があるのであろう。残念なことには、本文中にはその証拠らしいものとしては南島人の多毛であるのは「これは九州から南下した日本民族が、先住民のアイヌと同化したためである」との一文があるのみであって、十分の深意を汲みとることができない。八重山人と東北地方人との顔や言語が酷似しているというこれに続く文章は、同じ日本人が南北に分れたということの証左として挙げられたので、アイヌ問題とは無関係のことと思われる。

さて、琉球人の多毛を、アイヌ要素だと認めたのは、Baelz 博士（一九一一）以来の説であって、この説は人口に膾炙している。ことに、縄文式文化がアイヌ族の遺したものだと信ぜられた時代には、沖縄にも多くの縄文遺跡の存在するところから、人々に受け入れられ易かったのである。しかし、今日では、縄文式文化を遺したものがアイヌであったとは、いかなる考古学者人類学者もそのままには信じてはいない。一般とは異なって、沖縄の縄文文化のみがアイヌの遺跡だったという証拠もない。また現代の南島人の体質がアイヌのそれには遠いものである、ということも体質人類学の調査の結果で判明している。琉球人の生体計測の結果、この結論に達した故三宅宗悦博士は、しばしば旧説の誤りであることを説いている。[4]私が沖縄で集めた現代琉球人頭蓋について、門下の許鴻樑博士が調査した結果もこのことを証している。[5]後者は頭蓋のみに関する結果である。人種が似ているという場合には頭蓋の相似のみでは証拠として不十分であるが、〃異なる〃という場合にはそれで十分である。

考古学的にも、人類学的にも、琉球にアイヌ要素がかつてあり、今なおあるということは決して言えないのである。宮良博士の、琉球におけるアイヌ語地名説は、言語学的の確乎たる証拠がおありのことと思う。地名がアイヌ語でも解釈できるというような、幼稚な素人考えでなくて、おそらく語史的な証左を伴う、学問的の考証がおありであろう。承りたいものである。

その結果は、承って見ないと何ともいえないが、いずれにしても琉球の北から南端にわたって、一種のアイヌ語かとも疑われる、現今の琉球語では不可解の地名を遺した、異なった語族が住んでいたことを宮良博士は認めている。これは、十分記憶しておきたいことである。

五、琉球語の問題について

「(5)金関氏の臆説は言語物質論だ」。これは私の「波照間」と題する新聞通信文の一節に対する「批判」である。私の発言が「あまりにも軽率で」あって、ひどくお叱りをうけている。軽率であったことは私も認める。だが、軽率の非難をおそれずに、物ごとを発表する人間があっても差支えないではないか。叱られるのは覚悟の上だから、叱られただけでへこたれるわけにはいかない。批判にたえ得ぬものであることが証明されて始めて、私は私の発言をとり下げるのである。

私が波照間の言葉をきいて、外国語同様に判らなかったのは事実である。鹿児島語をきいてもそう思うことがある。しかし鹿児島語が日本語の方言に他ならないことを知っているように、波照間の言葉が日本語の一〝方言〟であることは、私もよく知っている。「八重山語も日本語系の言葉にちがいない」ということは、同通信文中にも明記し、宮良博士の批判文の序の⑾には、その通りに引用されている。

宮良博士は「蕃語をすてて日本語を新たに採用したということは、これを善意に解して見るならば、純粋の琉球方言をインドネシア系の蕃語と誤解し、そしてこの方言をすてて標準日本語を採用しているというのであろうか」と「善意に」解釈している。宮良博士はおそらくこの善意の解釈のみに従って、この長文をものにする気を起したものと思われる。「善意」はありがたいが、そうした見当はずれの解釈がどこから出るか、私には諒解することができない。私の一文は、不文ながら、決してそうした第二の解釈を許すようなあいまいな表現はとっていないつもりである。しかし宮良博士には私の趣旨がよくお判りでないようであるから、もう一度わかり易くここに申しのべておく。

その前に一言いっておきたいことがある。「何を話しているか全然わからないような言葉に対して、ただイントネーションだけで、言葉の系統がわかるものではない」と宮良博士は言うが、「系統」は別の知識がないとわからないかも知れないが、イントネーションだけで全然意味のわからない言葉の所属を判別することは、われわれは毎日のようにやっている。ラジオのダイヤルをまわしていると中国語、朝鮮語、台湾福老語、ロシヤ語、いろいろなものが出てくる。意味はちっとも判らない。しかし所属はすぐわかる。落語家が高座で〝チーチーパーパー〟とやる。チーチーパーパーは意味をなさないが、その話調で、聴衆はそれが中国語を表わすものだと、すぐ判断できる。

宮良博士ともあろうものが、こんなことの判らないはずはないと思うが、どうも先ず私を叱るのが目的で、わざと無理をいっているように見える。

さて、私が新聞通信で発表した趣旨を要約すると、結局次のようになる。

第一、八重山には、現在の琉球語の流通する以前にある異なった系統の言語があったのではあるまいか。

第二、現在の琉球語の行われるようになったのちにも、前の異系の旧言語のイントネーションは、今日まで残存しているのであるまいか。

第三、その旧言語からの残存と思われる波照間島のイントネーションは、台湾のインドネシア族のそれによく似ている。

第四、この旧言語のイントネーションの遺残が、琉球語の成立の上に影響を与えたのではなかろうか。

はなはだ軽率な発表ではあるが、もしこれが幾分でも反駁に値いするものであったとするならば、私として望みたかったことは、当然、この一から四までの趣旨の一つ一つについて、それが学問的に成立し得ない考えであるということを立証して貰いたかった。

宮良博士には、右のうち第一の問題については多少の発言があった。八重山で言語の入れ代りがあったかも知れぬという私の考えに対して「言語物質論」だという折紙をつけて下さったが、私は言語が八重山で物質のように機械的に入れ代ったのであろうと申した覚えはない。言語の入れ代りは世界至るところにあった。それを認めるものはみな言語物質論者であろうか。不思議な議論である。

これについて今一つ不思議に思えるのは、言語の入れ代りの時期の問題に関して、宮良博士は卒然と「何万年前に行われたといっても」という仮問を提出していることである。この数字がどうした所から発想されたであろうかということが、私には理解できない。もしかすると、何万年の時がなければ、言語の入れ代りは起らないものだとでも博士は考えているのであろうか。十七世紀のオランダ文書から、台湾の平埔族がインドネシア系の言語を、それのみを使用していたことをわれわれは知るのであるが、台湾が日本の領土になった頃には、全島の平埔族は、ほとんど台湾漢語族となり終り、土語を全く忘却したものも少なくなかったのである。これは鄭氏の入台以来三〇〇年間の出来事である。文化や政治の圧力が加わるときに、言語の入れ代りが比較的短期間になされることは、右の実例に見るまでもなく常識的なことである。われわれは珊瑚礁の頭が海中にあったか、海上にあったかという、海と陸の入れ代りを問題にしているわけではなかったはずだと思う。ところで、宮良博士は私の提出した問題の含む四つの要点に対しては、格別何の反証もあげなかった。ただ、バカを言うな、波照間語はリッパな日本語だぞ、というのである。これでは何の批判にもならないようである。

そこで、私は自分でこのことを少し考え、短文の新聞記事では尽せなかった意をも補ってみたいと思う。まず第一の点である。八重山にはかつて現今の琉球語以外の、異系統の言語が果してなかったであろうか。新村出博士の『東方言語史叢考』（一九二七、一五三頁）には、次のような記載がある。

「予輩の想定では、推古時代（隋代）即ち西暦七世紀の初めに当っては、夜久島及び其の以南は異族に住われそれは恐らく南洋系の種族ではなかったかと思う。」

新村博士が今も同じ見解をとっていられるか否かは判らないから、ここに卒然として引用しては、あるいは迷惑を感ぜられるかも知れない。また、これは推定であって、何らの断案でないことはいうまでもない。その後にこの推定が確かめられたとも聞いていない。しかし、これが学問的に否定されたとも聞いていない。可能性は依然として、当時のままで残っていると思われる。

のみならず、宮良博士は、さきにも注意しておいたように、北から南の端にわたって、琉球にはアイヌ語に関連あろうかと推定される地名の存在することを認めている。なぜ琉球語でこれを解しようとしないのであろうか。琉球語では何とも解釈できないからではないか。すると、琉球全体にわたってそうした不可解の地名をのこした異語系の種族が、存し得たということは宮良博士も認めたことになる。したがって、八重山にも存したのであり、いつの時代か判らないが、言語はここでも入れ代っているのである。言語は物質ではないであろうが、八重山地方でそれがある過去において入れ代っていることは、宮良博士自身認めているのである。

ただ、問題はこの過去の異系の言語が、宮良博士の想像するような「先住民」の言語であったか、あるいはまた、現住民の過去の言語であったかということである。

このたびのわれわれの考古学的調査は、波照間、石垣の二島と、竹富島の一部のみに関するものである。その他には西表島や黒島や与那国島の遺跡から出土したといわれる数個の石器の類を知っているに過ぎない。八重山全体に及んだとはいえないが、今日知られている限りではこれらの地方の遺跡や遺物の示す先史時代文化の様相はすべて一様であり、それは現今の住民の文化に直接つながっているとしか考えられない。この他に、たとえば縄文式のような、異系の文化の存在した跡はいまのところ絶無である。もし現今の考古学的知識から判断して臆説をたてることが許されるならば――それ以外に臆説のたてようはないであろうが――八重山地方に現今の琉球語とは別の、異系語の地名をのこした民族は、現今の八重山地方人の祖先そのものであり、民族の入れ代りは、そこにはなかったものと想像するより他はない。鳥居博士もかつて石垣島の遺跡を調査して、「この遺跡遺物と現今八重山島民と連続がある」(6)といっている。もしその間に言語の変化のあったことを認めるならば、それは言語だけが変ったのだというより他はないようである。宮良博士もここまではまず認めて下さるものと信ずる。そして、琉球語で解けない八重山の地名が、もし宮良博士のいうように、アイヌ語地名だということが明らかに立証された場合には、以上の考古学上の成績から見て、博士は今の八重山人はかつてアイヌであった、というところまでは承認しなければならないことになる。地名以外に何物も遺さなかった民族というものは考えられないからである。

第二は、言語が入れ代ったとして、インドネーションだけが新しい言語のうちに残存し得るかどうか、また八重山では、そうしたことが起り得たかどうかの問題である。

しかし、インドネーションの残留ということについては、現今の学界の常識として、何人もその可能性を疑うものはないと思う。おそらく宮良博士も、これに対して特に反証を挙げ得る用意がおありとは思われない。

インドネシア語に関して、そういう実例のあることも私は知っている。浅井恵倫教授によれば、台湾北部のケタガラン族は、現在福老系言語を使用しているが、その中に旧言語の、インドネシア語のイントネーションが明らかに残存しているのである。

宮良博士は「イントネーションはそんな乱麻を断つような唯一の強力な武器ではない」というが、私はそうしたことを言った覚えはない。しかし、イントネーションしか手掛りがない場合には、乱麻を断ち得るか否かは別として、過去の言語の如何を推定する上に、それが唯一の指針となり得ることもあるはずである。

もちろん、可能だと信じているだけであって、八重山でこの現象が起ったと主張しているのではない。その可能性をここでも実証できるか否かは、専門家におまかせするより他はなく、口幅ったくいえば、私は問題を提供したつもりでいる。

だから、宮良博士のように、八重山ではそれが絶対に起らなかったというならば、それでこの問題は終るのである。しかし、起らなかったというには何か納得のできる理由をもって示して貰わない限り、私には承服できない。問題は終ったことにはならないのである。

旧言語、イントネーションが残留し、しかもそれが永く保持されるには、どんな条件が必要であり、琉球ではそうした条件が果して具備されていたかどうかを知ることが、この場合先決問題であろうと思う。しかし、それはこの現象に関する多くのフィールドワークがなされ、その結果によって達成されるべき問題で、わが国の言語学界の現状では、まだそうした基礎調査は、達成されていないのではないかと思われる。したがって、今のところ何らかの推定をしようと思えば、常識的判断にたよるより他はない。

私の常識的推定によれば、旧言語のイントネーションの保持には、その使用者の体質や、社会的環境の変化の少ないということが主要な役割を演ずるのではあるまいか。そして、これらの環境の不変化性には、またその社会の隔離ということが大きい影響をもっているのではないだろうか。もちろんこれはイントネーション以外の言語要素についてもいえることであろう。しかし他の言語要素に較べて、イントネーションが特に beständig であるのは、実用性よりも、むしろそれが感情生活に関係するところが多く、したがって男性に比して感情生活のより強度な女性社会——それは通常また男性の社会よりは、より隔離的閉塞的であるのと相まって——により強い永続性をもつ。これらのことも、既に学界一般の常識になっていると思う。われわれが波照間島のイントネーションの特異性に気づいたのも、島の女性相互の間の会話をきいた時である。

他の言語要素に較べて、イントネーションにそうした非実用性という性質の強いことが、とくにイントネーションが他の言語要素に伴わないで生き残り得るという可能性の根本にあるのであろうが、それが永続するということも、残留の場合と同一の現象であり、全く同一の原因を推定して差支えないと思われる。

そこで、以上のような条件の推定が許されるとすれば、琉球、ことに八重山、なかんずく波照間島のごときは、最もよくその条件を満たす事情にあったことはいうまでもないことである。宮良博士は、ひと口に八重山のイントネーションといっても、それは各地で変っているという。それだからこそ、他の地方では感じられなかったイントネーションの特異さが、波照間において、はじめてわれわれに気づかれたのであろう。八重山の人々は、イントネーションをきくだけで、波照間人や、それと歴史的につながりのある石垣の白保やあるいは西表島の一部の人々の所属が、即座に判定されるということである。こうした特異性は、やはり、八重山群島の中でも波照間島の社会の隔離性、特にその女性社会の隔離性の大きさが強い原因をなしているに違いない。

さて、以上において、一般問題としては言語の入れ代りがあった場合、旧言語のイントネーションがとくに生き残り、永く保持される可能性があるということ、八重山においてもそうした現象を起させる主要な条件と思われるものは具わっていた、ということを私は述べた。問題になった私の発言の根底には、こうした常識に対する信頼があったことを申し述べたのである。

しかしながら、日本の他の地方に見られない特殊のイントネーションが、八重山地方にあるといったところで、それだけで直ちにそれが過去の異系の言語からの遺残だとはいわれない。特殊の原因によって、新たに発生したものかもしれない。あるいはもし遺残であったとしても、それは日本の他の地方では既に失われた、日本語そのものの過去のイントネーションの残存であるかも知れない。

それについて、ここに見逃すことのできないのは、宮良博士の批判文中の別項に記された、次のような発言である。

「青森、秋田、岩手などの北奥地方の言語が、発音、語詞、話調までも八重山方言と全く同じ、あるいは酷似したものの多いのは、民族関係によらなければ解釈ができない。」

ここにいう「話調」は、別の箇所に「イントネーション（話調）」とあるから、イントネーションの意に用いられたのであろう。両者間の民族関係の存在を推定せしめるほどにも強い類似を、北奥地方の言語と八重山のそれとの間に認めたという。そのイントネーションもしたがって「全く同じあるいは酷似したものの多い」というのであろうから、すると、八重山方言の他の要素とともに、そのイントネーション（宮良博士は、私に対しては八重山方言のイントネーションなどと一口にいってはいけないと叱りつけたが、御自身では一口にいっているようだから、私も安心してそれに従うことにするのであるが）も、過去の日本語のそれが残存したのであり、おそらく同様の隔離現象によって、両地に期せずして同じ古い形を保って併存したのだ、ということになりそうである。われわれの耳とはちがって、言語学者であり、ことに八重山出身者である宮良博士の耳は、この点で信用すべきであるから、この発言には強い信頼度をおいていいと思われる。だから、これが決定的だとすると、第一の問題で取り扱われたような言語の入れ代りが、かりに八重山で行なわれたとしても、その旧言語のイントネーションが、今なお八重山方言にのこっているのだという想像は、これで一応否定されたことになる。

しかし、かりにまた、もし第三の問題として私のさきに挙げた、波照間のイントネーションが、インドネシア語のそれに酷似していることが証明されたとする。その類似の度は、八重山方言と北奥方言との間におけるその類似に劣らぬ程であるか、あるいはそれ以上であるとする。そうするとどういうことになるであろうか。八重山方言と北奥方言との一致から察せられる古代日本語のイントネーションが、インドネシア的のものであり、すなわちアルタイ系の言語の中に、イントネーションのみは日本古代においてはインドネシア的のものがあった、ということになりそうである。言語の入れ代りの問題が八重山の一局地から、日本全体にひろがった、ということになりそうである。

輪に輪をかけた、はなはだ飛躍した臆測で、またもやきついお叱りを受けるであろうが、もちろん私は、そうであっただろうと主張するものではない。次の第三の可能性がもし実証されたときには、問題はここまで発展することになるであろうと、予測しているにすぎない。問題がそこまで発展し得るであろうか否かは、だから、波照間島のイントネーションが、果して現在のインドネシア系語のそれに類似しているか否かに係ってくる。

ただし、右の予想するような日本全体としてのインドネシア系とアルタイ系の言語の入れ代りということについては、別の方面からも既に問題になっているのであって、この考え自体が突飛な考えだというのではない。

さて、第三の問題であるが、実を言うと私の自信はあまり強いものだとは言い得ない。素人の耳にそれがそのように聞えたということから、直ちに一つの可能性の推定へと先走ったにすぎない。自信をもって主張されるわけはもともとないのである。もちろん主張したわけでもない。

しかし、私がそう感じたことは事実であり、事実によって右の疑問を起した、その間の事情をいまここで一応述べておくのも無駄ではないだろうと思う。

私はもとより言語学には素人であり、ことにインドネシア語を研究したものでもない。また、それを聞いて理解する能力のないことも、琉球語に対する場合と同様である。しかし、台湾蕃族の言語はある程度耳に熟している。先年ルソン島のイフガオ族の人々の会話をふと聞いたとき、先入主をもって耳を傾けたわけではないのに、台湾の蕃語のイントネーションを感じて、なるほどここもインドネシア語であったか、と思い到った。はかないことではあるが、この程度の経験はある。私と波照間に同行した国分直一君も、言語学には私同様の素人である。琉球語の不解者であることも私同様であるが、台湾の蕃語の耳に熟している程度は、あるいは私より大きいかも知れない。この人が波照間の土地の婦人たちの会話から得られた感じも、私のと一致していた。われわれのうちの一人が他に雷同したのではない。

その後、八重山人ではないが、ある沖縄人（とくに名を秘す）がフィリピン従軍中、土地の人々の言葉の意味は理解されないままに、その話調が自語のそれに酷似しているのに驚いたということを、当人から親しくきいた。この人も言語学者ではない。しかし琉球語は自語であるから、その話調の如何を誤ることはないはずである。この人がフィリピン語をきいて、その話調が、どこかでかつてきいたインディアン語に似ていると言ったのよりは、少し信頼度が高いであろうと思う。

民謡の歌調のごときは、イントネーションとは言えないであろうが、参考のためにここに引くことが許されるならば、田辺尚雄博士や伊波普猷氏などにも、かつて台湾蕃族の音楽と宮古や八重山のそれとの類似に関する指摘があった。これらの事実と、八重山、ことに波照間のような隔離性の強い社会では、古いイントネーションの残存保持の可能性が大きいであろうという、さきの常識的推定とをあわせ考えて、右の疑問を懐くに到ったのである。しかしここに到るには、言語以外の、民族学的、考古学的事実からくる、ある程度の傍証があった。前述の波照間島下田原貝塚における台湾製と推定される格子状押型紋土器片の発見なども、その一つであるが、決してそれだけではない。それらの件については、のちに詳述したいと思う。

ただし、いかに各方面からの傍証があっても、波照間島人の語のイントネーションが、インドネシア語のそれと全然ちがったものだということが証明されるならば、もちろん私の想像は否定される。両者の話を機械的にレコードして、物理学的に測定すれば、このことは容易に解決する問題ではないかと思う。実はそういうことを試みて貫いたいというのが、私の「軽卒な」発言の動機でもあったのである。そうした試みのなされないうちは、私の疑問はいつまでも疑問として残るわけである。宮良博士の〝批判〟は、この点で一歩も問題を左右するところがなかったようである。

第四に、第一から第三までの私の仮説が成り立つとして、イントネーションがある言語を特殊化、あるいは方言化させる上に、強い影響力があるかどうか、また琉球語の場合、そうしたことが可能であったかどうかの問題である。

一般にいって、イントネーション、ことにその主要素である語勢とか語速のごときものが、音韻の変化に強い影響力をもっているということは否定すべからざるものとせられている。このことは宮良博士に対してこちらから説明する必要はないと思う。

琉球語の場合はどうであろうか。(7) 琉球語がそもそも琉球語であって、他の地方の日本語と区別される所以のものは、宮良博士もいうごとく（一八頁）、それが現代日本の他の地方では死語と化した、古代日本語の語形なり語音を多く含んでいる点であろう。しかし、現代の琉球語が日本の古代語そのままであるとは、何人も考えていないのであって、それはそれでかなりの変化を経過しているのである。

この変化は自律的なものであり、音韻変化の通則上そう変り得る――変り得たからこそ、そうなったのである――というだけでは、どうして変化したかということの説明にはならない。通則というものは、その変化の現象から帰納されたものであるから、それに従わない変化はあり得ないのである。通則上変化したというのは、変化したから変化したのだという説明と同じで、何の説明にもならない。あるいはまた溯って、そうした通則を生むような、例えば生理的な原因があったと言い直しても、それは変化の原因そのものではなく単に一つの条件、いわば与件にすぎない。実際の変化には、その動因となるようないま一つの直接原因が必要なのである。

イントネーションが、そうした動因の一つであろうということは、現今の言語学界では疑われていないのである。さすれば、他と異なる音韻の変化を説明するための一法として、他と異なる原因としての、他と異なるイントネーションを想像するということは極めて自然なことであり、許さるべきことと言わなければならない。

もちろん、他と異なるイントネーションは、古代イントネーションの残留とのみ解する必要はない。しかし、宮良博士の言によれば、八重山のイントネーションは北奥州のそれに同じであるか酷似しているというのであるから、これらの両地方の方言の成立に影響したであろうところの、両地方に共通のイントネーションは、すなわち古代日本語のイントネーションの残留であろう、ということになりそうである。しかしまた一方において、私の疑問として提出しておいた第三の点が、もしかりに実証されたとすると、その古代日本語のイントネーションこそはインドネシア的のものであった、ということになるかも知れない。

いずれにしても、いまのところ、実証をはなれた屁理屈をのべて、可能性を論じて見たところで致し方はない。しかしながら、この程度のとるに足りない発言ではあっても、もしこれを取り上げて反駁するならば、やはり一々明確な反証をあげる必要があろうと思う。宮良博士の批判は、私の疑問を否定するに足るだけの反証を挙げたとは思われない。根拠は薄弱であるにしても、私の疑問は依然として疑問のままに残るのである。

以上、私は波照間島における話語のイントネーションが、現在の方言以前に行なわれていたのかも知れない旧言語よりの残存であり、その旧言語はインドネシア系の言語ではなかったか、そしてそのイントネーションの残留が、現代の琉球語を日本語のうちの一つの特殊方言たらしめる上に何らかの影響を与えたのではあるまいか、との私の疑問をやや詳細にくりかえした。そして、これらの設問に対する宮良博士の批判は、何らその本筋に触れるところがなく、私が既に私の考えの前提としている（このことを同博士は認めているにかかわらず）ところの琉球語は日本語の一種である、ということを強調したに終っている。私の疑問は依然として疑問として残されているのだということを述べた。

なおつけ加えておきたいのは、私が右の疑問を抱くに到ったについては、単に言語の上の現象のみからとっさに思いついたのではなく、なお種々の方面からの傍証が――それが成り立つか否かも、なお今後の問題であるが――私に働いていたのである。しかし、これらのことについては、波照間の名称考にも関係するから、後に一括して申したいと思う。

なお、ついでながら、宮良博士の私に推奨した"Mathias Eder"氏の「八重山方言の音声学的研究」というのは、多分 Mathias Eder 師の "Neue Studien über die Sprache der Ryukyu-Inseln", Mon. Ser. Vol. IV. Fasc. 1, 1939 のことであろうと思うが、私の議論の本筋には無関係とは思ったが、読めということであるから忠実に読んでみた。宮良博士の研究を基礎にしてまとめたものであるようだが、これによって得られた印象は、日本語の語彙と一々対照されている八重山の語彙が、音韻上いかに変化しているか、ということであった。一例をあげると（S. 235）「多分原形は斗斛の trsuga から来たであろう」という、名瀬や与論地方の ts'iga, その他の島々の tsïga, tt'iga:, tsuga: などが石垣では、tsïna, 黒島では sa:, 波照間では s'A:となっている。この波照間の母音の A は、黒島などにもあるらしいが、「宮良博士によると」声帯を普通以上に開いて舌を低く下げて発音する a で、他の地方にはないものだという。そして、宮良博士は ts'ïna, tsïna, s'iina, s'a, s'A の順序に変化したものだという。波照間の音が最も変化しているということになるようである。もちろん、この一語では問題にならないであろうが、こうした例は他にも沢山あるのではないだろうか。宮良博士をおいてこれを明らかにしてくれる人は他にはないと思う。どうか御教授を得たいものである。

六、タバコ島の名義について

「(6)、波照間の名義について」。この項で、本題には無関係であるが台湾の紅頭嶼を指す「トバゴ島が果して日本名のタバコ（烟草）島の義であるか私はまだ断定し得ない」と宮良博士はいっている。不思議な発言である。私の通信文は、同島を現在ボテルトバコ島といっているのは、台湾語の「ボトルと日本名のタバコシマとが合流した名であることは、既に明らかにされている」といったのであって、このタバコシマが烟草に関係ありとは私は考えてもいないし、またそのようなことを言った覚えもない。

宮良博士は、八重山群島の各地に、琉球語では不可解の地名のあることを認め、これをひどく遠方のアイヌの言葉に結びつけて解釈しようとの考えを持っているようであるが、そのつい隣りの島でありかつて波照間島のある英雄が、部族を率いてそれを目差して船出したと伝えられる「南波照間」島がその島ではなかったかと、土地の人々さえ考えている紅頭嶼などの地名については、一向おしらべになったことがないようである。

この島の名義については伊能嘉矩氏の『台湾文化志』などにも、その一斑は見えているので、世間には既に知れていることと思う。しかし、かつての某々台湾郷土史家の轍を踏んで、宮良博士がタバコロードあたりでお迷いにならないように、弁護をかねて一応の講釈をしておきたいと思う。

この島の名が、世界の文献の上に現われたのは、宋の趙汝适の『諸蕃志』（一二二五）の「談馬顔国」だという説が、伊能氏以来最近までの通説であったが、それは誤りであり、談馬顔は必ずしもこの島を指すのではなく、この島をも含むもっと広汎な地域に関する名であったということは、前記の私の「諸蕃志の談馬顔国」において、ほぼ明確にされたと思っている。

これを問題から除くと、この島の名が最初に現われるのは、慶長九年（一六〇四）から元和三年（一六一七）の間に使用された摂津平野郷、末吉氏所蔵の「末吉船航海図」である。この海図では紅頭嶼に〝たばこ〟の名を付している。次に一六五〇年前後に成ったと思われる伊勢松坂町、角屋氏所蔵の「東亜航海図」には「タバコシマ」、同じく一六五〇年頃のものと推定される長崎県立山文庫所蔵の航海図にも「タバコシマ」[8]、京都大学所蔵の古地球儀は一六五九年以前の世界図によると推定されているが、これにも「タバコシマ」、同大学所蔵の一六八〇年よりも古い地図に基づくものと思われる古海図には「たばこ島」、一六八〇年の、長崎奉行所調製の東亜地図、一七八三年の林子平の三国図および一七九六年の橋本宗吉製作の「喎蘭新地球全図」には「タバコ」とあり、以上によって、慶長以来、日本の航海者が、これをタバコシマと呼んだことは明らかである。

ところが、西洋の地図にこの島の名の現われたのは、一六五二年の Nicolas Sanson d' Abbeville の支那帝国図である。これには紅頭嶼に Tabaco Xima の名を付している。この記載の流儀は、一六五四年の同人のフィリピン、モルッカ、スンダ諸島図、一六六二年の Pieter Goos の印度洋図、一六六六年の同人の東印度図、一六九〇年(頃)の F. de Wit の韃靼図、一七二八年の Jean Albert Mandelslo の『東印度航海記』付図にひきつがれている。また一七二六年の Francois Valentijn の台湾図には、“'t Eyl. Groot Tabaco”、一七四九年の La Haye の『航海史略』に “I. du Grand Tabaco” とあり、最後の両図には Xima の字は消えている。

ところが、別に、一七二〇年の Herman Moll の東印度図に Botrol の名が、世界地図上ではじめてこの島に与えられる。この記載は、一七二三年の Delisle のアジア図、一七三〇年頃の Deaurille の印度・支那図、一七三〇年の Issac Tirion の日本帝国新図にひきつがれ、一七八五～一七八七年の J.F.G. de la Perouse の南海大洋図や、一七八七年の同人の紅頭嶼作図、新発見地域図、一七九二年の Jan B.Elwe の東印度新大地図、一八〇〇年の L' Abillardier の航海記図、一八〇二年の Johanes Walch のオーストラリア図には、これを Botol と記している。

すなわち十七世紀のはじめに、日本人まずこの島をタバコシマとよび、その中葉に到ってはじめて洋人の地図上に同じ名が現われる。後者の記載が日本名より得られたことは、台湾（台南地方）における、当時の両者の接触の史実から見て疑い得ないところであり、Xima が日本語のシマに他ならないことは、Sanson d' Abbeville の地図に〝種子島〟を Tana Xima と記してあるようなことからも傍証される。

しかるに十八世紀前葉のころ、これに Botrol の名を付す例がはじまり、その世紀の後半にいたってこれが Botol と変化してくる。この Botrol あるいは Botol の名が何に由来するかについては、伊能氏は既に一九〇七年の「人類学雑誌」で、東海岸のピユマおよびアミ族が同島を指して Votol と呼ぶところから来たのであろうと考え、その後、鳥居、鹿野両博士にもこれについての調査がある。鹿野博士の「地理学評論」（七の二）の論考には、太麻里社（東海岸パイワン族）は紅頭嶼を Butul, 知本社（同ピユマ族）も同様、台東付近のアミ族は Botoru というとあり、これが洋人の記載の源流であったと述べている。当時この地方にオランダ人の足跡の及んでいたことは、確実な史料があって判明しているから、これらの考えには何の疑いも容れ得ないのである。

〝タバコ〟と〝ボトロル〟あるいは〝ボトル〟の名は、こうして異時別々に西洋人の知識となったのであるが、これらの両者を地図上に併存した最初の文献は、一七五七年の Jaques N. Bellin の支那海図である。これには "Bottol or Tabaco-Sima" とあり、明らかに「或曰」の意を表示しているのは、はなはだ忠実な記載法である。ところが、一七八九年の J. F. G. de la Perouse の支那韃靼新発見地図には "Botol Tabaco-Xima"、一八〇五年の William R. Broughton のアジア・日本諸島東北海岸図には "Botol Tobago"、一八〇六年の Carry の韃靼図には "Botol Tobaco"、一八六七年の William Fred Mayer の日本・支那開港地域図には "Botol Tabaco" となり、しだいに原形がくずれ来って、現今の Botel Tobago に移ったのである。

以上の事実から見て、紅頭嶼の地名に関する私の通信文には、短文意を尽さない点はあったが、別に異議を申し立てられるような含みはなかったと思う。

台東付近の住民が紅頭嶼をさして呼ぶボトロルあるいはボトルの意味は、今日まだ不明である。また日本人がこの島をタバコシマと呼んだ理由も判然としていない。しかし、同地方一帯に三世紀初頭の「談馬顔」の対音と認められる地名が拡がっていることから考えると、日本航海者の現地において得られた名称であろう。その語源は不明であるが、もとより烟草に由来するものではない。宮良博士の御教示にまつまでもなく、私も現地に烟草栽培の風のなかったことは、各種の文献や実地の踏査によって熟知している。ただ、慶長年間の日本人がこれをタバコシマと命名したとき、あるいはその後に及んで、日本の航海者がこの名を宮良博士のごとく、直ちに烟草に結びつけて解釈したという可能性はある。寛文十一年（一六七一）の川淵氏の談話筆記「呂宋覚書」（『海表叢書』所収）に「高砂とカガヤンとの間にタバコ島キセル島と三島あり。先年タバコミケルと申日本人呂宋へ渡海の時分、此島にて船破損いたし、それよりタバコ島、キセル島と申伝候由」といっている。一六五四年改版の N. S. d' Abbeville のフィリピン、モルッカ、スンダ図には、すでに Tabaco Xima の北方に恐らく今の火焼島の名として、Tabaco Miguel の名が見え、その流儀は十八世紀初めの Mattaeus のアジア図にも Tabaco S. Michael として見えるから、川淵氏の考説はもちろん成り立たないが、タバコ島の付近に日本人の命名と覚しき〃キセル島〃の名の挙げられているのは、江戸時代にも宮良博士流の地名考証家のいた一証になるであろう。

なお最近、陳漢光氏は馬淵東一教授あての O. Beyer 教授の "Butil Tumbaga" はルソン島の諸族の方言で、Golden Beads を指すという意味の言を含む私信を引用して、これが Botel Tobago の名の来源であろうと考察しているが[9]、古地図上に現われたこの島の名称の変遷の歴史的事実から見て、この考えは明らかに否定さるべきである。

なお、ついでをもって、いま一つ付記しておきたいのは、この島のことを清初以来〃紅頭嶼〃と記載した。日本も領台後これを受けついだわけであるが、この漢字名の字面に即して、伊能氏や鳥居、鹿野博士等の地名考証があり、それらの説はまだ批判をうけていない。しかしこの〃紅頭〃という字に何の意味もない証拠には、万暦四十六年(一六一八)の張燭の『東西洋考』や平沢元愷の『瓊浦偶筆』巻四に引く万暦崇禎の頃の航海記に、この島の名を「紅豆嶼」と記している。この名がその島に土産の紅豆から来ているか、それとも、私のひそかに想像する如く、島人自らこの島を Ponso no Tau (人の島、われわれの島) というその音に、漢人一流の無雑作な対音法で、弱音を吹っ飛ばして Pon, Tau をのこし、紅豆 (Hong Tau) の文字を与えたかについては、私はまだいずれとも決し得ない。

七、波照間の名称について

さて、本題の〝波照間〟の名称の源について、宮良博士は私の紅頭嶼の地名と共通するインドネシア語のボトロル、ボトルは同源であったかもしれぬという疑問に対しては、その考えの成立し得ぬ、あるいは成立し難いものだという何らの反証をあげなかった――この点でも私の疑問は依然として、疑問として残ることになる――。そして、自説を再述して、それを疑いないものだと断じた。

博士によると、波照間の名はパティとローとマとに分つことができる。パティは果ての意、ローはウロの倒置、マはシマ（島）の頭略長音化によって成立した。同地方でパティローとも呼ばれるのは、最後のマの省略である。そうしてウロとは、ウロイシ（空ろ石）のことであるから、すなわち「波照間」は「果ての空ろ石の島」という命名法に由来する名であり、このことは疑いのないものだと断定するのである。

しかし宮良博士は、現在の島名の前に、「パティウロシマ」という言葉でかつて同島がその島人によって呼ばれたことがあるという史料は別に示さない。「疑いない」ものだという断定のよって来るところは、別に何も挙げなかったようである。

この点に関して、参考のために見よとの指示があったので、宮良博士の「うるま考」なる一文をも読んだ。『狭衣』の「うるまの島」を、紹巴の註には「琉球をうるまの島と云と也」とあり、これは琉球の「地質上」から見てあり得る名だから、紹巴の説は正しいとのはなはだ断定的な論考であった。八さんをある者が誤って熊さんと呼んだ。ところが呼ばれた当人熊そっくりの人物で、これは熊さんというのがほんとうだと言えば一場のお笑いにはなるが、市役所の戸籍係へ出頭して、こいつは御覧の通り熊なんですから一つ態ということにしておいて下さい、と言うにはやはり一定の手続きはいるはずだろうと思う。宮良博士は、この手続きはずぼらして、登録をすましたつもりのようである。それに不思議なことは、紹巴の「と云と也」を非常に重い断定的な言葉と見て、それを一つの論拠にしている。しかし、〝と云ふ〟とか〝と云ふ也〟とでもあれば断定だが、「と云と也」は〝と云うことだ〟くらいの言葉で、断定の責任をむしろ回避しているのである。「違っているかもしれないが」の含みを持つものであって、証拠になるどころか、紹巴はアヤフヤなのである。素人と言語学者とでは、一つことばの取りようがこうも違っているのだとすると、これは議論するのもなかなか容易なことではなさそうである。

それに、地物の特徴がその名のもとになったというなら、〝うつろ石の島〟ではなくて、〝ジャングルの島〟とでもなったはずで、石が地面に露出したのは、人々が永年苦労してジャングルを切り拓いた後のことであろう。それまで名をつけずに待っていたとも考えられない。

いったい、多くの地名起源論者は、どうも地名というものがことごとく地形や地物の特徴によって命名されるものだ、とのはなはだけしからぬ妄想を抱いているのではないかと思われるふしがある。なるほど命名者である古代人に直接たずねる方法はなく、推定の資料としてはわずかに地形地物しか遺されていないい。それをとにかく取り上げて考えて見ようというのは後世の学者としてはいたしかたのない方法であるかも知れないが、地形や地物の特徴によって命名されるというのは、数多くの命名法のなかの、ほんの一つの場合であるにすぎない。これによって地名の起りを断定するというのは、非常な危険率を伴うものだ、ということを忘れてはならない。一六五二年の前掲のN. S. d' Abbevilleの図には、沖縄諸島に“I. de Fuego”、八重山諸島に Les Roys Mages”、台湾の北端に“Zealand”の名を付している。同じく五四年の改版図に火焼島をTabaco Miguelといっていることは前述した。いずれも地形によって命名されたものでは決してない。仮りにこれらの地名の意味がことごとく忘れられたとする。例えば沖縄の〝フエゴ〟を〝笛仔〟と解して、洋上より見た島形が細長く見えたところから起った地名だといえば、一応の説明にはなり、それに対して、何人もそうでなかったとは言い得ない。しかし真相が判れば大笑いになるであろう。地形や地物から一応の解釈が成り立つというのは、常にこうした危険を伴っているのだということを申したのである。多くの地名の解釈が、一応おちついているのは、真相はとにかくとして、一応の解釈は成り立つから、これにしておこうという仮りの処置に過ぎないのであって、それを確実だと断定し得られるような場合はいたって少ないのである。

だから、ある場合、一つの地名に二つあるいは三つの起源説があったところで、それはむしろ当然であり、そうせっかちにそのいずれかに定めてしまう必要はないと思う。私のボトロル説にも、もちろん語史的証明は伴わない。一つの想像説として提出したにすぎない。これが正しいとして主張すべき根拠はないのである。しかし、宮良博士は自説の正しいという根拠を何ら示さないとともに、私の説が正しくないとの反証も示さなかった。私は私として、いまなお、宮良、金関両説は並び存し得るものと考えるより他はない。

ただ、この反駁文執筆中に、私は宮良博士の説にやや有利な一つの点に気がついた。一四七七年の済州島民の漂流記に、おそらく島人から直接耳にしたと思われる波照間島の名を「捕月老麻伊（ポタルローマ）」あるいは「悖突麻（ポトルマ）」と記してある点である。中央文筆の人によって記された「おもろ」のハタラシマ、ハテルマとか、『中山世譜』や『伝信録』の「巴梯呂麻」はここに問題にしないが、今から約四八〇年前に、島人自らその島名の語尾を〝マ〟といっており、今はそれを失ってパティローと呼んでいる事実は、語尾にマを有した形が古く、今のマを有しない形の方が新しいのだということを示す事実だと言える。この点で、もともとマの語尾はなく、パティローンあるいはパティローから、のちにハテルマに変化したのだと考えようとする私の想像説よりは、宮良博士のマの省略説の方が有力になるようである。しかしこのことは、琉球一般の地名に関して私の抱いているある考えに関係してくるから、改めて一般論の一部としてとり上げることにする。

それは次章にのべるようなことであるが、その前に、一四七七年の済州島人の漂着のころには、八重山、宮古のはしばしまで、中山の節度がゆきわたっていたらしく、漂流人は、整然たる逓送法によって沖縄にとどけられている。沖縄文化の浸潤が、「ポタルローマ」の名称の出現以前に、波照間に及んでいたであろう、ということを、記憶しておきたいのである。

八、琉球の地名について

琉球の現在の島名には、波照間の他に、慶良間、多良間、来間、加計呂麻のように、ラマ、ル（リ）マ、ロマの如き音で終るものが多い。島内の地名にもこれがある。その語尾のマには、間、麻以外に、婆、馬、摩、真のごとき文字の当てられた例があるが、その一々については贅説しない。宮良博士によればこれらのマはみなシマの頭略であるという。しかし、これが久米島、伊平屋島のような場合と異なるのは、後者は久米、伊平屋のみで完全な地名であるが、さきに挙げた諸島名は、間、麻をとり去って、慶良、多良、来、加計呂の如く呼ばれることはないようである（波照間のパティロー、惑いはハタラシマなど、その例外と見られるものもあるが、これについては後述を見られたい）。これが一つの疑問である。

第二には、このマに先行する音に、ラ、ロ、ル（リ）のような一音を含むものの多いことである。これはマが作詞のために後に付せられたと考えるよりも、ラマ、ルマ、ロマのような共通的な語尾の形で、もともと固有名の一部を形づくっていたものではないかと思わせる。

第三にはそれらのラマ、ルマ、ロマのような語尾が、永良部、伊良部、屋良部、久良部のような地名の語尾のラブ——羅夫、羅武のようにも書かれた——と無縁とは思われず、やはり後者もさきの地名と共通の命名法によるものかとの疑いを抱かせる。すると、シマ↓マ↓ブのごとき変化が実証されない限り、マの母音のaには重い意味がおかれなくなる。

第四には与論とか瑞慶覧、勝連、阿波連のように、ロン、ラン、レンのような語尾で終る地名も、この共通語尾の一類としての考えのうちに入ってくる。

以上のようなことから、私の考えるのは、これらの地名の語尾の、例えば、ラマ、ラブ、ランのような形は共通的のものであり、恐らくその古い形は、ランの如く撥音で終るものではなかったかということである。いいかえれば、nからmu (bu) ともmaとも変ったのではないかと想像しようというのである。たとえば、波照間の場合は、さきにも言うように、パティローンがさきにあり、のちにハテルマに変ったかと考えるのである。

しかし、こうした音の変化が、私は話語の間で自然に起ったとは思っていない。なるほど琉球には、〝荒神〟のコウジンが〝コウズミ〟に変ったような例はあるから、私の想像するような変化が、話語のみの間でも絶対に不可能だったとは思わない。しかし、それよりももっとありそうに思えるのは、その間に〝文字〟の仲介があった場合の変化である。

たとえば、京都の万里小路をいまは市電の車掌もマンリコウジと言い、やがてそれが通称になろうとしている。マリノコウジから一度マテノコウジに変ったものが、話語としてもう一度もとの形に逆戻りするはずはなく、その間に文字の仲介があって、始めてこれが起るのである。音韻の上から、ミヤラ→ミヤナガの変化は考えられないが、宮良という文字があって、こうした変化がおこる。琉球の地名の場合にも、そうした変化のはっきりしたものがある。伊波氏によると、国頭郡の運天は、もともと〝クモケナ〟である。クモケナからウンテンへは、音韻変化ではどう考えても変りそうはない。クモケナがクモケンとなり、これに雲見の字をあてたところから、その字面によってウンケンとよぶ風が起り、そこからウンテンに変化したのである。(10) ヒララがタイラに変った例のごときもその一つで、ヒララに平良をあてたその字面からタイラの訓が生れたのである。『琉球国由来記』に、すでに羽地の「田井等」の地名が見えるから、こうした変化は相当に古いものだと伊波氏はいっている。

琉球地名の語尾に、ラン、ロンのような音があり、これがラマ、ロマのような形に変化したであろう、という私の想像のような事実も、これと同様にその中間に文字の仲介があって始めて起り得たのであろう。筆を執るものの好尚あるいは気紛れにより、ある地名には論、覧のような撥音の音字をあて、あるものには良部、またあるものには呂麻、良間の如き仮名をあてた、最後に〝間〟のような文字を与えたものは、ある程度島あるいは村の意をも含めたつもりの幾分の合理化を頭において記載したかも知れない。これはよくあることである。その字面に従って、後世これをラブとも訓み、ロマ、ラマとも訓むようになったのではあるまいか。これが私の想像である。

こうして見ると、さきの文字の上に現われる波照間島の〝ハタラシマ〟は、パティローンの語尾の撥音の脱落したものに、文字を操るものがシマを付加したものだとも見られ、済州島の漂流人の見聞記のパタルローマは多良間の「他羅馬」、伊良部の「伊羅夫」とともに、当時すでに文字の仲介を経て発生したこれらの島名がひろく行われていたことを証する事実であるかも知れない。波照間について言えば、パタルローマが古く、パティローン、パティローが新しいと見えるが、必ずしも音韻がこの順序に従って変化したのではなく、かえって古形のパティローンが別に話語の間には執拗に残ってきたのだと考えられないこともない。

以上のような私の想像説が、もし不可能でないならば、そしてこれらの地名の意味が琉球語では不可解であるというならば——あるいはまた、一応は琉球語として解釈し得るものであっても、それが単なる一応の解釈にすぎないものであり、実証を伴わないものであるならば——、私は遠いアイヌ語をひき出して来るよりも、もっと近い台湾の東海岸あたりを一応見まわしてはどうだろうかと思う。

台湾の東海岸には、南北を通じてラン、ルアン、ロンなどの語尾を有する地名が非常に多い。漢字の文化の浸透した地方では、ランには多くは蘭（例えば、噶瑪蘭、荳蘭、馬蘭）の字を付しており、他に荖（奇武荖）、瀾（芝母瀾）、巒（秀姑巒）、鑾（都鑾）、鸞（繡孤鸞）、嚨（里嚨）、籠（鴿子籠）があてられ、時には難（哈仔難）、南（卑南）、雁（銭頭雁）なども用いられている。ロンの場合は崙（米崙、金崙）、塱（太巴塱）など、レワンには加礼宛、リアンには瑪鍊などがある。未だ漢字の当てられないものもあり、パトラン、ボンブラン、バリラン、マンタウランなどが有名である。西海岸地方にはこの種の名は比較的少ない。しかし一方、フィリピンからスールー群島を経て、ボルネオ、ナツナ、アナムバス群島にかけ、夥しいラン、ルアンの語尾を有する地名がある。

問題を簡単にするために、フィリピン以南はしばらく別にするが、かく琉球と、台湾東海岸との相接する両地方に、同様の語尾を有する地名が分布している。この点だけから言えば、これらの両所を一括して、一つの地名文化圏に入れることができそうに思われる。そして、その一方はインドネシア語系の地名であることがわかっているに反して、他方は未だ何語であるかが判らない——判ったつもりのものも再検討の余地がある——とすると、後者を研究しようとするときにまずとり上げるべきは、一度これをインドネシア語に比定して見ることではないだろうか。

ただし、私はラン、ロンのような語尾を有する、あるいは有したと思われる地名のみについて説いたが、これは、取材が広汎にわたって論旨の混乱することを恐れたための便宜上の処置であり、こうした語尾は、広くいえばインドネシアあるいはオーストロネシアの地名に慣用されているアンの語尾の一つの場合なのであって、一般的にアンの語尾を問題にすれば、まだまだ多くの候補者が出てくる。例えば、与那国のヨナン、また古来多くの議論がなされていまなお決定とまでいかない〝糸満〟の語源のごときも、思いきってこの方面から攻めて見てはどうであろうか。鳩間なども鳩の島で一応おちついているようだが、かりにバタンと対比して見る必要はないか。バタンは紅頭嶼のすぐ南のバタン群島の主島から、ルソン以南には諸処にある地名である。

次に、ここにバタンの地名が出たがこの島はまたイバタンとも呼ばれる。それは火焼島のタナサイ(サナサイ)がイタナサイと呼ばれるのと同様であって、インドネシアの地名(あるいは種族名)には、イは一種の接頭辞の形をとって、これも非常に普遍的である。紅頭嶼のごときは、イラタイ、イラライ、イワタス、イワギヌ、イモウルド、イラヌミルクのように、すべての部落名にこれを冠している。島内の小地名にも、例えばイガンのような地名がある。火焼島の油仔湖のごときもイアフーに近い原名があったと思われる。もちろん、この接頭音はバーシー海峡の諸島を経て、フィリピンの地名や種族名には夥しく残っている。その一々を挙げることは略すが、これがまた南島地名の一特徴をなすものではないかと思われる。

小野妹子の夷邪久の夷か問題となって、その字づらなどから、いろいろと論ぜられたことがかつてあったが、夷邪久がのちに益救、夜玖のようになったとするると、やはりこの夷も一つの接頭辞として語頭に軽い地位を占めていたのが、のちに脱落したものと考えられる。この例から推すと、いまの与那国、八重山、永良部、屋良部、屋我地、屋那覇、与論、与呂のごとく ŋ 音に始まる地名は同様の接頭辞を有した疑いが多い。しかし現にイ音を頭に有するものも多く、八重山のイエマなどもそうであるが、伊江、伊平屋、伊是名、伊計、伊奇麻、伊良部など多くの島名がある。もちろん島内の地名にもこれが多く、伊原間のごときがあり、糸満はここでもその一例として挙げられる。

ところがこのイを冠する地名は、南島のみならず、大隅薩摩の地方に多い。他の地方に皆無だというのではないが、この地方には特に濃厚に分布している。そして、その多くは日本語では解釈できない地名なのである。大隅の伊佐、姶良（イラ）、伊佐敷、市成、薩摩の入佐、市来、入来、藺牟田、伊集院、出水、納薩、伊作、揖宿、伊敷などがその例である。頴娃などもこれに入るかと思われる。もちろん藺牟田、出水などは、日本語で解釈できないというわけではないが、一応ここに入れておく。

それで、この種の語頭を有する地名から、仮りにその分布圏を考えると、インドネシアから紅頭嶼、火焼島を経て、南九州までは一括することができそうである。伊敷、伊佐敷など、沖縄地名と通ずるものがあり、また川辺郡の知覧（チラン）などという地名を見ると、さきのランの語尾もここまで入っているかと思われる。

以上私は、語根の意味の穿鑿は後廻しにして、地名の語頭と語尾とに見える共通のあるいは共通と思われる現象から、インドネシアと琉球と、おそらく南九州の一部とは、かつて同一の言語圏内にあったかも知れないとのはなはだ大胆な想像を述べた。これが実証されるには、今後その地名の一つ一つについて、慎重な手つづきが必要であろうことは言うまでもない。私はこれに単に想像として提出したに過ぎない。将来のことはおまかせするとして、私がさきに問題となったインドネシア語のイントネーションの残留だとか、波照間の地名のインドネシア語源説などを持ち出した根底には、こうした一般的の予想も、その一部にあったのだということを申しのべたわけである。

しかし、アルタイ語系といわれる今日の日本語の以前に、この国では南方系の言語が行われていたのではなかろうかという考え方は、少なくとも西南日本ではとか、西南日本から南朝鮮にわたってはというような限定付きの場合もあったが、最近しばしば言語学者によって発言されている。これがわが言語学界の、今日における一つの趨勢であるように思われる。いずれの説もまだ確証されたわけではないが、宮良博士も日本人の要素の中にインドネシア人を認めるとすると、やはり同じ傾向の人かとうかがわれる。

しかし、その場合、日本に入ったインドネシア人は琉球には全然関係がなかった。アルタイ語民族として既成の日本人のみが琉球に南下した。そこにはしかし、不可解な地名のみをのこしたアイヌらしい先住民がいたというのでは、どうしても辻褄が合わないような気がする。〝タワゴト〟という言葉をこの辺で使いたい気がするが、私は遠慮しておく。もしインドネシア人が古代において日本に渡来していたこと、あるいは日本住民の優勢な一部であったことを認めるならば、それが琉球を経て北上したものであろうということは率直に認むべきである。琉球の不可解な地名を考えるならば、まず何よりもインドネシア語に眼をつけるべきである。日本、少なくともその一部において、南方語がアルタイ語と入れ代ったことを認めるならば、琉球においてもそのことは不可能ではなかったと思うべきである。これは(7)の「琉球方言の本質」、ことにその末尾の「新たに異系の日本語を採用したというに至っては、それこそアホラシイたわごとだという外はない」という宮良博士の言葉に対する私の答えである。宮良博士は日本でそれが起ったことは認めても、琉球でも同じことが起っただろうと想像するのはアホラシイたわごとだと言う。これを解明するには、古代日本人の一要素をなしたと推定される南方人が、琉球諸島を経て北上したであろうという、何人も当然とするに違いない想像を、幾らかでも実証するのが得策のようである。

その前になお一言したいことがある。「(8)琉球方言の境域」の章で、宮良博士は琉球語と台湾語との間に一線を画すべく努力しているが、当然のことで異議はない。私はイントネーションの点に関して、大胆な臆測を発表したが、インドネシア語の語彙や音韻や措辞法が、今の琉球語に存しているといったのではない。

ただ、ここで宮良博士は、ヤミ語と八重山語の措辞法を比較してたとえば〝舟小屋〟をヤミ語では〝小屋舟〟というが、「そういう言葉の排列の仕方は日本人には考えられないものである。頭の狂っている者の言葉でも、そんな言葉づかいはしないはずである」といっている。しかし、この気ちがいでも口にしないような不思議な措辞法が琉球語の中にも稀ではないようで、本誌一五の二の沖縄特輯号には、折口信夫博士がそのいくつかの例を挙げている。「大阿武志良礼」、「阿母嘉那志」、「ノロクモイ」、「金丸按司添」、「君真物」、「きみとよみ」のシラレ、カナシ、クモイ、アジ、マモノ、トヨミは、みな限定語が被限定語の後にきた例であり、いずれも〝小屋舟〟に変らないのである。そして、折口博士は同種の日本語のいくつかとともに、これらの特殊の語を整理したのは、「今のところでは、親近関係の想像しているほど明らかにせられていない南方語族との比較のための準備をしておこうとしたのである」といっている。これで日琉語と南方語との親近関係が実証されたというのではない。将来のために問題を出しておこうと言うのも、学問の発達の上に必要なことと私は感じるのである。もちろん、私のは調査現地で走り書きされた新聞通信文であり、折口博士のは四〇年の構想になる論文であるから、その内容の精疎はもちろん比較にならないとしても、その企図においては折口博士も私も、別に異なるところはないと思っている。

九、八重山の先史時代

さて、ここでしばらく言語の問題をはなれて、われわれがこのたびの調査から得た八重山の古代文化に関する知識を概説したいと思う。この知識が、琉球の言語や波照間の地名に関する私のさきの臆説の成立に、関係あるものだということは言うまでもないが、実は言語の問題は別として、この問題それ自身が重要ではないかと思うのである。この一文の題名を「八重山群島の古代文化」としたのもこの含みからである。

われわれが今次の旅行中に主として発掘調査したのは、波照間島北岸の下田原の貝塚である。その他には、石垣島のいま知られている限りの遺跡を踏査試掘した他に、竹富島の一部を踏査した。ここでは、しかし下田原貝塚の調査から得られた結論を中心に述べてゆく。

下田原貝塚を遺した住民の文化は、日本縄文式、弥生式、あるいは古墳時代の文化とは全然無関係である。中国製の陶磁器の破片もこの貝塚からは出土しない。

土器は後世のハナレ焼土器を後継者とするその祖型と見られる。貝粒の代りに白色の粗大な石英砂粒を混じた、厚手の、赤色の、低火度の土器である。平底、鉢形。石英砂粒はこの島には産しない。

他にやや高火度の、薄手の、灰黒色の土器片三片を得たが、その一片には格子状押型紋があり、台湾北海岸から西海岸中部にわたって分布する、大陸系の押型紋土器と思われる。台湾の製品の搬入されたものであろう。

石器の最も代表的なものは、円礫利用の、大部分を打成した長方短冊形の石斧であって、最少限度の磨

第1図 石斧と鉄鍬

（左） 波照間島下田原貝塚出土半磨製石斧
136×56×17(mm)

（中） ルソン島リザール州C遺跡出土半磨製石斧
90×32(mm), O. H. Beyer : Outline Review of Philippine Archaeology, *Phil. J. Sc.*, Vol. 77, No. 3—4, 1947

（右） 波照間島現今使用農具鉄鍬(ピラ)178×53(mm)

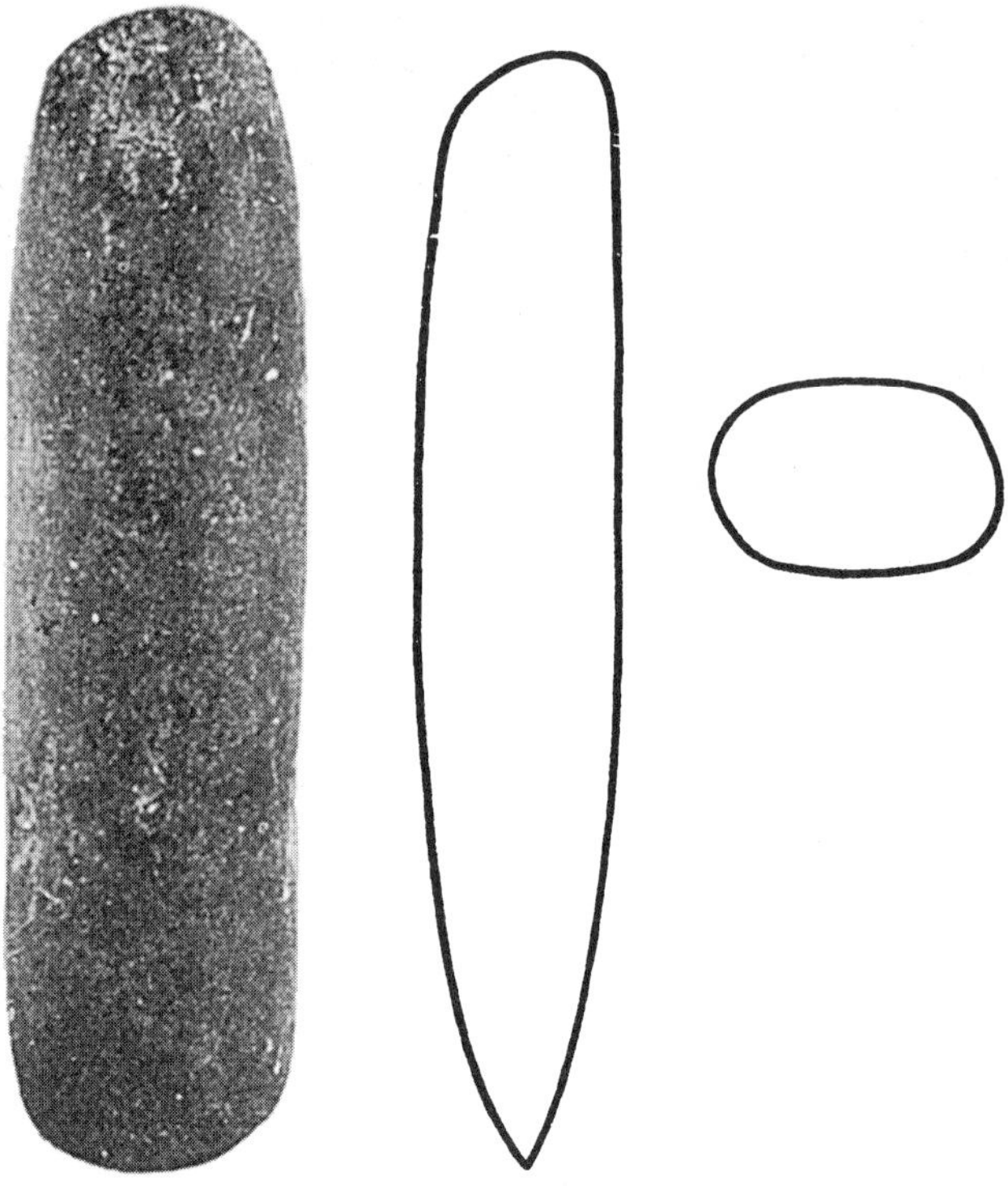

第 2 図　波照間島出土磨製石斧
177×47×32(mm)

研を一端に加えて、片刃とハマグリ刃の中間をなす両面不均等の曲面を作っている。曲率のより強い面は、原石の表面そのものに近い。厚さの小さい、重量の軽いものである。数は他の石器に比して非常に多く、表面散布の範囲も広い。明らかに耨耕用の農具であり、その形と、推定される用法とから見て、現代同島に使用の鉄製のビラ（マビラ）すなわち鉔の祖型をなすものと思われる。「石ビラ」とでもいうべきものである。（第1図右）

いま一つの特徴的石器は、少数の完全に磨成あるいは琢成されたいわゆる乳棒状の石斧である。硬質の閃緑岩あるいは片麻岩を用い、中央より上端にかけての横断面は楕円形、刃端に近い部分のそれは一面が平坦になり、やや半月形に近い。厚く重い石斧で、平坦な面は使用と再磨によってすり耗らされた痕がある。刃縁は凸曲している。明らかに工具であり、手斧式に用いられた木工具であったと思われる。魚骨や沈石、土錘、貝錘の存在から、この貝塚人が一面において漁撈者であったことは明らかであり、また西表島との交通の存在は、後にもいう通り歴然としているから、この住民が船を造る必要のあったものであることは明らかである。また、本遺跡からは住居の跡は見出されなかったが、同系の文化遺跡でこれよりも更に後のもの、と考えられる石垣島の仲間嶽の遺跡で発見した柱穴の形より、家屋の建築材はおそらくここでも丸太を用いたであろうと想像されるから、この手斧形の石斧は主として造船用の木工具であったと考えられる。（第2図）

その他に、打割用の木工具と思われる、重い、楕円形の横断面を有する、ハマグリ刃の硬質砂岩等を用いた石斧を伴う。刃縁は広くて凸曲し、頭部は狭い。同様のものは与那国島の遺跡からも出ている。

石錘、石錐、鎚石、凹石等については略す。

これらの石材はすべて島内には産しない。獣骨の破片は多く、大多数は小形の猪である。猪もこの島には棲まない。西表島には小形猪がいる。石材と猪とは、西表島より搬入したものと考えられる。すなわち以上の様相から見て、この貝塚の住民は耨耕と漁撈とを生産手段とし、船を造ることを知っていた。農耕作物は不明である。おそらく西表島の住民の支派であって、その文化は現代の波照間島の文化に続いている。この文化の連続は、さきに述べた土器や農具の類似の点以外にも証拠がある。波照間島には、この貝塚の他に同系の土器、石器とともに、明代の中国陶器片を伴う遺跡が多く、これが現在の部落地内に最も多く分布している。土地の人々はこれを侍屋敷の跡といっている。波照間の先史文化は、明らかに現代文化に続いているのである。

下田原貝塚の成立した時代は、明初よりほど遠からぬ前のことと思われる。居住の継続は比較的短かかったと考えられる。またこの遺跡地以外に、地下水の露頭と船着き場の適地を伴う、この種の先史住民の適住地を島内に求めることができないことから、この貝塚人がこの島の最初の居住者であったことが察せられる。それ以前の住民の遺跡は見られないのである。

このように波照間島下田原の過去の住民は現在の島民の祖であり、西表島住民の支派であった。その文化は耨耕漁撈を生産手段とする新石器時代の様相を呈していた。台湾北部の海岸地方と何らかの交渉があった。しかしそれは頻繁ではなかった。その他には異系文化との接触のあとはなく、その居住の継続は比較的短かかった。その石器時代を脱却したのは、明初の大陸文化の輸入によるものと推定せられる。

石垣島の遺跡については、明治三十七年（一九〇四）に鳥居竜蔵博士が調査している。博士は、川平村仲間嶽（獅子嶽として報告）遺跡を調査し、翌年四月の「太陽」に「十五、六世紀のころまで石垣島獅子嶽には馬来人《マレー》が生存していたであろう」といっている。十五―六世紀というのはこの遺跡から伴出する明代の中国陶器片より得られた編年であり、馬来人というのは、その土器の様相から察したのである。ところが、大正十四年（一九二五）の『有史以前の日本』に収められた論文では「その土器の形式はまさしく弥生式系のものである」と言い、われわれの祖先と同一のものの遺したものである。また同様の土器は沖縄本島にも存するから、九州から大島群島を経て八重山まで南下したものであるといっている。二〇年の間に、考え方が変っているのである。

われわれが今次、同じ遺跡を調査した結果は、石器は得られなかったが、中国陶器および土器に関しては、鳥居博士発見のもの（東大人類学教室所蔵）と同一のものが得られた。中国陶器[11]の様相からこの遺跡がだいたい十五世紀初頭の前後のものであったと考える。この点は鳥居博士の考えにほぼ一致する。しかし、土器は決して弥生式系のものではない。下田原貝塚土器の系統のものでやや薄手になり、口縁に近いところから水平に突出する外耳が現われている。また砂粒の代わりに貝粒を混じ、後のハナレ焼土器に近づきつつある様相である。鳥居博士発掘の仲間嶽の石器も、波照間のそれと変りはない。

他の石垣島の諸遺跡も、みな仲間嶽遺跡と同一様相であり、すべて同じ時代の中国陶器片を伴う。大浜村フルストバル遺跡の表面からは、その他に数片の祝部土器の破片を採集した。石垣島には、いま知られている限りでは、中国陶器を伴わない純石器時代の遺跡は存在しない。

竹富島の遺跡には、ハナレ焼土器式の土器片と、中国陶器片の混在があり、滞在中には石器を見なかったが、その後われわれの見た遺跡の一つから、石斧が一個発見されたとの報告をうけた。石垣島の諸遺跡と同様のものと考えられる。

右によると、今のところ石垣島や竹富島には、純石器時代と思われる遺跡は見出されていない。明初のころより以前に、人の住んだ形跡は何もないのである。これで思い当ることが一つある。前記の済州島民漂流談の記載である。彼等は、八重山諸島では与那国から発して北上するとき、西表、波照間、新城、黒島にはたち寄ったが、竹富島や群島中最大の島である石垣に寄っていない。これについては、伊波氏の「をなり神の島」(一九三八)に詳細な考証があるからここに贅説しないが、石垣は八重山群島中では最も遅れて開け、十五世紀末には、まだその社会が完全ではなかったと思われるのである。

波照間では、地下水の自然の露頭は、海水の水準以上では下田原の泉以外にはなく、地下水の頭部に近いところを掘りひろげて汲み井戸を作った頃には、もう中国陶器の時代になっていた。島の中央に近づいた現在の部落では、岩床を垂直に穿って、掘り井戸を作っているが、これは中国の技術とともに、鉄棒のごとき器具の輸入された以後のことであり、これが可能になって始めて、部落は島の中央に進出することができた。こうした推移がこの島では歴然としている。竹富島の伝説では、島の草創の英雄はやはり島人のためにはじめて掘り井戸を作った男であった。

今すむ人はその島に「何万年」もむかしから住み来ったと思っているかも知れない。人はあり島はあっても、住む条件が欠けている場合には、人はその島に住めなかったのである。今年は野国総管が琉球にカライモを入れてから三五〇年目に当るということである。国頭郡の太平洋岸のたとえば車部落などは、カライモだけにたよって十軒の家が細々と暮している。カライモという物がなければ、そこには住めないわけの土地なので、村の歴史はいくら古く見つもっても三五〇年を遡ることはできないと、答えはハッキリ出るのである。

さて、こうした結果から、今のところ石垣や竹富の歴史は波照間より新しいと私は考える。中国の技術と器具、ことに鉄器が入って、今まで住めなかったところに住みつくことができた。その舶来の鉄を利用して、征服しあるいは撫民したものが初代の英雄であったので、石器時代の終末期から約一世紀の生産昂揚期があって、やがて英雄時代につづいたのが、八重山の歴史であっただろう。その背後には、こうした地理上、文化交渉史上の特殊事情があったわけで、大和では四、五世紀のころに起ったと思われているようなことが、ここでは約十世紀もおくれて起っているのである。

しかしながら、ここで断っておかなければならないのは、私たちのこんどの調査は西表島には及んでいない。波照間や竹富や石垣の歴史がそんなに新しいであろうからといって、八重山全体がそうであったと私は言っているのではない。西表島の居住史は古いであろう。いな、古くあらねばならないと私は考えている。これは単なる想像ではなくて、推論である。

その推論の根拠をこれから述べる。

東大の人類学教室に、西表島上原村および仲間村出土の石斧が四個ある。うち上原村の一個は、波照間の貝塚に代表的な、半磨製の私のいわゆる〝石ビラ〟と変りのないものである。石質も同様である。上原村のいま一個はこれも半磨製の、中央部の横断面が丸味のある三角形をなす厚いハマグリ刃の木工具と思われるもの、これも波照間から同様のものが出ている。仲間村の一個も半磨製の横断面が楕円形に近い乳棒状石斧で、やはり木工具と思われる。いずれも、波照間島の石器文化の様相を具えている。これらのことから見て、西表島にも波照間や石垣島に見られる先史文化と同様のものをもった住民のいたことが知られる。

次に、波照間や石垣などの遺跡が比較的新しく、波照間の遺跡も石垣の仲間獄の遺跡も西表島の支派と見られ、また現在の土俗や口碑の上から見て、これらの島々の生活がみな西表島と切りはなすことのできない関係にあることを、われわれは知るのである。西表島はあたかもこれらの島々の親島のような関係にあったことが歴然としている。

八重山の今日の政治や文化の中心は石垣であるが、古くはそれが西表であったことが明らかである。ある時期までは、八重山では――与那国はまだよく調査されていないので暫く問題外とするが――西表島以外に人は住まなかった。西表島で人口のまかなえる間は、他は無人の島であったと考えられる。そして、その第一の分出は――鳩間島にも遺跡があるらしいが、詳細不明だからこれをも暫く問題外とすると――今知られている限りでは、波照間島であった。その時期は明初のころよりさほど古くはなく、強いて想像すればおそらく十四世紀の初めくらいであったろう。石垣や竹富への分出はそれ以後である(12)。

それでは、西表島の先史文化はどれほど古いであろうか。これを推定する手がかりは、同島が未調査であるから直接には得られないが、意外にも沖縄本島の方から得られる――宮古島は未調査なのでしばらく問題から除外しておく――。

沖縄本島の石器時代の諸遺跡は、その土器等から判断して、日本の縄文式文化の様相を有するものであることが知られている。その土器の文様は、縄文土器としてはかなり古いところにつながるようである。強いて九州地方の土器に対比すると、だいたい曽畑式土器の文様に類縁が深いと考えられる。そしてその社会は、狩猟採集生活の段階にあったものと考えられている(13)。

徳之島や奄美大島の遺跡の状態もこれとほぼ同じく、曽畑式や塞の神式土器を伴出する薩南の種子、屋久の縄文式文化との間に、断絶のあとはないもののようである。

しかし、これらの南島の縄文式文化が、九州の縄文式文化と全く同じであったかというと、決してそうではなく、そこに種々の問題が含まれている。

まず、その土器は日本の縄文土器よりも火度が低くて脆弱である。そして砂粒或いは貝粒を混じている。また石斧を見ると、たとえば東大人類学教室所蔵の荻堂貝塚の石斧のごときは、その中に、われわれが耨耕用の〝石ビラ〟と考えた八重山の石斧と、形から製法に至るまで全く同一のものがある。土器はだいたい縄文式土器の系統であるが、石器の示す文化はすでに八重山と同程度の農耕者の文化であったと思われる。前述の文献にも、本島に嘗て「鉄鍬」のあった記載があり、宮古島から本島以北にかけて、いまも八重山同様の鉄製のビラを用いている。これから考えると、やはりその農耕文化はここでも石器時代から現代に至るまで、一貫した姿をのこしているのであって、後来の水田耕作文化とは別種の一つのいわば南島式耨耕文化が、先史時代より連続的に存在していたことが推定される。

主として造船用の木工具であろうとわれわれの考えた磨製の石斧も、沖縄以北に存在する。これも八重山の史前文化と共通のものであったと考えられる。

さて、ここで考うべきことは、沖縄以北のそうした文化はかなり古く、いま知られている八重山のそれはみな比較的新しい。同一文化があったとすると、これは北から南へ移ったのであろう、という人があるかも知れない。しかし、それならばそれに伴って縄文土器の文化も南漸したはずである。石器文化のみが南に下り、土器文化のみ沖縄本島でストップするということは考えられないのである。右にいう南島式耨耕文化は、間違いなく南から北に移った文化であり、沖縄本島以北で九州から南下した縄文式文化と遭逢した。土器においては、縄文土器を全面的に取り入れたが、なお旧来の手法（混砂、脆弱性）の影響をのこしたと思われる。この性質は南九州地方の縄文土器の上にも現われている。しかし石器の様相は、少なくとも農耕用石器の面では八重山式のものをそのままのこしたのである。こう考えるより他はない。すると、八重山には同系統の文化の古い遺跡が必ずどこかになければならない。波照間や石垣などの文化が一様に新しく、それらがみな西表島に根拠を有していたと考えられることは、前述の通りであるから、八重山に同系統の古い文化がなければならないとすると、それは西表島をおいて他に考えられない。西表島には必ずそれがあるであろうと推論せざるを得ないのである。

鳥居博士の前記の報告には、黒岩恒氏による西表島の貝塚の発見のことが記載されているのは、この際見逃すことのできない記事である。西表島の遺跡の調査は、この意味で非常に重要であると私は考えるのである。

一〇、八重山の先史文化の源流とその影響

西表島の遺跡が調査されて、右のような私の予想が実証されなければ、八重山の先史文化の北上という私の推定は有力とはならない。しかし、仮りにこれが実証されたとする。あるいは現在のままで、その実証の可能性が多いものとする。そして、ここでまた少し先廻りをして考えてみたいことがある。

さてそれならば、琉球では八重山から北上したと考えられるこうした先史時代の漁撈耨耕の文化は、一体どこに連絡するであろうか。それが西表島で発生したとは考えられないから、おそらくさらに南方につながるものではあるまいか、と考えるのが、一応自然な筋道である。

しかし、八重山のいま知られている先史土器は、南方には全然つながりが認められない。台湾の先史土器は、すべて大陸系の文化に完全に浸透されている。フィリピンの新石器時代には、終始一貫して土器の痕跡を認めない。八重山の先史土器は、おそらく八重山で発生したものであろう。火度の低い、最も原始的なこの程度の土器の文化は、全く他の地方には関係なく、それぞれの地方で自発することが多いのである。紅頭嶼や台湾の諸族に見る現今のそれぞれの原始土器の多くは、決して他の地方の文化との繋りをもたない、それぞれ独自のものである。あるいは、この土器の発生するまでの間、かなり永くフィリピンの新石器時代におけるごとく、土器のない時代が八重山にもつづいたかもしれない。

なお、波照間島下田原貝塚発見の台湾先史土器はただの三片にすぎず、これは宮良博士のいうように、おそらくは台湾との一時的の交渉を物語るものであって、種族の関係には無縁のものであったと思われる。このことは昨年十月の日本人類学会日本民族学協会の第十回連合大会の席上で、私のすでにのべた通りである。

しかし、石器の方はそうではない。まず、私のいわゆる〝石ビラ〟形の耕具と思われる半磨製の石斧である。このものは台湾では見られないが、ルソン島には存在する(第1図中)。O. Beyer 教授によると protoneolithic (原新石器時代) のものであり、インドネシアの Bacsonian 文化に関連するものだという(14)。また農耕と組立式造船術がこの文化に伴うといっている。ルソン島では、Bataan 半島のシナ海側の海岸に、これのみを単独に多数に出す遺跡があるが、Rizal 州の遺跡では early neolithic (早期新石器時代) と見られる遺物とともに出るという。すると、Beyer 教授がこれを Protoneolithic というのは、おそらく typological な考えによるのであって、深く信用する必要はなく、伴出の遺物とともに、早期新石器時代のものと認むべきであろう。これと伴出する早期新石器時代の遺物というのは、横断面形の円形乃至楕円形の、Heine-Geldern 教授のいわゆる円筒状石斧 (Walzenbeil) を、その特徴とするというのは、興味深く思われる。Beyer 教授はそのうち楕円形横断面を有するものを Type 1 としているが、八重山から沖縄以北の先史遺跡で出土する、さきの造船用木工具であろうと考えた石斧はこの type に属し、これは台湾本島には見られず、火焼島、紅頭嶼から、ルソン島に見られる。ルソン島では早期新石器時代の代表的石斧であり、同じくインドシナの Bacsonian 文化に関連するという。ルソン島におけるその原使用者は、現在の Apayao 族や、Ilongot 族のごとき、古層のインドネシア人の祖先であり、同じく農耕、組立式造船、竪穴住居の文化を伴っていたという。また、この文化はセレベスからメラネシアに拡がっているが、Heine-Geldern 教授が日本よりフィリピンを経由してメラネシアに及んだとの仮説を設けたのに対し、Beyer 教授は反対にインドシナ→フィリピン→台湾→日本のルートを仮想している。日本石器時代に同種の石斧のあることはもちろんである。

さて、Beyer 教授の説は、火焼島までは従来既に確認されていると見ている。そして先にもいう通り、八重山から同一の文化が北行していることを私は当然認むべきだと考えている。問題は火焼島と八重山との間の連絡であるが、八重山で自発したと考えないならば、その間の連関は当然認めなければならない。すなわち Beyer 説の可能性は非常に大きいと考えざるを得ない。これから考えても八重山のどこかに、古い遺跡のあることが推測される。それはおそらく西表島にあるであろうと私は考えるのである。ただし、Beyer 教授のこの文化に与えた絶対年代の推定には、にわかに賛成する必要はない。

さて、このフィリピンにおける早期新石器時代の第一型の文化が、メラネシアに深い関連を有するということは、別の意味で、私には非常に面白い。八重山にもまたメラネシア文化の痕跡が絶無とはいえないのである。

その一つは、前記の済州島漂流人の、西表島に関する記事である。これに「婦人穿鼻両旁、貫小黒木、状如黶焉」とある。これは両側の鼻翼を穿孔して、栓状の小さい黒い木片を嵌入した。その栓の頭は比較的小さく、あたかもホクロのように見えたというのである。彼等漂流人の観察は、他の例から見て甚だ鋭く、かつ西表島には五ヶ月も滞在しているのであるから、当時同島にこの風のあったことは疑い得ない。

ところがこれと同一の風俗は、いまはインドのタミール族の婦人に遺っている（第3図右）。そして、タミールがその体質や文化の点で、今日のメラネシア人にはなはだ近く、後者がインド大陸からマライ半島を経て、太平洋諸島に進出した歴史は、ほぼ疑いないものとされている。この風俗のごときもやはりそ

第**3**図　右 "Sundmelanider Typus," Eine Tamil-Tänzerin aus Tanjore Phot. v. EICKSTEDT,) E. v. EICKSTEDT, ***Rassenkunde und Rassengeschichte der Menschheit***, Stuttgart, 1934 Abb. 203.

左 "A Young Unmarried man", Merauke, Dutch New Guinea, Guide Part 5, ***Ethnology of Melanesia, Field Mus. Natur. Hist.*** Chicago, 1932 P1. XXIV

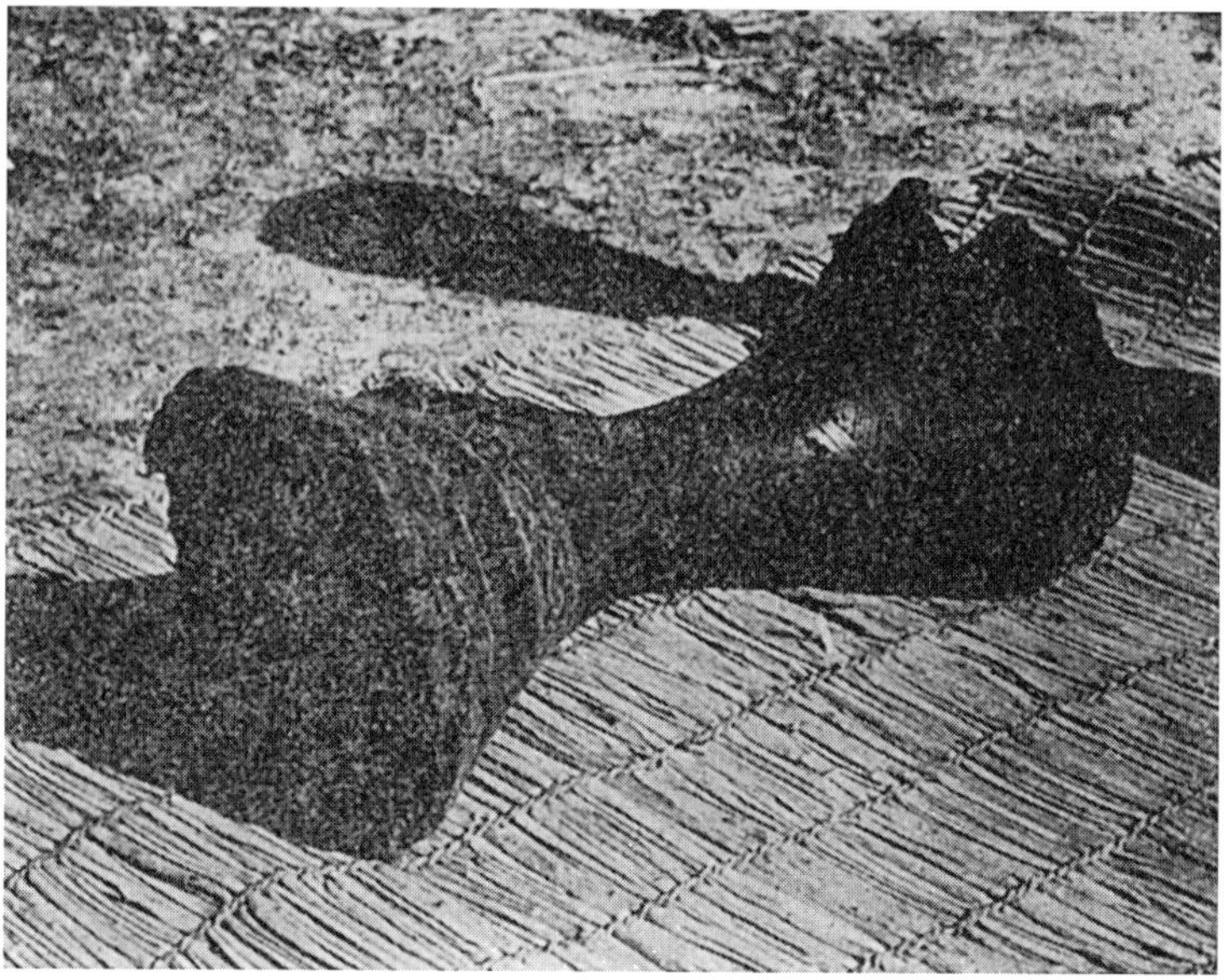

第4図a　波照間島前村親盛浩家所蔵
鼓筒（木製）

第4図b　"Dance at Cape Meraus, Southeastern", Guide Part 5, *Ethnology of Melanesia*, Field Mus. Natur. Chicago, 1932 Pl. XLⅧ

の証となるものであって、現在のメラネシアの一部でもこれが行われていることは、第3図（左）に図示する通りである。メラネシア系民族のかかる風俗と、八重山の過去における同様の風俗とは、両地において偶然的に発生したり、あるいは一時の交渉によって、一方から他に移ったものだとは考えられないのである。

次に、波照間島前村の親盛家に所蔵する木製の鼓筒がある（第4図a）。粟の収穫祭の際挙行される、マキ踊り（円陣の集団踊り）の時の楽器であったといい、今は神聖視されて火神の上部の棚に安置されている。これがニューギニアの、いわゆる砂時計形（hourglass shape, Sanduhrform）鼓に酷似していることは図示の通りである（第4図b）。これも偶然の一致とは思い難い。

次は、同島南村の一農家で使用されている第5図aのような木臼である。この臼には、同島に一般的には見られない特殊の形があり、腰部の両側に把手のようなものが作られている。実用の意味はなく、あたかも rudimentary organ の観を呈している。製作者のたんなる思いつきによる初発的の意匠とは思われないものである。過去においては、おそらく一般的であったと思われる。ニューギニアには、これは穀臼ではないが、食檳榔の際に檳榔子を搗き砕くための小さい木臼がある（第5図b）。この図に見るような装飾的彫刻は一般的ではなく、二脚あるいは四脚の把手のようなものが彫り出されている点は共通的である。把手のようなものを具えた木臼という点で、これも波照間島の臼の一例に似ている。ただしこの場合の連関は、前二者におけるほど強いかどうかは判らない。しかし前二者の類縁を認めるならば、これも同類と見てさしつかえないかと思われる。

以上の三つの風俗から察せられる、八重山の過去および現在にわたって存在する、あるいはしたと思われるメラネシア的要素は、しかし、八重山人がかつてメラネシア系の民族であったということを示す事実

第5図a　波照間島南村農家使用木臼

静岡県有東第2遺跡発掘木臼（弥生式時代）
「日本考古学年報」(1948)日本考古学協会

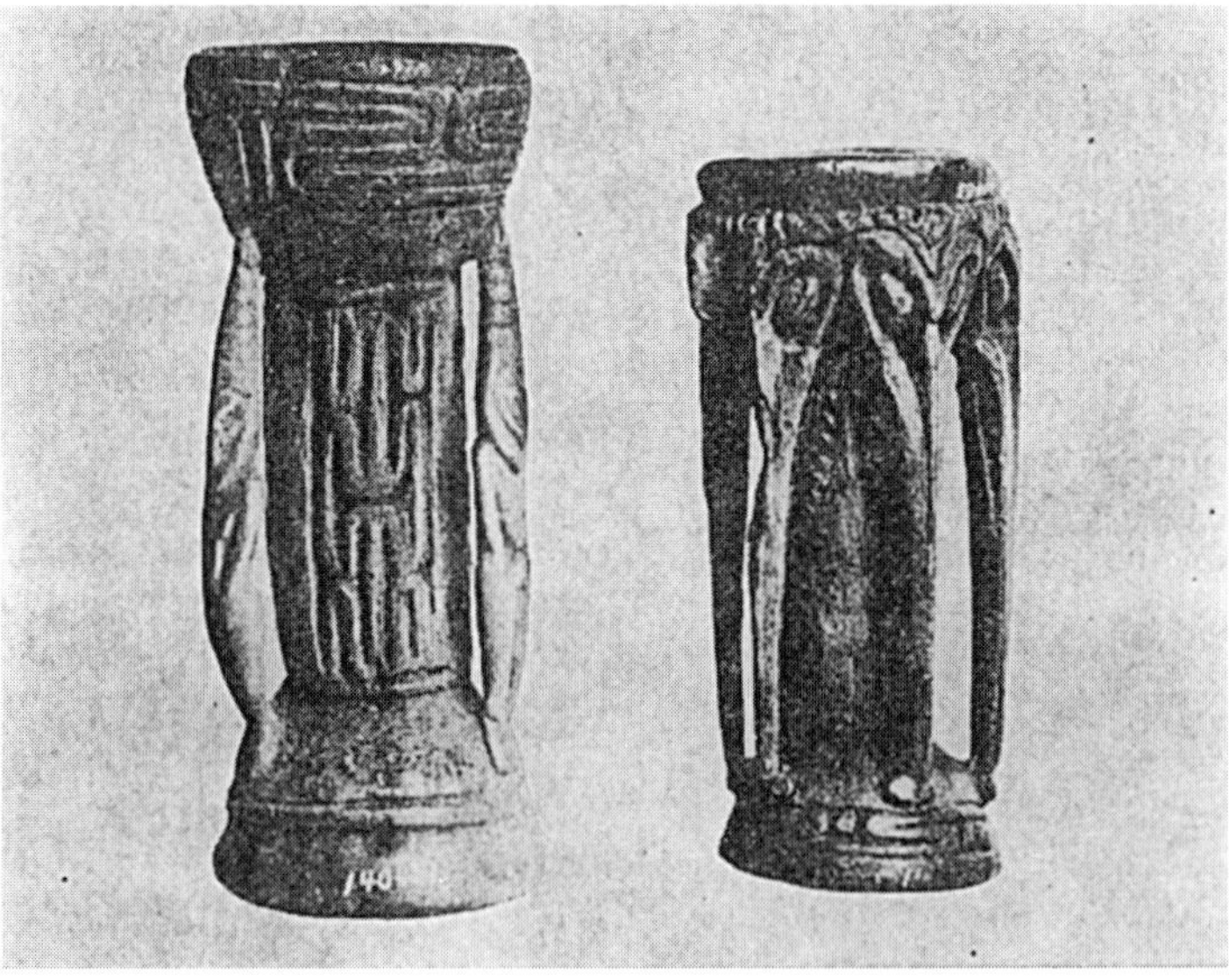

第5図b　"Carved Wooden Montars for grinding Betelnut," North Coast, New Guinea, Guid Part 5, *Ethnology of Melanesia*, Field Mus. Natur. Hist. Chicago, 1932, P1. XⅧ

だと考える必要はない。おそらくメラネシア人に接触して、その間に少なくとも部分的の共通文化を有したものが、古く西表島にこの風俗をもたらした。おそらくそれはインドネシア系の種族であったろうと思われる。インドネシア人とメラネシア人との交流は、種々の点から見て疑うべからざるものがある——首狩、入墨、歯牙変工等。

なお、いま一つつけ加えておきたいのは、八重山地方に残っている稲、粟の穂を摘む、イラナあるいはイララと呼ばれる農具である。刃部は鉄利器の破片などを利用した小形の鎌様のものであるが、鉄鎌に接触した後も、インドネシア式の握り庖丁式の柄を捨てることができなかったと思われる。その柄の形、穂の摘み方は、フィリピンその他の南方諸地方の風俗と同様である。鉄文化に接する以前は、おそらく貝庖丁を使用していたと思われる。八重山の遺跡からは、石鎌や石庖丁に相当する石器は何も出ない。

以上述べたように、八重山地方にはインドネシア要素とともに、おそらくはインドネシア人によって伝えられたと思われるメラネシア的要素が、痕跡的ながら残存している。あるいはあったと思われる。

これについて当然連想されるのは、日本石器時代文化におけるメラネシア的色彩である。さきの円筒形石斧については、Callenfels, Heine-Geldern, Beyer 等の諸家の臆説がすでにあり、私は Beyer 説の可能性を大きく見るということを述べた。横断面の楕円形をなす、いわゆる乳棒状石斧が日本先史時代において盛行するのは、縄文中期時代である。ところが一方において、日本の縄文式時代の土器の上に、従来しばしばメラネシア文様に似ることの指摘された特有の紋様が、この期になって突如として現われる。その間の類似性は非常に強い。またこの時期において、土器の質も変化し、低火度になり脆弱になる。打製石器が盛行し、石皿が出現する。縄文式文化が一種の農耕文化の様相を帯びてくる。竪穴式家屋の構造が、長方形から南方に見るような円錐形になる。大聚落が現われる。縄文中期におけるこうした変化を、ほとんど革変的と見る見方は今日では相当に強く、何らかの外来刺戟を、そこに想定する必要に迫られているようである。

従来メラネシアにおける古代土器や木彫に見る文様と、日本縄文式時代土器に見るその類似文様との間の連関に関しては、これらの両地方の中間をつなぐ連鎖を欠くことが、その文化の関連を考える上の最大の弱点であるといわれてきた(15)。八重山地方のメラネシア文化の痕跡がかすかながらもその中間に介在することが判明したのは、この問題にとって意味が少なくはないと思う。石器文化の南方との関連性については、先にも説いた。

先史時代において、フィリピン、琉球を経て日本に達したと思われる文化の要素は、以上の他にも、歯牙変工、文身、崖葬などの風俗があったと思われる。文身、崖葬はもちろんのこと、歯牙変工の風も、琉球(徳之島)には証明されている。崖葬はフィリピン、紅頭嶼にも行われ、日本先史時代から歴史時代にわたってその痕跡が認められる。これらの風俗の連鎖には、いずれもその中間に何らのギャップを認めないのである。

ただし以上の南方的諸要素が、すべての縄文式時代の中期の文化の上に、同時に現われてくるというのではなく、そのあるものは、遙かに後れて日本先史時代の文化の上に現われる。

たとえば歯牙変工の風習のごときは、縄文式晩期に盛行して弥生式時代に及ぶ。半磨製の耨耕農具と思われる長方形の石斧は、九州地方の晩期縄文式に現われて、これも弥生式時代にのこる。崖葬の風俗は弥生時代から歴史時代の遺跡に見られ、把手つきの穀臼は弥生式遺跡(静岡県有東第二、第5図a)に見られる。『魏志』倭人伝に見える邪馬台人の風俗が、たとえば文身のように、南方的色彩の甚だ強いものであることは、従来何人も認めるところであるが、これもここに併せて考うべきであろう。

なお、一、二の点をつけ加えるならば、備中津雲や三河吉胡の貝塚人の埋葬法は、従来屈葬とのみ考えられていたが、種々の点から坐葬の疑いが濃厚である。もし坐葬だとすると、この風もインドネシアの諸処において他の埋葬法とともに行われている。日本ではすなわち縄文式晩期の風である。女性の頭頂部に縄あるいは紐をかけて荷物を吊ることを、若年のころから日常の運搬法としたことによってひき起された と思われる特殊の横溝を、頭骨上に認めることがある。縄文晩期から古墳時代初期にわたる女性人骨に見られるこの運搬法も、南方から台湾、琉球を経て日本に連絡している。

以上の点を併せて考えると、縄文式時代の中期、早くは既に前期のころから、一つの波が南方から日本に及んでいる。これにはメラネシア的色彩が含まれていたと考えられる。次は縄文晩期のころに、インドネシア式色彩の濃厚な文化が日本に波及している。ルートはいずれも琉球経由であったと考えられる。もちろん、この両度の波だけを考える必要はなく、その中間にも、時々小波及があったものと考えて差支えないであろう。これらの波の運んだ土器文化は貧弱であったから、中期以後においては、日本縄文式土器に何らの影響をも加え得なかった。土器のみの様相の変化から、外来文化の刺戟の有無を云々するのは危険であろうと考える。

さて、これらの南方よりの文化の波の伝搬者が、私の想像するように、もしインドネシア系の種族であったとすると、当然その言語が渡来し、かなり濃厚に、そしてかなり広く拡がったと思われる。ことに日本の中部以西に濃厚であり、古代からすでに今日見るような、東西の大きい言語の境界を作っていたかもしれない。このことに関しては、日本の言語の歴史に関する最近の学界の予想が、この考え方の方向を強く指している(16)ように思われる。

日本の言語がアルタイ系に統一された後も、南方系の口承はその他の伝承とともに強く残った。これは何人も拒むことのできない事実である。ごくわずかながら今も、南方系の語彙は残存している。琉球とともに南九州地方には、地名にもこの遺残があるのではないかということを、私は一つの疑問としてさきに提出しておいた。あるいは、琉球、南九州に限らず、西日本の地名を広く見わたすべきであるかもしれない。

以上、私は八重山の古代文化が、琉球列島内においては北方に進出した痕跡のあることを推定した。そして同時に、南方フィリピンの古代文化と関連があるであろうということを、石器文化の様相の上から推定した。その文化を南方から八重山に将来したものは、一面においてメラネシア文化に接触したものであり、おそらくはインドネシア系の種族であろうと想像した。この渡来の中途において、台湾本島は無関係、あるいはほとんど無関係であり、紅頭嶼、火焼島のルートが可能的であると考えた。そして、その北上の限界は決して琉球内に止まらず、日本のおそらくは中部地方以東にまで進み、日本縄文式時代の中期、あるいはそれ以前から、日本の先史文化に強い影響を与えたのではないかと想像した。同時にその民族の非物質文化も、かなりの強い勢力をもって、ある時期まで日本に盛行したであろうと考えた。

南方系文化がかつて八重山を支配したであろうと当初に私が考えたのは、決して八重山の局部のみを考えていたのではない。琉球はこうした長い連鎖の一環にすぎないとの予想のもとにそう考えたのである。

もちろん、以上の私の推定あるいは想像は、極めて大胆なものであり、もとよりことごとく実証を伴うものではない。ことに西表島に、私の推定するような古代の遺跡が存在するということが実証せられない限り、その効力はほとんど発しない。したがって、いまは私の考えを主張しようなどとは決して考えていない。将来のために問題として提出するに止むべきだと思っている。

二、八重山地方人の体質について

八重山地方に、インドネシア系であろうかと思われる文化が過去に存在していた。その文化を残したものは現在の八重山人の祖先であり、別の種族ではなかったと私は推定した。すると、いまの八重山地方人の言語やその他の文化は入れ代ってしまったが、体質にはよほどインドネシア的特徴が残っているのでは

第1表

		与那国島 (121)	波照間島 (107)
与那国島	(121)		0.24
沖縄本島	(130)	0.29	0.30
奄美大島	(92)	0.19	0.20
喜界島	(73)	0.49	0.45
屋久島	(161)	0.21	0.13
種子島	(276)	0.33	0.17
下甑島	(167)	0.17	0.26
薩摩（小浜）	(381)	0.26	0.19
大隅（小浜）	(314)	0.21	0.18
肥前五島福江	(128)	0.43	0.42
筑前宗像大島	(173)	0.69	0.62
壱岐	(57)	0.60	0.60
対馬（小浜）	(101)	0.32	0.34
済州島	(245)	0.89	0.82
アミ（田浦）	(115)	1.07	1.03
平埔族（羅東）	(117)	0.71	0.69
アタイヤル（タッキリ）	(101)	0.50	0.51
ヤミ（紅頭嶼）	(147)	0.84	0.85
タイタイ（ルソン）	(182)	0.60	0.57
タガログ（マニラ）	(377)	0.61	0.55
イロカノ（ルソン）	(193)	0.91	0.79
ビコル（ルソン）	(63)	0.86	0.75
イゴロット（ルソン）	(104)	0.88	0.76
ビザヤ（ビザヤ諸島）	(259)	0.79	0.70

なかろうかと考えるのが自然である。事実はどうであろうか。今回の調査では、波照間島民の生体計測を行った。また先年、私の門下の和田格博士が与那国島民の生体計測を行った。これらの二つの調査の成績と、周囲の地方群のそれとの間の簡単な比較を行って見よう。便宜上、男性の成績のみについて比較する。

利用した計測は頭最大長、頭最大幅、頭長幅示数、頬骨弓幅、鼻幅、身長の六項目である。すなわちこの比較には頭の高さや、顔や鼻の長さは加わっていない。計測者の手加減による個人差を恐れて、わざと省略したのである。これらの六項目の計測平均値について、比較群との間の差を求め、それを各項目の偏異係数で除したものが、それぞれの項目の関係偏差である。これらの六箇の項目について得られた六箇の関係偏差の平均値、すなわち平均関係偏差をここに表示する（第1表）。この数値の小さいほど、両群の間の差が少なく、言いかえると類似性が強いことになる。偏異係数として用いたのは、波照間島民比較の場合は、波照間島民の男性のそれ、与那国島民の比較の場合は、台湾在住の二六地方群の男性のそれの平均値の近似数である。表中の括弧内の数字は計測数を表わすのである。比較群中、羅東地方の台湾平埔族は、先史時代の大陸系格子状押型紋土器の製作者に関係があると思われるので、念のために選んだ。タッキリ（アタイヤル）、アミ、ヤミの三群は、その居住地の八重山に近い関係で選んだのである。また、フィリピン群の最後の四群の成績には、頬骨弓幅関係の差は加わっていない。すなわちそれ以外の五項目のみによる平均関係偏差である。

さて、上表の成績から判断すると、頭長以下六種の計測の示す綜合的な体質の特徴では、与那国島人と波照間島人の男性は、いずれも他群に対してほぼ同じ傾向を示し、いずれも喜界島民をやや例外として、南島群から南九州の地方群との類似性が強く、それより以北の九州人には、これに比して類似度が少ない。

済州島人とははなはだしく異なっている。

また、台湾の諸群に対しても類似性は少なく、ことにアミ、ヤミの両群とははなはだしく開きがある。(17)フィリピン群に対しても、台湾群に対するとほぼ同程度の開きをもっている。

この比較の成績から考えると、現在の八重山人は南九州地方人に最もよく似た体質を有し、この地方の日本人とほとんど変るところはない。これに反して、台湾のインドネシア人やフィリピン人には、比較的類似性が少ないと結論しなければならない。

この結論に基づいて、この八重山の体質は、今の八重山語とともに南九州を経て南下したものであるといえば、その限りでは、非常に明瞭に見えて疑いの余地を残さないと言えるかも知れない。また、事実言葉とともに南下した体質も、おそらく幾らかはあったに相違ない。

しかしながら、八重山に何らの日本的文化——縄文式文化も弥生式文化も——存しなかった時代に、一種の独自の文化があり、しかもその文化を遺したものは、いまの八重山人の祖先であった。そこには言葉の入れ代りはあっても、民族の入れ代りはなかったであろうと私はさきに推定した。すると、この体質上からの結論と、さきの私の推定の間には、非常なくい違いができてくる。体質上の結論が正しければ、私のさきの推定は成り立たなくなりそうである。

そこで、もう一度よく考えて見る必要がある。それには、現代の八重山人の体質が、南九州人のそれに最もよく似ているということの意味から出発した方がいいようである。喜界島人を別として、この南九州から南島を含む一群は、明らかに一つの地方群をなしている。南九州人が日本人である限り、南島人も人種的にはまぎれもない日本人である。しかし松村瞭博士(一九一九)も、頭形だけの観察からではあったが、南部九州人と北部九州人との差の大きいことを説いているように、この南九州群と北九州群との間には、やはりかなりの差がある。そのことは、同じ材料で薩摩と大隅の二群を規準として作った、同様の比較表（第2表）によって知ることができる。

この表によると、喜界島は依然として南島群中では特殊の地位をもっており、北方群の中では対馬が甚だしく特異的であるが、だいたいにおいて南九州の両群は南島群に対するよりは、北九州群に対して類似の度が少ないということができる。薩摩大隅を規準にした場合にも、与那国波照間を規準にした場合にも、この南九州南島群の北九州群に対する距離は、ほぼ台湾のアタイヤル族に対するくらいの開きをもっている。すなわち、この群は体質上日本人には違いないが、やや特異の体質を有する群だということができそうである。頭が円く、身長が低い。頬骨も北九州人よりは強く出ている。そして上の表には表わされてい

第2表

	薩摩	大隅
波照間島	0.19	0.18
与那国島	0.26	0.21
沖縄本島	0.37	0.24
奄美大島	0.24	0.17
喜界島	0.63	0.48
屋久島	0.12	0.11
種子島	0.32	0.36
下甑島	0.25	0.23
薩摩		0.18
大隅	0.18	
五島福江	0.46	0.49
宗像大島	0.74	0.69
壱岐	0.52	0.50
対馬	0.21	0.21
済州島	0.67	0.79
アミ（田浦）	1.18	1.14
平埔族（羅東）	0.82	0.81
アタイヤル（タッキリ）	0.65	0.64
ヤミ（紅頭嶼）	1.03	1.01
タイタイ（ルソン）	0.66	0.73
タガログ（マニラ）	0.59	0.71
イロカノ（ルソン）	0.86	0.98
ビコル（ルソン）	0.81	0.93
イゴロット（ルソン）	1.02	0.81
ビザヤ（ビザヤ諸島）	0.67	0.80

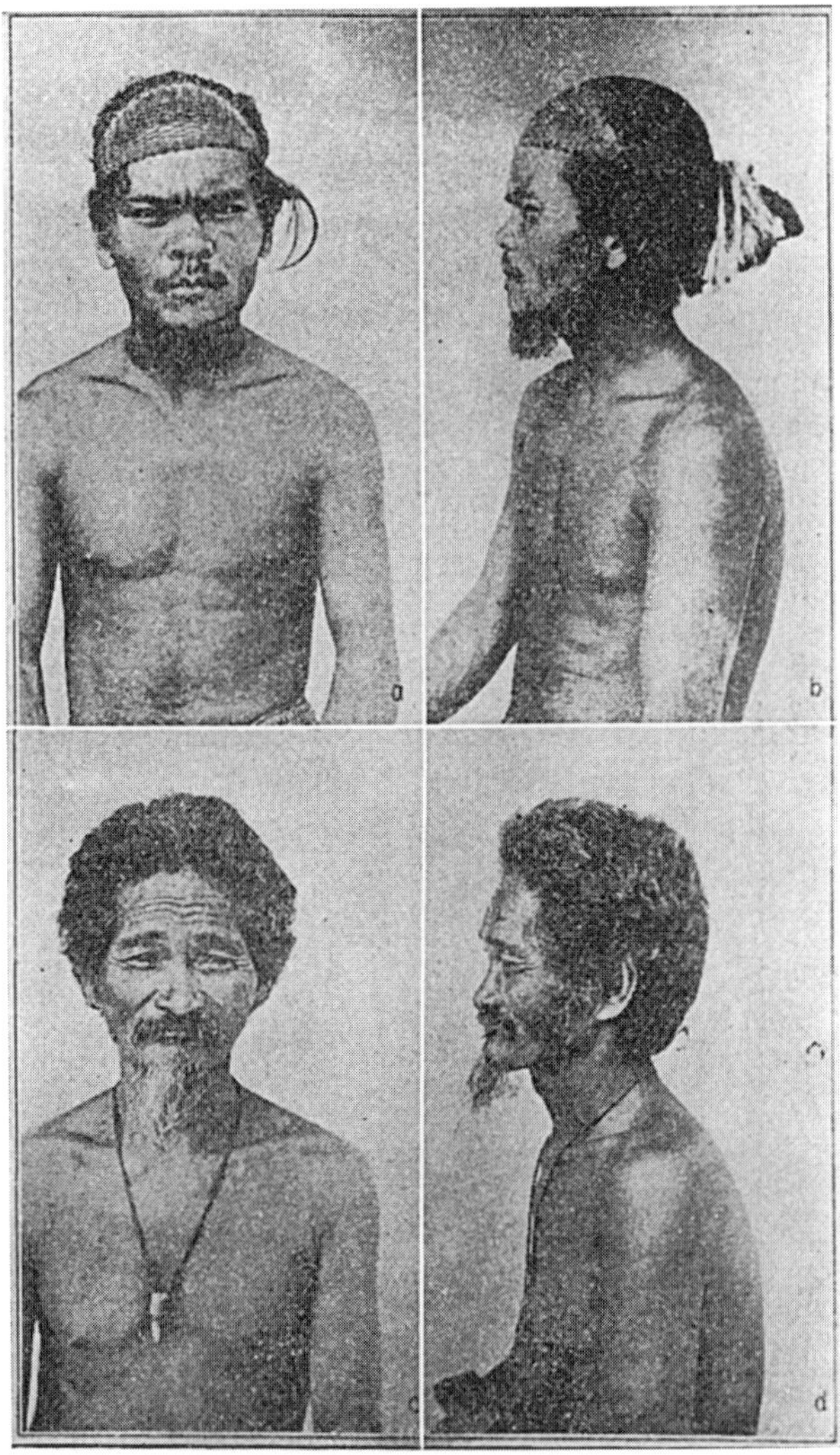

第6図　a-b "An Ilongot man" c-d "An Ilongot man" R. B. Bean : Philippine Types, *American Anthropologist*, Vol. 12, No. 3, 1910, Pl. XⅥ.

ないが、体毛が濃く、腋臭者の頻度が多い。これがこの群の体質の特徴である。

この群を改めて全体として見るとすると、その類似をどこに求めるかが再び問題となってくる。やはり一応、南方へ眼を向けるべきであろうか。

しかし、上の二表の成績によると、この群と台湾およびフィリピンの諸群との間にはかなりの開きがあり、むしろ北九州人に対するよりも、その開きは大きい。体毛もこれらの南方の諸群には少ない。類似の点は、アミ族は例外であるが、低身長と、腋臭者の頻度の大きいこと以外にはないようである。

しかしながら、八重山の先史文化の点を併せて考えると、比較にあげられた台湾の四群はこれに何の関係もなく（紅頭嶼のヤミは後来者である）、水田耕作や、金属文化をもってフィリピンに渡来したイゴロット族のような後来のインドネシア人、それよりも新しく渡来したマレー系のタガログなども、八重山の先史文化には何の関係もありそうにない。これらの諸族の体質は違う方が当然であり、ここに比較するのが間違いなのである。

南九州から南島にわたる群と比較さるべきものは、フィリピンの早期新石器時代人の後裔かと **Beyer** 教授等の推定する、ルソン島の古層のインドネシア人、アパヤウ、イロンゴートのごとき種族でなければならない。ところが、これらの古層インドネシア族については、まだ体質上の調査成績が挙げられていない。[18] したがって比較はできないのである。しかし、彼等が **"hairy"** であることは **Robert B. Bean** 教授などによって記載されている。また、**Beyer** 教授は、ルソン島のこれらの多毛体質を、アイヌ要素だと記載したことがある。宮良博士は弘前市の郵便局で、八重山人とそっくりの人を見たと報告しているが、もしそれが幾分でも種族の類似を証拠立てる上に有効だとお考えなら、私もそれにならって **Bean** 教授が **"Ilongot types"** として発表した写真を試みに一枚挙げて見よう（第6図）。これはルソン島の中央東部の山地の住民で、さきにも言う通り Beyer 教授によって、早期新石器時代人の後裔と見られているのである。この図に示されたような顔は、私も八重山や沖縄でいくつも見ている。

要するに、体質の上では南方との必要な比較はまだ達成されていないのである。似たものがありそうに見えるという程度で、決してあるとはまだ言えない。しかし、ないとも決して言えないのであって、むしろないと言うよりは、ありそうだという疑いの方がより強いのである。

なお、南九州と南島の群、というものを私はここに考えたが、これは現在の住民についての話であって、古代においては、この群のひろがりは、少なくとも日本の西部一帯にわたっていたものと私は考えている。体質上における日本人の〝インドネシア要素〟というのは、おそらくこの群の代表するような体質をいうことになるのであろうと想像される。

一二、琉球における文化の南漸

以上、私は琉球を経て北上したと思われる文化や体質が、古くからあり、それが日本文化や、日本人の体質の、重要な要素をなしたものであろうという、結論から見ると、ほとんど常識的な推定に幾分の科学的可能性を与えようと努力したが、もちろんそれに成功したとは思っていない。しかし、この問題に関して、多少の新しい問題は提供し得たかと思っている。

しかし、この問題の起りは八重山地方における言語の入れ代りの問題であった。宮良博士はこのことに関して、「金関氏は琉球諸島の住民は、インドネシア系の蕃語を棄てて、日本語系の言葉を新たに採用したというが、いつそんな大きな仕事がなされたかという、時代に関するヒントは少しも与えられていない」といっている。私がこのように断定的ないい方をしたのではない、ということはさきにもしばしば弁明しておいた。言語の入れ代りの時期に触れなかったのは、新聞通信のスペースに原因があるのであって、漠然たる予想は当時ももっていた。いま宮良博士によってこのことが持ち出されたので、これに関する私の率直な感想をのべて、改めて批判を仰ぎたいと思う。

ただ、言語の入れ代りということについて、直ちに「何万年」という数字を連想した宮良博士にとっては、私のこれから述べようとする推定説はあまりにも意外の感を与えるのではないかと思うので、あらかじめお断り申しておく。

さて、現今の琉球列島の住民の言語である琉球語は、もちろん北から南に移ったものである。宮良博士をはじめ多くの人々とともに、私もこのことは疑わない。しかし、言語は風のように、ひとりで飛び移るわけはなく、その移行には、これに伴って他の文化要素も移行したものと考えなければならない。また、そういう文化があれば、何らかの痕跡を遺したはずだと考える。言語が南漸したとすると、これに伴って南漸した文化の遺跡が、琉球の各所にあっていいわけである。

琉球に南下した日本文化の、最も古い遺跡は縄文式文化のそれである。今日ではこれは沖縄本島までその存在が知られている。八重山には存在していない。

この縄文式文化の北からもたらした言葉は何であったろう。今日の言語学界の予想では、一般縄文式時代の人の言語は、アルタイ系のものであった、とするもののようである。さすれば、アルタイ系の言語はこの時に沖縄までは入ったことになる。しかし八重山まで入った痕跡はない。また、沖縄本島以北におけるこの文化は、縄文式前期式の一様相から、少しも発展したあとはなく、石器文化の示すところでは、八重山から北上したと思われる文化と混合している。この土器の文化が少しの発展をもとめるひまなく終ったのちには、沖縄本島においても、八重山式の農耕漁撈文化がつづいたのである。八重山式土器も、本島の多くの遺跡（牧港、伊波、恩納、謝名城）から出土している。そして、その農耕文化は現代の沖縄本島以北の文化に連続している。

縄文式文化とともに南下した言語が、アルタイ語であったとしても、これは強い勢力をもって、琉球列島の全部に、その時期に拡がったものではない。土器以外の文化の様相は、かえって北進文化の方が優秀であった。その優秀な土器文化さえ、早くも沖縄では停滞終熄しているのである。沖縄本島に縄文文化とともに入り来った言語は、恐らく今日の琉球語に何の交渉も有しないであろうと私は推定する。

次に、日本先史時代の、弥生式文化の南漸の問題である。『魏志』倭人伝の記事によって、弥生式文化の末期のところには、北九州の一部や邪馬台国に、今日の日本語と同じ言語が使用されていたことが明らかである。ところがこの文化は、薩南臥蛇島がいまのところそのひろがりの南限であって、それ以南には及んでいない。奄美以南に、水稲耕作の技術や鉄の文化を運んだのは、弥生式文化人ではなかったのである。したがって、これに伴って琉球に日本語が南漸したということはできない。

琉球列島に南下した縄文式文化につぐ第二の文化は、祝部土器の代表する文化である。このたびの調査で、祝部土器の破片は沖縄本島（越来貝塚）と、石垣島（フルストバル）の遺跡から出土することが知られた。これは明らかに八重山まで達している。琉球に南下した日本語は、この文化の南漸に伴ったものと考えるのが極めて自然な考えである。

琉球に祝部土器の文化が入ったのは、それならばいつの頃であろうか。このことを少し考えてみたい。しかし、とにかくこの時までに、琉球諸島には日本語系以外の別の言葉のみが話されていたことはほぼ明らかである。まだ鉄を知らず、純石器時代人であったのである。

祝部式土器は日本古墳時代後半頃に創められ、その伝統は後ながくつづいて平安朝以後にまで連なっている。古いものは五世紀のなかばから六世紀頃の古墳にも見られるが、中央にこのものが出現すると同時に、それが南島に渡来したとは思われないから、琉球に南下した時代はそれより後である。この土器の文化とともに、勾玉、鉄、水稲などの文化、そして大和の言葉が南下したのである。五、六世紀より後とは、それではいつの頃であろうか。

大和の文化が琉球に南下するのに、薩摩や大隅を通過しないということは考えられない。これらの国は、それ以前から、なお後まで隼人の国として知られていた。この隼人の言葉がどういうものであったかについては既に種々の論考があり、『大隅国風土記』の逸文に残る有名な隼人語の一語が琉球語にも共通し、オーストロアジア語に比定されたりしているが、もちろん、これだけでその言語の全般を推定するわけにはゆかない。(19)

とにかく、隼人語というような特殊のものがあったろうということは、種々のことから想像できるのであって、『国造本紀』によると、仁徳朝に薩摩の「日佐」を「直」に代えたと伝えているが、この日佐は通訳官のことである。『続日本紀』の養老六年四月の条に、陸奥の蝦夷や大隅薩摩の隼人等を征伐したとき、「将軍以下及有功蝦夷並訳語人、授勲位、各有差」とあるのは、蝦夷のみの訳語であったとはいわれない。やはり八世紀のはじめに、大隅薩摩の言葉には通訳が必要だったのである。同じ頃にできた『肥前国風土記』の値嘉島の白水郎の記載にも、その言語が周囲の普通人と異なっていたという。そしてその容貌は隼人に似ていたという。現今においても、九州地方の訛言の発音法に南洋的のもののあることが、つとに新村出博士によって指摘されている。(20)断定は早計たるを免れないと断っているが、もしこれが正しいとすると、一部の発音法は八世紀はじめどころでなく、今日までもひきつづき残っていることになる。

それはともかくとして、単なる方言の差ならば通訳官の官制までは不要のはずで、これはやはり、八世紀のころまで、南九州の言語が異系のものであったということを示すものであろう。『令集解』に、夷人雑類の意を解いて、隼人毛人の本土をこれを夷人と謂うのだと言っている。夷人とか雑類とかいう言葉は、いうまでもなく法令上の厳然たる術語であって、漫然と使用されたのではない。これに古記に毛人肥人阿麻弥人等の類を夷人雑類と謂うといい、あるいはまた、夷人は隼人毛人で雑類は雑居の華夏だというのは、もともと一定の規準に従って定められたものであり、その規準は他ならぬ言語の差と見るのが当然である。したがって、大和語がこの地方にほぼ完全に浸潤したのは、八世紀以後のことだと見なければならない。これが南島に伝わったのも、もちろんそれ以後のことである。

『日本書紀』の持統天皇の九年（六九五）の条に、「務広弐文忌寸博勢、進広参、下訳語諸田等」を多称に遣わして、蛮の所居を求めしめたとある。この下訳語は姓であるが、当時の例から見て同時にその職分を意味していたことは明らかであり、七世紀末に、南島語には通訳を必要としている。のみならず、さらに下って『延喜式』（新訂増補『国史大系』本）の巻三〇に、入唐大使の随行員として、「新羅奄美等訳語」を定めている。この「奄美」は普通には「奄義」とあるが、この本の訂正に従う。これによると、平安朝の初めに、奄美地方の言語にはなお通訳官を必要としたのである。南島人もやはり後まで夷人と見られていた証拠は、前述の他にも種々ある。

以上を要するに、南島に大和語が浸透したのは、早くとも八世紀の後半のころであったであろう。祝部土器その他の一般の大和文化が南島に入ったのも、その頃のことと考えられるのである。

八世紀の中央文献では、すでに衰退の兆を見せている言葉が、いまの琉球語中に存していることをもって、琉球語が八世紀よりも以前のころ、早くもその島に行われていたことの証拠だという人もあったが、謂れのない議論で、古語の存在がその伝来の時代の指針にはならないのである。南九州あたりで何世紀かの間生き残っていた古語が、琉球にそのまま入らなかったとは言えないのである。

いったい、琉球語を非常に古い日本語と共通の祖形語からの分れであって、日本語と琉球語とは姉妹語の関係だなどと言い出したのは B. H. Chamberlain 博士であるが、いまだにこれを無批判に受け入れている人があるようだ。宮良博士などは琉球語とは言わず、わざわざ琉球方言と称しているくらいだから、こうした Chamberlain 以来の迷信からはもちろん脱却している人である。[21] 近頃は琉球語の起りをずっと新しく見ようというのがわが言語学界の勢であって、私の所説には何ら奇矯なところはないのである。

結局、大和の言葉が大和の文化とともに琉球諸島に南下したのは、八世紀以後のことであろうと私は推定する。その八重山地方に達したのは、宮良博士の言うように、言語は物質ではないのだからそれよりもよほど後のことだと見なければならない。

さて、ここでいま一つ考えるべきことがある。言葉はなるほど物質ではない。品物のように輸送することはできなかったであろう。必ず多数の人々によって運ばれたに相違ない。しかし、この際、大和言葉をもって南下したのは、後の琉球人の主要な祖先をなすほどの大部隊の大移住ということではあり得なかったと考える。

新しい大和文化は鉄をもたらし、水稲耕作の法とそれに伴う古代日本の信仰や儀礼をもたらしたであろう。[22] しかし、こうした新しい文化の万般を携えた一大部隊が南下して、それ自身の生活を島々で展開した痕跡はない。そこには、一つの大和風の古墳も営まれた跡はなく、一つの須恵器の窯跡もないのである。あるものはただわずかの、舶載の祝部土器の破片と、家伝の勾玉だけである。明初の華南の厚葬の風が移入されるまでは——された後にも——住民は相変らずインドネシア風の、崖葬の風を捨てていないのである。

日本から南下した新しい文化、新しい言語は、島人によって必要なだけが受け入れられたのであり、島人がそれを携え来った者と入れ代ったのではなかったのである。あの磽确の島々に、美田を求めて大部族が南下移住するなどという考えは、それ自体不思議な話と思われる。このことに関しては、柳田国男先生もその意味の疑いをしばしば洩しておられる。(23)

島人が新しい文化をうけ入れたのは、おそらく水稲と鉄への魅力からであろう。前者に伴う信仰や儀礼を、不可離のものとして受け入れる、その必要からも言語は容易に受用されたであろう。文化の南漸は、民族の南漸とは切りはなして考えるべきだと思う。

さて、さきにも言う通り、言語や文化は物質ではないから、これが更に南下して八重山に達するには、なお相当の時期が必要であったと考えられる。伊波普猷氏は、(24)ニライカナイからの来訪神の信仰が、元来沖縄では北方楽土の信仰であったのに反して、八重山では南方マヤの国からの来た神を接待する風がある。これは、台湾のツォー族にも、マヤの国から来訪する神を接待する信仰のあるところを見ると、ツォー族の移住の中途に琉球に寄ったことがあり、その影響を受けて、元来は沖縄と同じく北方楽土の信仰であったのが、南方楽土のそれにふり変ったのであろうという推定を下しているが、これははなはだ無理な推定だと思う。ツォー族と関係があるか否かは別として、元来は琉球一帯に南方にあると考えられていたニライカナイが、沖縄以北ではかえって北方にふり変ったものだと考える方が当然だと思う。このふり変りはもちろん、北方よりの文化の影響であって、八重山にはその影響がついに達せずに終ったのだと解釈する方が自然のようである。南漸文化の一部は、このように、八重山の旧来の信仰の一部を、ついに変えなかったのである。

十五世紀末の済州島人の漂流記によると、与那国からそれ以北の島々の風俗にかなりまちまちのところがあり、その文化の様相は、北にゆくにつれて、高くなる。そのうちに、次のような例がある。婦人が水精（晶）の大珠を頸に掛けているのは伊良部、宮古以北であり、波照間や与那国では、珠の種類も掛け方も異なっている。また男女ともに用いるとある。これは後世見るような祝女の風俗が、この頃にはまだ八重山には及んでいなかったことを語るもののようである。

この漂流記によると、水稲耕作の風は与那国にはすでに存している。言語も北方の島々との間に差があったということは、別に記されていないところを見ると、当然いまの琉球語であったと思える。しかも、一部の風俗はまだここには到達していない。文化は決して homogeneous なものではないのである。

しかし、その約一世紀前になるとまた別の資料がある。『宮古史伝』等に、宮古島の与那覇勢豊見親なる酋長が、元中四年（一三八七）、中山に到って察度王に方物を献じたが言語が通じない。那覇の泊御殿に留まって、沖縄語を習得すること二―三年にして、よく通じたという話がある。今から五―六世紀も前のことだから、同じ琉球語だったとすると、沖縄と宮古の間の方言の差は今よりはむしろ少なかったろうと思われる。いかに頭の悪い男でも、これを習得するに二―三年もかかるわけはない。十四世紀の終りのころには、宮古島もまだその言語は完全に琉球語化されていなかったのではあるまいか。

こうした所から察すると、私のはじめに問題にしたような八重山における言葉の入れ代りは、案外新しい世の現象ではなかったであろうか。石垣島の遺跡に散布している祝部土器は、あるいは西表島からの渡来品かと考えられるが、八重山における祝部土器の伝播なども、そのまま奈良朝以前の渡来と信ずることはできないと思われる。琉球の神名或いは聖地名の〝イベ〟の語の渡来に伴って、この物は祭祀用具として将来されたと考える。薩南の悪石島の島立神社の聖所に、祝部の壺が埋められていることを三友国五郎氏が報告しているが、(25) 南島におけるこの種の土器の用途を暗示するものであろう。

以上、私は琉球と南九州とが現在体質の点で一つの圏をなしているように見えるところから、ある時代においては、文化圏としても特殊の共通様相をもっていた時代があり、言語の点では、それがおそらく南方系言語要素の濃厚なものではなかったかということを想像した。しかし、これはその〝ある時代〟の現象であって、それより以前においては、この文化・体質圏はもっと広く、おそらくは西部日本の全体にわたっていたであろうと想像する。日本縄文式文化にさまざまの南方的様相を加え、弥生式文化の伝播以前に、すでに組立式の造船法を知り、ある程度の農耕文化をきずいて、後の高度の農耕文化の受け入れに備えたものがこの種族であったと考える。言語においては次第に南方色を失いつつあり、北九州や邪馬台国では、紀元後三世紀にはすでに現今の日本語と同一語になっていた。南九州から南島にかけては、この言語の入れ代りはそれよりも遙かに後れたであろうと想像したのである。

ことは、だから八重山ないし琉球文化、あるいはその地方の民族の局部に係る問題ではなく、広く日本民族ないしその人種の由来につながる一般的の問題なのである。この観点の上に立って、私の問題となった新聞通信の発言もあったのである。古代日本に、体質の上でも文化の上でも濃厚なインドネシア要素があっただろうという想定の上の一事例を、たまたま八重山のはしで捉えて問題にしたに過ぎないのであり、問題になった言語の入れ代りは、最初にも予想されたように、広く日本、少なくとも西部日本では入れ代っているであろう。時期は後れたであろうが、八重山における入れ代りも、その局部的の一現象にすぎないと私は想像したのである。新聞通信のスペースでは意を尽すことのできなかったこうした考えを補足するために、私はこの筆を執ったのである。思わぬ長文になったことは、本誌の編集者に対してまことに申しわけないと思う。

一三、南方研究の必要性について

最後に一言つけ加えたいことがある。

「従来日本人と北方大陸人との関係については、学者の研究は進んでおり、人種や言語の考証も相当できてあるが、南方海島人との関係に至っては、割合に閑却されている。日本人の根本系統が、北方大陸的であって、言語もウラルアルタイ系統に最も近接するという論が優勢であるけれども、他方には日本人の中には、南洋的分子が加わっており、日本の神話土俗等に馬来的要素が入っておるという考えは、割合学者から顧みられない。」

これはさきにも引用した新村博士の大正五年（発表は六年）の論考の一節である。その三〇年前に、井上哲次郎博士の『日南両人種関係論』の発表があり、それ以来、この方面の研究の少しも進んでいないことを嘆かれた言葉である。

それからさらに三〇年以上もたって、昭和二四年の本誌（一四の二）座談会記事で、柳田国男先生が、「ともかくこの方面（南方史）を少し投げ遣りにした嫌いがありはしないか。あまり北アジヤの研究だけがめざましく進んで、豊富な遺物が出てきて保存せられているので、いささか眩惑された形ですね。……南についても少し民族学という学問が系統的に調査しなければならないことになるのではないかと思います。」

と言っておられる。この二人の偉大な先達をして、前後六〇年間のブランクを嘆かしめた原因はいったい

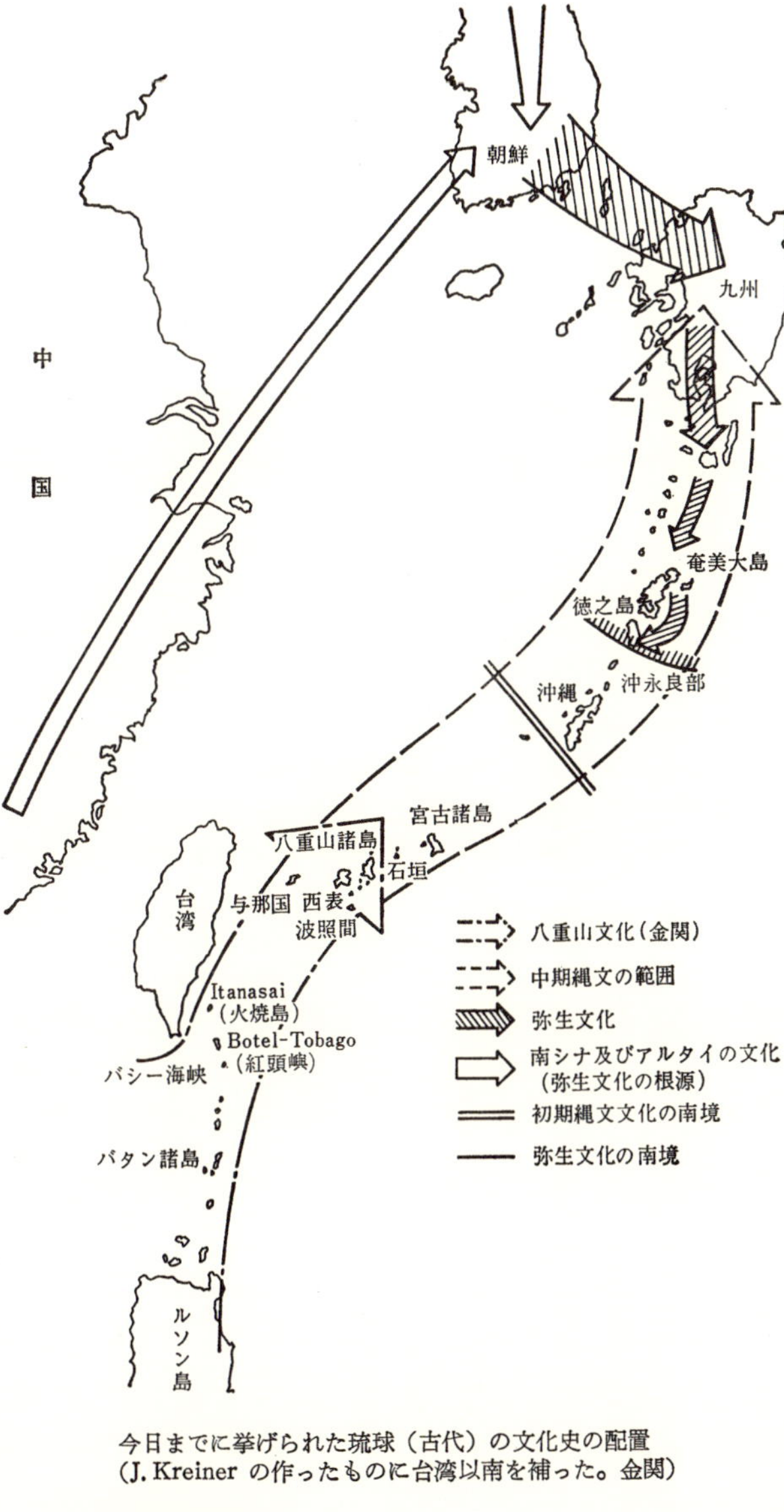

今日までに挙げられた琉球(古代)の文化史の配置
(J. Kreiner の作ったものに台湾以南を補った。金関)

何であろうか。日本における学問の、最近六〇年の業績は、世界有史以来まれに見る発達の跡を示している。その間を通じて徹頭徹尾閑却され、放棄されていた領域があるというのは、不思議とだけいっていてはすまされない。

日本の文化における南方的要素が古来濃厚に存在したということは、誰しも疑い得ないことである。これは日本文化の性格の一つの根源をなしている重要な要素だと考えてもおそらく間違いはない。その由来に対して日本の学界は今日まで、ほとんど手をつけていない形である。

日本における南方要素の由来を探るには、当然フィリピン、台湾、琉球のルートを考えなければならないはずだが、とりあえず琉球をその眼で見ようという試みがはなはだ少なかった。琉球語で北をニシと言う。これはイニシの頭略で琉球人はみな北から南下した、これが証拠だという。イニシからニシなどという何の証明もない素人語源説に類するものが、金科玉条のようにありがたがられて、今日までほとんど疑われていない。琉球人南下説にいささかでも反するような考えを洩らすと、学者といわれるような人々までが、感情的になってイキリ立つという状態である。恥かしい話だと思う。

年一度の収穫しか約束されない日本内地の民俗に、二度秋の風習の痕跡が執拗に遺っている。このことはつとに折口博士の指摘した所である。「我々の祖先の有力な一部分は」過去においてそうした農業の経験が長く、そうした農業の可能な地方を経て、今の土地に住みついたのであろうとの、この顕著な発言[26]に対して、ひとびとは二五年間頬かむりしつづけたのである。

こうした不思議な情勢をもたらした根本には、次のような原因があるのではないかと思う。それは、従来、南方的要素ということと米作、したがって弥生式文化というものを不可離のものと考える習性が、根強くはびこっていたためではあるまいか。しかるに、琉球には弥生式文化の痕跡は何ら認められない——

こういうことすら知らないひとびとの俗論はもとより問題にならないが――。したがって日本文化の南方要素を考える上に琉球は問題外だという考え方が、暗々裡に、根強くはびこっていたのではあるまいか。日本文化の南方的要素は、弥生式文化に伴って日本に入った。この文化は明らかに南朝鮮から渡来した。したがって日本の南方的要素の根元は南朝鮮にあったというように考えられて来たようである。南朝鮮もおそらく南方文化圏内にあったかも知れない。これを否定する必要はないが、しかしそれだけでは大へん窮屈な考え方だといわざるを得ない。

要するにこうした事情が、直接南方に対する興味をわが学界から奪っていたのであろう。しかし、最近のわが考古学界には、弥生式以前の文化に、すでに南方的要素の存在を認めようとする情勢が起りつつある。弥生式文化と水稲耕作とは不可分であっても、前者と南方文化あるいは一般農耕そのものとは、必ずしも専属関係はなかったようである。

米作に伴う儀礼ないし信仰は、根強くその後の日本文化を支配している。その根元ははなはだ遠いと思われる。しかし、これを米作そのものとともに起ったと考えなければならないであろうか。波照間島では、粟作に関する儀礼が最近米作のそれに移りつつある形跡がある。しかしいまなお粟作儀礼の方を主とする考え方は、島民一般の考え方である。『常陸国風土記』の福慈の神の「初嘗」の諱忌は「新粟」に関するものであった。これは米の新嘗の儀礼と変るところはなかったと思われる。『常陸風土記』のこの件りは、あるいは筑波のある一局部では「新嘗」の語の起ったころに、粟から米に移りつつあった事情を語るものかも知れない。日本文化の様相を規定した農耕儀礼は、米とともにはじまったと考える必要はなさそうである。縄文式時代の中期以後に盛行する女形土偶を、農耕儀礼に関する地母神として見る考え方は、もう一度ここでふり返って見る必要があるかも知れない。私が宮良博士の批判文によって与えられた機会を捉えて、右のような未熟な臆説をはばからずに発表したのも、一つには従来の固定観念をでき得べくば少しなりとも解きほごして、新たにこの方面に眼をつける人々の起ることを期待しようという趣旨に他ならないのである。軽率な発表であることにおいては、さきの新聞通信文の場合と大した違いはないかも知れない。しかし、他の協力なくしては遂行することを得ない仕事に関しては、軽率のそしりを恐れず、あらゆる臆説を発表することが私は必要だと思っている。

最後に、宮良博士の文末の政治的顧慮を云々した言葉のごときは、私は学界の清潔さを保持するために、眼にふれなかったことにしておきたい。

一四、総　括

以上、私は宮良博士の批判に答えて長文を発表した。これに対して、改めて批判を乞いたい。ただし学問的批判を乞うのであって、そうした根拠のない信念を承りたいといっているのではない。また、私の趣旨をとり違えてもらっては困るから、便宜のため、私の既述したところを次に要約しておく。

(1)　『隋書』の「流求」国の記事が、現今の台湾に関する記事を含むということについては、私も宮良博士と同意見である。ただ、私は宮良博士とはちがい、これが台湾のみに関する記事であるとの断定をしばらく保留する慎重な立場をとりたい。

(2)　琉球の石器時代の終末の時期に関しては、八重山の諸遺跡の示す事例より推して、明初、あるいはそれとほど遠からぬ過去であっただろうという私の考えを改める必要はないと考える。

(3)　宮良博士の信ずるごとき、琉球人の体質がアイヌのそれに近いとの俗説は、何ら科学的の根拠のないものであり、最近の人類学的研究の成果は、そのことを明らかに否定していることを説いた。

(4) 八重山地方に、過去において現代の琉球語以外の言語を有した者のあった可能性は、宮良博士の批判によってもまだ否定されていない。ただし、このさい、もしそうした事実があったとしても、民族の入れ代りは考えられない。ただ言語の入れ代りがあったであろうと考える。これは八重山の石器時代の文化が現代の八重山の文化と連続して、その間に中断のあとのないところから、そう考えるのである。

(5) 八重山の一部には、過去において入れ代った旧言語のイントネーションが、今日まだ残留している。そのイントネーションはインドネシア語のそれに似ているらしい。琉球語が日本語であるのに、今日のように変化したには、この過去の言語のイントネーションから影響をうけるところがあったのではあるまいか、という私の最初の発言については、宮良博士は何らこれを否定するに足る論拠を示さないで、現今の琉球語が日本語であるとの、私のすでに前提として認めていることを力説したにすぎない。私の疑問は、依然として否定されていないと信ずる。

(6) 台湾紅頭嶼の地名をタバコ島と称したということについて、私の言わざるところをとって宮良博士は問題にしている。私は古地図上のこの島の名の変遷をのべて、その由来を明らかにした。

(7) 波照間島の名称に関して、宮良博士の主張した説には、実証を伴わないことにおいて私の説と違いはない。両説とも仮説としてならび存し得るものであり、私の説はまだ否定されたと考えていない。

(8) 波照間の名をも含めて、今日琉球語で解釈のできない、あるいは一応の解釈はできていても、その正しいことが実証されていない琉球地名のあるものを、その共通の語形によってインドネシア地名に関連させることは、可能ではあるまいかとの仮説を述べた。少なくともこれは、アイヌ語で解釈しようという企図ほどには突飛なものではないと考える。この想定されたインドネシア地名の圏内には、南九州の一部も含められるかと考えた。

(9) 八重山の先史時代には、縄文式、弥生式の文化は波及していない。そこにはこれらの二文化とは別の、漁撈と組立式造船技術を伴う独自の農耕文化があった。その文化は現代の八重山の文化の祖型と考えられる。波照間の遺跡は比較的新しく、明初の中国陶器の輸入以前のこれに近い時期のものであろう。石垣島や竹富島のものは、これよりもなお新しく、明初の中国陶器を伴っている。これらの波照間、石垣、竹富の先史時代文化は、西表島のそれより派生したものと思われる。これらの西表島以外の八重山のいくつかの島々は、明初に近いころまで無人島であったかも知れない。

(10) 八重山式の先史文化は、沖縄本島以北にも認められる。沖縄では、縄文式文化と遭遇し、後者にある程度の変容を与えた形跡がある。

(11) この文化は沖縄から八重山に南下したとは考えられない。縄文土器のみが沖縄でストップしたとは考えられないからである。したがって、八重山にはこの文化の古い遺跡がなければならない。おそらく西表島にそうした古い遺跡があるだろうと推定される。

(12) この八重山の先史文化の古い遺跡の存在がもし実証されたとすると、それはおそらく南方の先史文化に連絡するものであろう。フィリピンのバターン半島やリサール州には、Beyer 教授によって、早期新石器時代に編入されている、あるいはさるべき同様の石器があり、その一部は紅頭嶼や火焼島まで北上していることが証せられている。同じく農耕と組立式造船技術を伴うものと考えられている。

(13) Beyer 教授によると、そのうち横断面の楕円形をなす Walzenbeil は、日本石器時代の文化に繋がりをもち、ルソン島より北上して日本に達した文化だという。私もその可能性があると考える。

(14) 八重山には、文献および現在の土俗の中に、メラネシア式要素と思われるものが残存している。

Beyer 教授の北上したと称する新石器時代文化も、またメラネシアに深い関連があり、一方、日本縄文式中期時代の土器に、メラネシア式文様の現われることは従来指摘されている。ただ、従来は後者をメラネシア文化に結ぶには、その中間の連鎖を欠くことをもって不可能の理由とされていたが、少なくとも八重山には、その連鎖の一環をなすと思われるものが残存する。もしこれによって Beyer 説の可能性が幾分実証に近づいたとするならば、この文化を携帯して北上したものは、メラネシア文化に接触したインドネシア人であったろうと想像する。

(15) この北上の波は数回あったらしく、その第一の大きい波は前期から中期にかけての日本縄文式時代、そして第二の大きい波は晩期の縄文式時代であったかと思われる。歯牙の変工、崖葬などの風俗、石鍬式農耕の文化などは、おそらくこの第二の波によって運ばれたものであろう。

(16) 北進して縄文式文化に接した先史時代の南方文化は、土器の点では全面的に縄文式文化をとり入れた。しかし、中期以来の縄文土器にいろいろな点で変容を与えたのは、この文化であったであろう。

(17) これとともに、縄文式時代の中期以後、主として西日本においては、アルタイ語に次第に影響、征服されつつ、インドネシア系言語が使用されていたかと思われる。

(18) 八重山地方人の体質は、琉球人一般のそれとともに、今日の南九州地方人とともに一つの体質圏を作っている。したがって、八重山人は体質上日本人であることは疑い得ない。しかしこの群は、台湾、フィリピンのごとき南方の種族のあるものに対して似ていないのと同程度に、北九州人とも似ていない。また腋臭者の多い点などでも、南方につながる傾向が強い。多毛の点では、ルソン島山地に住む古層のインドネシア人に似ており、後者は Beyer 教授の早期新石器時代人の後裔と称するものである。体質の上で、八重山人が南方系であるということは、現在までの資料による比較ではまだ証せられないが、その可能性はまだ否定されない。

(19) 南九州地方では、八世紀のころまで普通の日本人には不可解の言語が使用されていた。南島ではそれよりも後まで、通訳を必要とした記録がある。今日の琉球語の南下は早くも八世紀以後のことではなかったか。八重山地方はさらにそれよりも後に日本語圏内に入ったであろう。すなわち、八重山で言語の入れ代りがおこったとすると、その時期は案外新しいのではなかっただろうか。

(20) しかし琉球語の南下は大和人の移住によるものではなく、主として文化の南漸であり、民族の南下はなく、したがって民族の入れ代りはなかったと思われる。そこには、言語の入れ代りと一般文化の入れ代りがあり、文化の入れ代りは、今日まだ完全ではない部面と地方とが残されていると考えられる。

(21) 以上のような私の推定の根拠には、西表島に古い先史時代の遺跡が存在するならば、という仮定がある。これが実証されないと、私の考えのうちの多くはその価値が生じない。今のところ、西表島にそうした遺跡があるという可能性は多いと思うが、単なる推定にすぎない。私はこの推定を是非、現地調査によって確かめて見たいと思っている。

(1) 例えば金関丈夫「諸蕃志の談馬顔国」(日本人類学会、日本民族学協会第七回連合大会記事、一九五三)
(2) 現行本にはこれを「毗舎耶国」の項に入れているが、これが「流求国」の記事の錯入であることは、右に挙げた「諸蕃志の談馬顔国」で明らかにしておいたつもりである。
(3) 伊波普猷『日本文化の南漸』(一九三九)
(4) 『人類学先史学講座』一九巻(一九四〇)
(5) 『国立台湾大学解剖学研究室論文集』第二冊 (一九四八)
(6) 鳥居竜蔵「八重山の遺跡について」(『有史以前の日本』二四五頁、一九二五)
(7) 私は琉球語といい、宮良博士は琉球方言という。私は強いて〝語〟にこだわるのではないが、ゆきがかり上これを用いているのであって、この方が正しいという主張をもっているのではない。私の「琉球語」は宮良博士の「琉球方言」と同じものを指すものであることを念のため断っておく。
(8) 近藤正斎の「亜媽港記略藁」にも転載。ただしこれには「タバエ」と誤記されている。
(9) 陳漢光「雅美族的金銀文化」(「文献専刊」五―一・二、一九五四)
(10) クモケンとクモケナのいずれが古形かについては、なお疑う余地を私はのこしておきたいと思う。
(11) 主として浙江省処州産。『皇明実録』の永楽二年の条に、琉球国山南王の使が処州に詣り、磁器を密買したかどで法に問われたことが記されている。
(12) 『続日本紀』の和銅七年とその翌年の条下に、奄美、球美、夜久、度感等の島人の名とともに記載されている「信覚」島人の信覚を石垣に擬す人もあったが、同伴者の地方性から見てもそうは思えない。
(13) 八幡一郎「「民族学研究」一五の二沖縄特集号」参照
(14) O. Beyer : Philippine and East Asian Archaeology, and its Relation to Origin of the Pacific Islands Population, *Nat. Res. Counc. Philippine*, No. 29. 1948.
(15) 甲野勇『縄文土器のはなし』(一九五三)
(16) 大野晋「日本語の黎明」(「国文学解釈と鑑賞」一九五四、一〇月号)
(17) これらの両群は、台湾の諸族中でも、それぞれ非常に特異な体質をもっているのである。
(18) *American Anthropologist*, 1910
(19) ただし、私は別の考えから当時の琉球語とともに、インドネシア系の言語であったと考えようとするのであるが、このことはこれまでの私の所説によって知られたい。
(20) 新村出「日本人と南洋」(『東方言語史叢考』一九一七)
(21) 「方言の実態、南島」(「国文学解釈と鑑賞」一九五四、六)
(22) 奄美以南にこれをもたらしたものは、さきにもいう通り、決して弥生式文化人ではなかったのである。
(23) 例えば、柳田国男・折口信夫(対談)「日本人の神と霊魂の観念そのほか」(「民族学研究」一四/二、九一頁)
(24) 伊波普猷『日本文化の南漸』(八六五頁以下)
(25) 「南日本新聞」(一九五三、二、二六)
(26) 『折口信夫全集』(一巻五一頁、原著一九二九)

琉球の言語と民族の起源——服部教授の論考に答える——

一

本紙（「琉球新報」昭和三〇年）十二月十八日号から六回にわたって論ぜられた、服部四郎教授の表記の論考からは、教えられるところがあった。また、その中で多くの行を割いて私の論説を批判されたのは、私としては非常な光栄であった。併せて感謝する次第である。

私の論考は未熟な臆説であって、こうした批判を受けたいがために発表したものであるから、それが是正されてゆくことは私の最も望むところであるが、服部教授のお説の中には、一、二の私として弁明したい個所がある。説が分れることは、私としてはちっとも気にしないが、私の説が正当に紹介されないことは、私の論考を直接見る機会のない多くの読者に、誤解を与えるおそれがある。それで弁明の必要を感じたわけである。

その第一は、第二回の第二段に「言語の同系関係の証拠」として、児童の発音から世界共通的に発生した父母のごとき単語の類似は価値が少ないという意味の例をあげ、「このように考えてくると」たとえば「波照間から出た石斧とルソン島リサール州から出た石斧との間の類似は、両地に住む民族が同種であることの証拠としては効力が極度に小さいことがわかる」と言っている。この「波照間から」以下の言葉は、それ自体としては正しい。しかし、両地間の石斧の類は、それに伴う一般文化や、両地の体質や、言語などの類似が傍証することによって、りっぱに価値を生じてくるのであり、幼児の発音より生れた単語の類似が、当初からいかなる場合にも価値を生じ難いという場合とは、異なっているはずである。私は決して成功したとは思わないが、その傍証をかためるべく努力したのであり、決して石器の類似だけで両地の民族が同種だといったわけではない。その傍証が不十分だという批判は甘んじて受ける。

第二は、第三回の第一段で人類の諸形質が時代によって変化することを述べ、体質上から論じた私の結論に不安を感じている。同一民族の形質が時代によって変化していることは事実である。しかし、同時にかなり高度の遺伝現象の存在することが、一卵性双生児の研究などによって証明されている。詳細をここで述べることはできないが、時代による変化ということを野放しに適用されては困る。混血ということがなければ、今の日本人からは幾千年たっても、アイヌや白人のような体質は生れてこないであろう。

第三は、第四回の第四段で、「かりに琉球にインドネシア系の地名があることが確実に証明されたとしても、琉球の住民がインドネシア系であるとする論拠としては効力が小さい。」といい、アメリカにはインディアン地名が非常に多いが、米国人がインディアン系である証拠とはならないとの意味を述べている。私は琉球には先史時代から一貫した文化があり、民族の入れ代りはなかったということを、くりかえし述べておいたつもりであるが、服部教授は、そのことは見落されたものと思う。アメリカの場合とは違うのであり、一緒に論ぜられては困るのである。琉球にも民族の入れかわりがあったという論拠を示していただかないと、教授の引例は生きてこない。

第四は、直接私の説に加えられた意味ではないが、教授も最初に触れたように、琉球における弥生式文化の問題である。私がかの論文を書いたころは、弥生式文化の分布は薩南の臥蛇島がその南限であった。この夏の九学会の調査のさい、奄美大島の宇宿に弥生式遺跡のあることが知られたから、今では奄美大島までということになっている。日本語が弥生式文化とともに琉球に下っていったであろうとの教授の考えが正しいとすると、それは今のところ奄美大島までの話になる。

最後に、これも私の説に直接触れるところではなかったが、教授の言語統計学による結論である。この方法によって得られた数字は、同系に属する両語が、その共通語から分れたのがどのくらい前であるかを推定せしめるものと解している。琉球語が日本語との共通祖型語から、教授のいわれるように「千数百年前」に分れたといっても、その祖型語が千数百年前に琉球に入っていたかどうかということに対してはこの方法は全然無力のはずである。戦前、ミクロネシアやミンダナオの諸島で話された沖縄人の琉球語を材料にしても、おそらく同じくらいの数字は出ると思う。しかし、それだからといって、ミクロネシアやミンダナオに千数百年前から日本語が入っていたとは言えないわけである。これには歴史その他の別の方法が必要になってくる。新聞紙のスペースのことだから、詳細にわたる余裕がなかったことと思うが、この点に関する教授の詳細な説明を、別の機会におうかがいしたいと思う。

ついでに、これは服部博士に対する言葉でないが、私が琉球人がインドネシア系統ではなかったかという臆説を発表したのは、古代日本人の有力な部隊がインドネシア系であっただろうということを申したいための、いわば説明の順序としていったのであって、琉球人が日本人とは別者だという意味でいったのではない。私の論文を直接読まないひとびとのために、このことを一言ことわっておきたい。

二

服部四郎教授の「琉球の言語と民族の起源」に対する私の弁明文が、本紙（「琉球新報」昭和三一年）一月六日号に掲載された。そのはじめに「十二月十八日から六回にわたって」同教授の論説が本紙に掲載されたという意味の文句がある。ところが、同教授の論説は六回でなくて、七回にわたっている。この誤りは、実は次のような事情から来た。昨年末、私は一回から六回までの論説の掲載された本紙を受けとり、その後しばらく本紙を受取らなかった。それで服部教授の論説掲載紙だけを特に寄贈されたものと思い、したがって、同論説は一から六までで完結したものと早合点した。私はその一から六までの趣旨に対する弁明文を草したわけで、前回発表の拙文中には同教授の論説の第七回で述べられた趣旨に対するものは含まれていない。

その後、本年に入って第七回の論説を拝見した。その中にも、私として弁明したり、質問したり、また賛同の意を表したりしたい点が二、三あった。しかし、これを本紙上に再度発表する必要もなかろうと考え、必要な点は直接服部教授に私信で申しのべることにした。

八重山本『大和歌集』

沖縄八重山群島、石垣市大川町の宮良当智氏の家蔵本の中に、写本で『大和歌集』の一冊がある。大和歌集と呼ぶのは、実は仮りに名づけたので、この本には表題はなく、ただ裏表紙に乱雑な書体で落書があり、それに「大和歌集終」とあるのに依ったのである。内容は江戸時代の小唄集である。『大和歌集』は、だから「やまとうたの集」の意である。

本は縦二〇・五センチ、横一三・五センチの小本で、本紙は三十枚。毎頁五行ずつ規則正しく写された小唄が七十二首載っている。

この本にはおもて表紙の裏面に、お家流の本文とは異筆の稚い字で、

　　　西表首里大屋子嫡子兼思

用紙二拾枚　　　松茂姓　当恭

　当歳拾四五　　宮良尓也

大清道光二十七年丁未四月吉祥日調之

とあるから、一八四七年に現主当智氏の祖父当恭が恐らくは購入したものである。当恭は宮良家第九世であり、この宮良家はもと波照間島の出で、松茂姓を名のり、旧藩のころには八重山の蔵元、すなわち八重山の士族中の首座であった。

なお、右の記載のうち「西表首里大屋子」は役名、兼思は当恭の童名、「尓也」は普通は「仁屋」と書

かれ、士族の青年の一人前になったもののようである。なおこの本の裏表紙には、

大和哥集終り
西表
宮良尓也

の文字があり、その周囲に無意味な落書がある。

右に述べた七十二首のうち⑴—⒁は「心中ふし」、⒂—(28)は「六十ふし」、(29)—(38)は「してなふし」、(39)—(43)は「つつく心中ふし」、(44)—(46)は「ふちりふし」、(47)—(50)は「夕ふ月ひ」、(51)—(52)は「よそのみ」、(53)—(56)は「羽衣」、(57)は「抑年始御祝儀」、(58)は「小袖曽我道行」、(59)—(62)は総名はないが「実枝道行」からはじまる道行の語り、(63)—(66)は「せうんかふし」、(67)—(72)は「てつしらふし」とある。

ここでは㈠読める限りそのままに活字に写し、㈡方言化した語を原語に移して読みを挙げ、㈢大和《やまと》小唄に類歌のあるものをあとにつけた。

心中ふし

(1) 吉田のおやち兼好ハさわく浮世にたゝつり〱とかいて残せしふミとの心中
吉田のおやぢ兼好は、さわぐ浮世にただつれづれと、書いて残せし文《ふみ》との心中
（つり〱＝つれづれ）

(2) 彼染川の清八ハ墨の羽織にうこんの小袖ふのてふりたし柴やの心中
彼《か》の染川の清八は墨の羽織に鬱金《うこん》の小袖、ふのてふりたし芝居《しばや》の心中
（ふのてふりたし、不明、柴や＝芝居《しばや》か？）

(3) 彼和田鍋のけんニ縄大い山なる鬼神のかいな切て印を立置心中

（和田鍋＝渡辺、けんニ＝源二、縄＝綱、大い山＝大江山）

彼の渡辺の源二綱、大江山なる鬼神の腕《かいな》、切て印《しるし》を立て置く心中

(4) 彼次のふハ八嶋にて君の矢崎に命ちうすてゝ名をハ末代残せし心中

（次のふ＝〔佐藤〕嗣《つぎ》信、矢崎＝矢先、命ちう＝命を）

彼の嗣信は八嶋にて、君の矢先に命をすてて、名をば末代残せし心中

(5) 彼源の頼光ハ大江山なる鬼神の対しそれを序にはな見の心中

（鬼神の＝鬼神を、対し＝退治《たいじ》）

彼の源の頼光は、大江山なる鬼神をたいじ、それを序《ついで》に花見の心中

(6) いにしへ四国八嶋にて源氏平家のせんたゝかいにいこさし負て平家の心中

（せんたゝかい＝おん戦い？、いこさ＝いくさ）

いにしへ四国八嶋にて、源氏平家のおん戦いに、戦《いくさ》し負て平家の心中

(7) 曽我の十郎祐成はとらに浜りておいそか故にかたき打まて立寄る心中

（とら＝虎、浜りて＝嵌《はま》りて、おいそか故＝大磯が家）

曽我の十郎祐成は、虎に嵌りて大磯が家に、かたき討《うつ》まで立ち寄る心中

(8) 彼の弟〱のたゝのふハよしや義経にたすけんために花の寄せのき別行心中

（弟〱＝おとおと〔弟〕、義経に＝義経を、寄せのき＝吉野に？）

彼のおとうとの忠信は、よしや義経をたすけんために、花の吉野に別《わかれ》行く心中

(9) 靍屋の姫亀喜代ハたてなゆかたに松竹付てふたれしつかにあやかる心中

（姫＝むすめ、次の歌に「姫め」とある。たてな＝伊達な、ふたれ＝ふたり）

靍屋の娘亀喜代は、伊達な湯布《ゆかた》に松竹つけて、ふたりしづかにあやかる心中

(10) 八百屋の姫めおしちこそ寺のけちさと類火の縁てむねをこかせるふたるの心中
（姫め＝むすめ、けちさ＝吉三、ふたる＝螢）

八百屋の娘お七こそ、寺の吉三と類火の縁で、胸をこがせる螢の心中

(11) 大阪はん屋久右衛門ふとひ身上を松山ゆひに今ハ身ひとつこるひの心中
（はん屋＝椀屋〔椀久の〕、ゆひに＝故《ゆえ》に、こるひ＝狂い）

大坂椀屋久右衛門ふとい身上を松山ゆゑに今は身ひとつ狂いの心中

(12) 水に浮世の牛鳥ハちかひはなれんミのもるちかひよるのふすまとかさぬる心中
（牛鳥＝鴛鴦《おしどり》、ちかひ＝番《つがい》、はなれん＝はなれぬ、みのもる、不明、ふすまと＝衾《ふすま》を）

水に浮世の鴛鴦は、番《つが》いはなれぬ身のもるつがひ夜《よる》の衾《ふすま》を重《かさ》ぬる心中

(13) 彼け石のとこやまハまつのからいを四郎次郎さんとあけてやりてとなりゆく心中
（け石＝傾城《けいせい》、とこやま＝遠山、からい＝位《くらい》、あけて＝揚げて〔献上して〕）

彼の傾城の遠山は、松の位を、四郎次郎さんと、あげて遣手となりゆく心中

〈類歌〉

かの傾城の遠山が松のくらゐも四郎次郎ゆゑに、今はやりてと身をなす恋路（元隣作。朝妻撿挍調、日本歌謡類聚、第四編「恋づくし」）

さるまるだゆふおくやまに、もみぢふみわけいよなく鹿の、つまをたづねてわけゆく恋ぢ合かのけいせいの遠山が、松のくらゐも四郎二郎ゆゑに、今はやりてと身をなす恋ぢ（日本歌謡集成、巻八、「新大成糸のしらべ」」、二二五、恋づくし）

(14) 拾三かねの春姫ハ鹿をくるせしそのつみよへに今はなみたてかねつく心中
（くるせし＝殺せし、よへに＝ゆえに）

十三鐘の春姫は、鹿を殺せしその罪ゆえに、今は涙で鐘つく心中
類歌は日本歌謡集成、巻七の琴線和歌の糸の「十三鐘」その他多くの小唄集に見られるが、このままのものは未見。

六十ふし

(15) 四海浪風治る御代に靍と亀とか舞遊ぶ
四海浪風治《おさま》る御代に、靍と亀とが舞い遊ぶ
類歌には、そのままではないが次のようなものがある。
治る御代は四海浪静にて、さゞれ巌に亀あそぶ（続日本歌謡集、巻三、鄙廼一曲、「奥籬ぶし」）

(16) よしの山道尋てゆけハかをに桜かちりかゝる
吉野山道尋ねてゆけば、顔に桜が散りかかる

(17) 花のさかれは三月四月ほたんはたけの真ゆおとる
花のさかりは三月四月、牡丹ばたけにまい踊る
（さかれ＝さかり、ほたんはたけの＝ぼたん畠に、真ゆおとる＝舞いおどる）

(18) はしのらんかに手をうち掛て月をなかめる哥よめる
橋の欄干に手をうち掛て、月を眺めて歌詠める
（ながめる＝ながめて）
〈類歌〉
橋のらんかに腰打かけて、月をながめて歌を詠む（日本歌謡集成、巻十二、本州東部俚謡、伊豆三宅島）

(19) 梅に鶯とまりはよいに花をちらせば気の毒よ
（とまりは＝とまるは、よいに＝よいが）

梅に鴬とまるはよいが、花をちらせば気の毒よ
〈類歌〉
梅に鴬とまるはよいが、花を散らすが憎ふござる（続日本歌謡集成、巻三、延享五年、「小歌しやうが集」）
(20) 千里行崎梅の花咲かちあまた志く風むまするしんき
千里行先梅の花咲かし、あまたしく風むまするしんき
（咲かち＝咲かし、志く風＝ふく風？、むまする＝不明）
(21) うきのとなかにちゃ屋まちたてて上り下りの船をまつ
沖のとなかに茶屋町たてて、上り下りの船を待つ
（うきの＝沖の）
〈類歌〉
をきのと中にちゃやたてて、のぼり下りのきゃくまちる（日本歌謡の研究、第三編近世初期踊歌の研究、三さかへおどり、高原田本）
おきのとなかにちゃ立て〳〵、上り下りふなとめに（同、嘉永本）
となかにやァ茶屋たてよ、フ、ェィいきそおゝいな、のぼりェィくだりのやァ、船を待つよノフ、ェィいきそおゝひナ（続日本歌謡集成、巻三、「尾張船歌」、小浜ぶし）
沖の渡中にや新茶や建(て)て、登り下りの船を待(つ)、そ様（同、「尾張船歌拾遺」、ろさゐ）
おきのとなかにちゃ(や)立て〳〵、上り下り(の)ふなとめに（同、巻四、越後国刈羽郡黒姫村綾子舞歌、堺踊）
沖のとなかに茶屋立てて、上り下りのお宿にしょ（日本歌謡集成、巻六、「阿波歌舞伎歌」）
(22) 花ハ桜を匂ひ梅よにさめおとろこふとゝけす

（桜を＝桜よ、にさめ＝寝さめ、おとろこ＝驚く、ふとゝけす＝ほとゝぎす）
花は桜よ、匂い（は）梅よ、寝さめおどろくほととぎす

(23) あひてめたさやとひ立はかりかくの鳥かよまゝならん
（めたさ＝見たさ、かくの＝籠の、まゝならん＝ままならぬ）
逢いてみたさや、飛び立つばかり、籠の鳥かよままならぬ

〈類歌〉
あひたみたさはとびたつなァばかり、かごのとりかやァな、うらめしやん、とりかやなァ、かごの、かごのとりかやァ、うらめしやん（日本歌謡集成、巻六、「当世なげ節」）
逢ひた見たさは飛びたつ如く、籠の鳥かや恨めしや（信濃）、（同、巻七、「山家鳥虫歌」）
さりとはあひたいな、合あいた見たさはとびたつばかり、籠の鳥かやうらめしや、合首尾を見合せそゝりぶし、合宵にやきもせで夜中にやたゝく（同、巻十一、「巷歌集」、斎藤本調子）

(24) 君ハ小鼓しらへのゐとよしめつよろミつおもしろや
（ゐと＝糸、よろめつ＝ゆるめつ）
君は小鼓、しらべの糸よ、締めつゆるめつおもしろや

〈類歌〉
いとし若衆との小鼓は、しめつゆるめつ、ほ、しらべつ、寝入らぬ先に成るかならぬか（日本歌謡の研究、第四編、松、「本手浮世組」。狂言、鷺流小舞「最愛若衆」、また和泉流「三人片輪」）
いとし若衆の、小鼓を、締めつ緩めつ調べつゝ、寝入らぬさきに、なるかならぬか（日本歌謡集成、巻六、「大幣」、うき世組）
いとし若衆と小鼓は、しめつ緩めつ、しらべつゝ、寝入らぬさきに、なるかならぬか〳〵（「松の葉」、浮世組）

(25)
君と我とハ竹のよの水よ行も帰るもよの中よ
(よ＝節《よ》、よの中よ＝夜〔節〕の中よ)
君と我とは竹の節の水よ、行くも帰るも夜の中よ

(26)
とるれ〱と沖漕舟ハ女良かまににき磯にとまる
(とるれ＝とろり、女良＝女郎、まに〔に〕きハ＝招《まね》けば)
とろりとろりと沖漕ぐ舟は、女郎がまねけば磯にとまる
〈類歌〉
とろり〱と沖こぐ船も、女中がまねけば磯によるヱ(続日本歌謡集成、巻三、「御船歌集」、尾張船歌)
とろり〱と沖行(〱)船も、女郎が招けば磯に寄する(前出、延享五年、「小歌しゃうが集」)

(27)
墨ハ本より知才かくの金の硯に墨摺なかし
(知＝ちえ、楷＝摺《す》り)
墨は本より知才覚《ちえさいかく》の、金の硯に墨摺《すり》ながし

(28)
鹿の巻筆奉書のかミに思ふ言葉とさらりと書て
(言葉と＝言葉を)
鹿の巻筆奉書の紙に、思う言葉をさらりと書いて
志てなふし

(29)
天下平に治る御代に弓ハ袋につるきハはこにおさまるみよこそ目出度けれ
天下平《たいら》に治る御代に、弓は袋に劒《つるぎ》は箱に、おさまる御代《みよ》こそ目出度けれ

(30)
雲にかきわし霞に千鳥及ひないとて振舞ものかしすかふしやの月よみや
(かきわし＝かけ橋、振舞＝惚《ほ》れまい、月よ＝月を)

雲にかけ橋、霞に千鳥、及びないとて惚れまいものか、賤《しづ》が伏屋の月をみよ

〈類歌〉

雲にかけはし、霞に千鳥、およびないとてほれまいものか、賤が伏屋の月を見や。よいやな（日本歌謡類聚、上巻、第四編。同様の歌、日本歌謡集成、巻八、「新大成糸のしらべ」）

(31) 責めてなるもの大鼓とつゝミなんと志めてもわしゃなり屋せんおてか痛そゆるさんし

（責めて＝締めて、なり屋＝鳴りゃ、痛そ＝いたいぞ）

締めて鳴るもの大鼓とつゞみ、なんと締めてもわしゃ鳴りやせぬ、御手が痛いぞ、ゆるさんせ）

(32) 酒を呑なとかね〱いきん呑ハ過してかきむかならん呑にハすまのおらさひし

（いきん＝意見、呑ハ＝呑《の》めば、かきむ＝家勤、呑にハ＝呑《のま》ねば、おらさむし＝浦《うら》〔心〕寂《さび》し）

酒を呑むなとかねがね意見、呑めば過ごして家勤がならぬ、呑まねば須磨のうら寂し

(33) ゆいか〱とうひからとへハよへもよなかもわしゃなりやせんいまそいろはの習そめ

（ゆひか＝良《よ》いか、うひから＝上から、よへもよなかも＝宵も夜半も、いろは＝伊呂波、色《い》ごとを含む）

よいかよいかと上から問へば、よいも夜中もわしゃなりやせぬ、今ぞいろはの習《なら》いぞめ

〈類歌〉

いれてつきつめよいかと問えば、よいかよなかかわしゃしらぬ（土佐の民謡、出典不明）

(34) もるた〱とかさめつもるた一つハ雨かさひとつハ日笠ひとつハ志くれか忍ひ笠

（もるたと＝貰《もろ》たよ、かさめつ＝笠三つ、しくれ＝時雨）

もろたもろたよ笠三つもろた、一つは雨笠、一つは日笠、一つは時雨が忍び笠

〈類歌〉

様に貰たや三ッかさもろた、一つァ雨傘、一つァ日傘、一つァ様さんのまねきがさ（日本歌謡集成、巻十二、

第三、熊本県阿蘇郡）

(35) 夕部ゆめみたおうきなよめみたならの大仏鼠か引たふしの大山を蟻か引た

（夕部＝昨夜《ゆうべ》（夕部の例は延享五年のしょうが集にも見える）、よみめた＝夢みた）

ゆうべ夢見た、大きな夢見た、奈良の大仏鼠が引いた。富士のお山を蟻が引いた

〈類歌〉

夕見《ゆうべ》た〳〵大きな小さい（夢を）、奈良の大仏ちゃん蟻がひく（日本歌謡集成、巻十二、第二編、本州西部俚謡、和歌山県）

よんべ夢見た大きな夢を……（黙阿弥の「三人吉三」の大川端の幕切れに、下座の合方がこれを唱う）

(36) わしゃ立ゝいこさにたつるもしか志負て志の〳〵屋らハわれかましたる妻をもち

（立ゝ＝たつたつ（いで立つ）、いこさ＝戦《いくさ》、たつる＝たつ（ぞ）、志負て＝為負《し》けて、志の〳〵屋らば＝（死なばの意か？）、われかましたる＝（我に増したの意か）、妻をもち＝妻をもて（妻はつれあい、ここでは良夫《おっと》の意である。））

わしは立つたつ、戦に立つ（る）、もしか為負《し》けてしのじのやらば、我にましたる夫《つま》をもて

(37) とのゝ御門におつらかふきるなんとふきろは立よりきゝハ春のおつらかあそこひ屋

（おつら＝鶉《うづら》、ふきる＝ふける（鳥のやかましく鳴くことを言う九州南方の方言）、ふきろは＝ふけるか、きゝは＝聴《き》けば、あそこひ屋＝明日《あす》来いや。（交尾期の鶉がうるさい、とはねつけた。春は時節ではなく春画などの春であろう））

とのの御門に鶉がふける、なんとふけるか立ちより聞けば、春の鶉かあす来いや

〈類歌〉

殿の御門に鶉がふける、何とふけるか立ち寄り聞けば、今年や満作よしほがなびく（日本歌謡集成、巻十二、

(38)
第三編、熊本県葦比郡民謡、雨乞歌)
花の御女中かこちそひみたかあミかかんさふか氷の砂糖か一夜つくりのもるはこか
(こちそひ＝口吸ひ、あミ＝飴《あめ》、かんさふ＝甘草、もるはこ＝諸白《もろはく》)
花の御女中が口吸ひみたが、飴か甘草か氷の砂糖か、一夜づくりの諸白か
〈類歌〉
様が唇《くち》吸や甘茶《あまちゃ》か砂糖か、一夜づくりの白酒か(池田弥三郎『はだか風土記』一九五七年)
ちょいと引寄せさまが口吸えば、飴か甘露かおこしの米か、一夜づくりの甘酒か(「種子島万葉」、草切節考、山田栄、『種子島民俗』一五号)

(39)
高江山からたにしこみれはさかもらてな布をさらし
つこ心中ふし
(つこ＝つゞく?、高江山＝高い山、たにしこ＝谷底、さかも＝さても、らてな＝伊達な)
高い山から谷底見れば、さても伊達な布をさらし
〈類歌〉
高い山から谷底見れば、おまんかはいや布晒す(「山家鳥虫歌」、その他類歌は多い)
高い山から谷見れば、おまん、おまんが可愛や、染分《そめわ》けたすきで布晒《さら》す(日本歌謡集成、巻十二、本州東部俚謡)

(40)
高江雨笠おひかかいきそめよ雨のふるよも雨ふらのよも
(高江＝高い、おひかかいきそめよ＝帯が甲斐絹染《かいきそめ》よ、ふらのよも＝降らぬ夜も)
高い雨笠、帯が甲斐絹染よ、雨のふる夜も、雨ふらぬ夜も
〈類歌〉

(41) ……雨の降る夜も降らぬ夜も……（日本歌謡集成、巻六、寛永十二年跳記、わけをどりの歌）

こよひおしゃらハまとからおやれまとはひるさよなめハふそし

（おしゃらは＝おじゃらば、おやれ＝お〔じ〕やれ、ひるさよな＝広さよな、めはふそし＝身は細し）

今宵おじゃらば窓からおじゃれ、窓は広さよな、身は細し

〈類歌〉

晩にござらば窓からござれ、窓は広かれ、身は細かれ（日本歌謡集成、巻十、第六。常磐津、歌舞伎の舞劇「戻籠」でも唱われる）

(42) 舟よ出さハ夜明にたしりふかに見よりハなそかせや

（舟よ＝舟を、たしり＝出《だ》しゃれ、ふかに＝帆影、見よりハ＝見ゆれば、なそかせや＝懐《なつ》かしや）

舟を出さば夜明に出しゃれ、帆かげ見ゆればなつかしや

〈類歌〉

本調子、舟を出しゃらば夜深に出しゃれ、えい〱帆影見ゆればなつかしや（日本歌謡集成、巻六、「落葉集」、近江八景、水木辰之助）

舟を出しゃらば夜深に出しゃれ、帆影見ゆればなつかしや（日本歌謡集成、巻七、「若緑」、夜ぶか船）

(43) 四拾七字のいろはの文字こうふをたいすかもんちてある

（こうふをたいす＝弘法大師、もんち＝文字《もんじ》）

四十七字のいろはの文字、弘法大師が文字《もんじ》である

ふちりふし

(44) こんのふこさに松葉をつゝて〱まそにこんとのさとり叓

（ふこさ＝袱紗《ふくさ》、つゝて＝包んで、まそにこん＝待つに来ん〔来んと紺との遊び〕、さとり叓＝占《さと》り事）

紺の袱紗に松葉をつつんでつつんで、待つに来んとのさとり事

〈類歌〉

紺の袱紗に松葉を包み、待つに来んとの知らせかな(続日本歌謡集成、巻三、延享五年、「小歌しゃうが集」)

紺のまへだれまつ葉を染めて、まつにこんとはきにかゝる(日本歌謡集成、巻九、第五、「江戸端唱集」)

紺の前かけ松葉の散らし、待つに来んとの知らせかな(「みやこ郡志」)

(45) ひんのふちれは枕のとかよまつにこんさとり叓

(ふちれ=ほつれ、この歌の下句は前の歌の下句と混同しているらしい)

鬢《びん》のほつれは枕のとがよ、まつにこん(との)さとり事

〈類歌〉

鬢のほつれはまくらのとがよ、くもりなき身をうたがはれ、はてなんとしょ(日本歌謡類聚、上巻、第四編)

びんのほつれはまくらのとがよ、まくらのとがよ、くもりなき身をうたがはれて、なんとしょ(日本歌謡集成、巻八、第三、「新大成糸のしらべ」、この「うたがはれて」は「うたがはれ、はて」の誤りであろう)

びんのほつれはまくらのとがよ、つとめする身はぜひもなし、くがいじや、苦がいじや、ゆるさんせ(日本歌謡集成、巻九、第五、「江戸端唱集」)

(46) はしやは野にさこのしなしはなよ〳〵折は今をりちれのまね

(はしやは=わしは、さこ=咲く、のしなし=主《ぬし》なし、折は=折らば、今をり=今折れ、ちれのまね=散らぬまに)

わしは野に咲く主なし花よ、花よ、折らば今折れ散らぬまに

〈類歌〉

絲はものかはなか〳〵に、花におき伏し萎《しお》るゝこの身、この夕されのひと盛り、をらば今折れ散らぬ間に

（日本歌謡集成、巻六、「松の葉」）

夕ふ月ひ

(47) 夕ふ月ひ末衛の松山行人の杉のお笠に春風そ吹〱
（夕ふ月ひは夕肩ひに見える、末衛《すえ》＝末（衛は衍字）、杉のお笠＝菅《すげ》のお笠）
夕ふ月ひ、末の松山行く人の、菅のお笠に春風ぞ吹く、春風ぞ吹く

(48) 霞め立末衛のまつ山ほの〱と波に離るる行雲の空〱
（霞め＝霞《かす》み、末衛＝末）
霞立つ末の松山ほのぼのと、波に離るる行雲の空、行雲の空（新古今集、巻一、藤原家隆）

(49) 見はたせはさふの河うらにくりかけて風にゆらるる青柳の糸〱
（見はたせは＝見渡《わた》せば、さふの河うらに＝佐保の川原《わら》に）
見わたせば、佐保の川原に繰りかけて、風にゆらるゝ青柳《やぎ》の糸青柳の糸、（新拾遺集、巻二〇、西行法師）

(50) はるきのと〱霞たなへこよも山にいまをさかりのはなやさこいさなへつりて千代のはる見ん
（はるきのと＝春来《き》ぬと、たなへこ＝たなびく、はなやさこ＝花や咲く、いさなへつりて＝誘《いざな》ひ連《つ》れて）
春きぬと、春きぬと、霞たなびく四方山に、今をさかりの花やさく、誘《いざな》ひつれて千代の春見ん

よそのミ

(51) よそにのミめしかつらきや高きやま雪のほふきのいふしとりミち志るへする山人の笠ハおもし御てんの雪くうつハかふはしそちのはなかさにハかけなけ月をのせ芦にハわふハの花を折かへる姿や山人のかさもたけきもおつもりて雪こそ下りたねのミちたとうり〱とおちこちの里ハそことも白砂のよきの簾わハ面白や

（めしかつらきや＝見し葛城や、雪のほふきの＝雪の吹雪《ふぶき》の、いふしとり＝夕しだれ?、御てんの雪＝呉天の雪、くうつ＝沓《くつ》、そちのはなかさ＝楚地の花笠、かけなけ＝影なき、芦には＝足には、わふハの花＝香葩の花? 朱子の詩に〔香葩况是雪儲精〕、または霜葩か、蘇軾の詩に〔皎皎霜葩髪闘新〕があり、雪霜を花と見る。足で折る花はこれであろう。たけき＝薪、おつもりて＝埋《うづ》もりて、下り＝下れ、たねのミち＝谷の路、たとうり〳〵と＝たどりたどりて、白妙のよきの＝白砂の雪の、簾わハ＝簾《すだれ》（わ）は〔わは衍字?〕）

よそにのみ見し葛城や高きやま、雪の吹雪のいふしとり、路しるべする山人の、笠はおもし呉天の雪、沓《くつ》は香うばし楚地の花、笠には影なき月をのせ、足にはわふはの花を折り、かへる姿や山人の、かさも薪も埋もりて、雪こそ下れ谷の路、たどり〳〵ておちこちの里はそことも白砂の、ゆきの簾《すだれ》（わ）は面白や

〈類歌〉

道《みち》知るべする山人の、笠は重し呉山の雪、沓は香ばし楚地の花、肩上の笠には、肩上の笠には、無影の月を傾け、擔頭の柴には不香の花を手折りつつ、帰る姿も山人の、笠も薪も埋もれて、雪こそくだれ谷の道を、たどりたどり帰り来て、柴の庵に着きにけり（宝生流謡曲「葛城」、この呉山は呉天の誤りである）

よそにのみ見てや止みなん葛城や、高間の山の峯の白雪（新古今集、読人しらず）

(52) 花の志からみなのいやひく波もななん〳〵なこよとの川しの水こるまくるりこん屋のよいにくる〳〵と

（しからみ＝柵《しがらみ》、なのいやひく＝不明、ななん〳〵なこ＝不明、よとの川し＝淀の川瀬、水こるま＝水車《みずくるま》、こん屋のよいに＝今夜の宵に、くる〳〵と＝来る来ると）

花のしがらみなのいやひく、波もななんなこ淀の川瀬の水車、くるり今夜の宵にくるくると

羽　衣

(53) 君か代ハ天の羽衣まれにきてなつとも月の岩をとそ聞もたゑなりあつま哥あめにをるおへ風にこ

わし恋すミわたるきよみかた磯おつ浪もおとそいてそらやきい志らおいのふけやう〱
（月の＝尽《つ》きぬ、岩お＝巌《いわお》、をるおへ＝潤《うるお》い、こわし＝和《くわ》し、恋すみわたる＝声澄《こえす》み渡《わた》る、磯おつ＝磯うつ、そらやきい志ら↓以下不明、〔ふけやう〕は次の歌(54)の終りの〔ほきやう〕と同一であろう）

君が代は天の羽衣まれにきて、撫づともつきぬ巌《いわお》とぞ、聞《きく》も妙なりあづま哥、雨にうるおひ風に和し、声すみわたる清見潟、磯うつ浪も音添いて、そらやきいしらおいのふけやうふけやう

〈類歌〉

天の羽衣風に和《くわ》し、雨に潤う花の袖……君が代は。天の羽衣まれにきて、撫ずとも尽きぬ巌ぞと、聞くも妙なり東歌。（謡曲、「羽衣」）

(54)　久かたの月のかつらのはなやさく実花かつらいろめくハ春の志るしかミをか崎ミとりハ浪にうけしまかはるふあらしにはなふりて雪をおちら志て白雪の袖をかさしやふかのほきやう〱
（ミをか崎＝三保《みほ》が崎、うけしま＝浮島、はるふ＝はらふ、雪をお＝「お」は「を」引いた音であろう、ふかのほきやう↓不明）

久かたの、月のかつらの花やさく、げに花かつら色めくは、春のしるしか三保が崎、みどりは浪に浮島が、はらふ嵐に花ふりて、雪を（お）散らして白雲の、袖をかざしやふかのほきやうほきやう

〈類歌〉

春霞。たなびきにけり、久方の月の桂の花や咲く。げに花かつら色めくは春のしるしかや。春の色を三保が崎。緑は波に浮島か。払ふ嵐に花降りて。げに雪を廻《めぐ》らす白雲の袖ぞ妙なる。（謡曲、「羽衣」）

(55)　ミよのおら松のひまよりむれハゆし静かにあをミのせいかいはあのなミかいせかいしたもとのおりおいてのきはの梅鶯の花をちらしてなきわたしる恋やせやせをんの伝のふこきう〱
（ミよのおら＝三保の浦、むれハゆし＝群《むれ》はやし?、あをミのせいかいは＝青海《あをみ》の青海波〔重辞で謡曲の猩

々に「これはもろこし金《かね》きん山」のとあるが如きか」、かいしたもとの＝返えす袂《たもと》の?、おりおいて＝折り置いて（袂から折りとなり、折りから次の軒端の梅となるか?）、なきわたしる＝啼《な》き渡る（しは衍字」、恋＝声、せをんの伝＝紫雲の天?、ふこきう↓不明、（この唱は数種の歌辞を混《ま》ぜたものらしい」）

三保の浦、松のひまより群れ囃《はや》し、静かに青海《あをみ》の青海波《せいかいは》、あの波かえせ、返えすたもとのおりおいて、軒端の梅、鶯《うぐいす》の花を散らして啼き渡る、声や紫雲の天のふらきく、ふらきく

(56)
袖ふる山のむかしをこゝにうつし〳〵て天津風雲のかよいち吹とちよおとめのすかたとゝめつゝふせのやかたのひかりそおりから花のかれきのうそてをつらにてまひあそふ
（伏のやかた＝伏屋《うせや》、かれきのう↓不明、そてをつらにて＝袖を連ねて）
袖ふる山のむかしをここに、移《うつ》し移して天津風、雲のかよひぢ吹《ふき》とぢよ、乙女の姿とどめつつ、伏《ふせ》の屋《やかた》のひかりぞ、おりから花のかれきのう、袖をつらねてまひあそぶ

〈類歌〉
天津風雲の通路ふきとぢよおとめの姿しばしとどめむ（古今集、巻十七、良岑宗貞）

(57)
抑ゝ年始御祝儀

そも〳〵ねんしの御いわひのとけきかけは大福やおひか姿も若水のゆをの始たそ始馬の乗そめ弓はしめおんたか□の御鏡くもらぬ御世は久かたの伊勢いゑひほたわら豆花やかやくりこちに打あわひさなゝのことまにあかけう有けるあら玉のいこよの春をゆつり葉に衆ほなかの志んめかさりは誠にめてとうハゆへし千代の志るしの末なかく松竹かさる門前にこまの立て波風も治る御世こそ目出度けり
（ゆをの始＝不明、たそ始＝屠蘇《とそ》の始、おんたゝ□の↓不明、伊勢いゑひ＝伊勢海老《えび》、ほたわら＝神馬藻《ほんだわら》、

かやくり＝榧《かや》、栗、こち＝鯒《こち》、打あわび＝打鮑〔干あわび〕」、さなゝのことま↓不明、あかけう＝愛嬌《あいきょう》、いこよの＝幾代の、衆ほなか↓不明、志んめかさり＝注連飾《しめかざり》、こまの立て波＝馬《こま》の立て髪であろう、目出度けり＝めでたけれ）

そもそも年始の御《おん》祝ひ、のどけき影は大福や、老《を》ひが姿も若水の、ゆをの始、とそ始め、馬の乗ぞめ、弓はじめ、おんたた□の御鏡、くもらぬ御世は久かたの、伊勢海老、ほ（ん）だわら、豆花や、榧、栗、こちに打あわび、さまざまのことばに、あいきょう有けるあら玉の、いくよの春を譲葉《ゆづりは》に、衆ほなかの締め飾りは、誠にめでとうはゆへし、千代のしるしの末ながく、松竹飾る門前に、こまの立て髪、風も治《おさま》る御世こそ目出度けれ

（「あいきょうありける新玉《あらたま》の」、「まことにめでとうゆいける」の句は地唱の「万歳」などにも見られる）

小袖曽我道行

(58) あら有かたの御事や此よ我等にあたひ給ふ千代も替らん玉椿曽我の里にかくれなき五常たゝしき弓取の末社《こそ》久しかりけりとかくて満りの嬉しさに親の手に手をとり組〳〵悦ひいさめし屋形をさしてそ帰りける此人々のこころの中嬉しきとも中〳〵申ハかりハなかりけり

（あたい給ふ＝あたへ給ふ、満りの＝あまりの？　悦ひいさめし＝悦《よろこ》び勇《いさ》みて、屋形＝館《やかた》）

あら有がたの御事や、此よ我等にあたひ給ふ、千代も替らぬ玉椿、曽我の里にかくれなき、五常たゞしき弓取の、末社《こそ》久しかりけりと、かくてあまりの嬉しさに、親の手に手をとり組とりくみ、悦び勇みて館《やかた》をさしてぞ帰りける、此人々のこころの中《うち》、嬉しきとも中なかもうすばかりはなかりけり

実枝道行

(59) 実枝を惜しもハ春の為手折ハ身の人の為をしもゝかるも情有り弐つの道のあらそへに紅藤紫くきますいて藤ハ何ふししらふし紅藤この紫ふしの咲きみたりたるはんな籬の藤なりハこの屋さしき

かたにハよろすなりひともと折してたひ給へ
（実＝げに、惜しもハ＝惜しむは、春の為＝花のため？、手折《たおる》は身の＝手折は身の為〔為を書き落すか〕？をしもゝ＝惜むも、あらそへに＝争ひに、くきますいて＝こきまぜて、咲みたりたる＝咲《さき》みだれたる、はんな籬＝花籬《はなまがき》、藤なりハ＝藤なれば、よろすなり＝許《ゆる》すなり）
実《げに》、枝を惜しむは春の為、手折（る）は身の（為）人の為、惜しむも苅るも情《なさけ》有り、弐《ふた》つの道の争いに、紅藤紫こきまぜて、藤は何ふじ白《しら》ふじ紅藤、この紫ふじの咲きみだりたる、花籬の葉なれば、この優しきかたには許すなり、ひともと折らしてたび給へ

中にも武綱金平ハあらさる姿に様をかひいつめかさまふかに引こみてかりの宿とりを立出〳〵年月住にし花らくハ雲井のよ所に詠やり東国さしてそ下りける入江〳〵里〳〵を尋にてミのゝ国とかやいつかは君にあふはかの宿より北へさし入り〳〵国中残す尋ぬりと御行さハ志らま弓あらロ惜しやさてはや栄花の春も尾張の国熱田の宮にけせんいして夢にも君をミ川の国心つくすのうき旅に身ハ八橋となるミかた国の東西残なくあまにく日数を小車のうかし年む暮はとりあら玉りゆく元三の年ハわかきに帰りとも我等か心ハ冬かれのいつもこふりにとちしれてときの浮世そはかなける月か立にしたハえて次第に都をハ遠ちきぬ思ひハしるかなるふしの高ねを見あこりは雪のうちより立煙行衛も志らしいつの国ミ嶋の仏神箱根山跡にさかミの里をすけもさし霜もさあハかつさからつきすも出羽の国君に何にとそ奥州うも尋ぬるに猶志し川の関のすひまてはる〳〵とめこれ〳〵と御行衛しわぬな運のかきりなり
（様をかひ＝様《さま》を変《か》へ、いつめかさ＝市女笠《いちめがさ》、引こみて＝引きこめて、宿とりを＝宿《やど》りを、花らく＝花洛、よ所に＝よそに、詠やり＝眺《なが》めやり、東国＝あづま、尋にて＝尋ねて、ミのゝ＝美濃の、あふはか＝青墓《あをはか》

〔美濃の地名〕、残す＝残さず、尋ぬりと＝尋ぬれど、御行さは＝御行《ゆく》さきは、さてはや＝さて早《はや》、けせんいして＝祈誓《きせい》して、ミ川の国＝三河の国、心つくすの＝心つくしの、身ハ八橋＝身は八橋《やつはし》、あまにく＝遍《あまね》く、うかし年む＝憂《う》かりし年も、暮はとり＝呉羽《くれは》とり、あら玉りゆく＝改《あらた》まりゆく、元三の＝元日の?、帰りとも＝帰れども、こふりに＝氷《こおり》に、とちしれて＝閉《と》ざされて、はかなける＝はかなけれ、立にしたハえて＝経《たつ》にしたがひて、遠ちきぬ＝遠づきぬ、しるかなるふしの高ね＝駿河《するが》なる富士の高嶺《たかね》、見あこりは＝見上ぐれば、立煙＝立つけむり、行衛もしらし＝行衛もしらず、いつの国＝伊豆の国、ミ嶋＝三島、さかミの里をすけ＝相模の里を過ぎ、もさし霜もさあハかつさから＝武蔵下総安房上総から、君に何とそ奥州うも＝〔奥州は逢うを含む、州うのうは衍字〕、志し川の関＝白《しら》川の関、すひまて＝限《すみ》まで、めこれ〳〵と＝巡《めぐ》り巡れど、しわぬな＝しれぬは〕

中にも武綱金平《きんぴら》は、あらざる姿に様《さま》をかへ、市女《いちめ》笠《がさ》眼深に引こみて、かりの宿どりを立出たちいで、年月住にし花洛は、雲井のよ所《そ》に詠《なが》めやり、東国をさしてぞ下りける、入江入江里々を、尋ねて美濃の国とかや、いつかは君に青墓の、宿より北へさし入りさしいり、国中残らず尋ぬれど、御行先はしらま弓、あら口惜しやさてはや、栄花の春も尾張の国、熱田の宮に祈誓して、夢にも君を三河の国、心つくしのうき旅に、身は八橋と鳴海潟、国の東西残りなく、あまねく日数を小車の、憂かりし年も暮はとり、改まりゆく元日の、年はわかきに帰れども、我等が心は冬がれの、いつも氷にとざされて、とけぬ浮世ぞはかなけれ、月が立つにしたがひて、次第に都をば遠ざきぬ、思ひは駿河なる、富士の高ねを見あぐれば、雪のうちより立つ煙、行衛もしらす伊豆の国、三嶋の仏神箱根山、あとに相模の里をすぎ、武蔵下総安房上総から、つきずも出羽の国、君に何にとぞ奥州（う）も尋ぬるに、猶白川の関のすえまで、はるばるとめぐりめぐれど御行衛、しれぬは運のかぎりなり

〈類歌〉

……むかふ方にはするが成《なる》、ふじの高ねに立つけぶり思ひに胸やこがすらん……（新群書類従、第九、公平《きんぴら》関やぶり、道行の語りの一部の一行があるが、類歌というほどではない。）

(61)

杉　笠

見おるせは海漁日〳〵とおもしろやほの〳〵見れハ海士小舟せんまかけより櫓の音かかしれこるりと漕出烈ていかにも〳〵うきつ波間によしれ流てはつとせてさて面白や打詠め行程にかくたるすまの関橋をとんとふるとうつわたりめてにつゝミのたきなりやものすさましき山中に波のつゝミや風のさらさつと吹春風に花飛てさんらんしにしきをミたすもとへなりいふにたいせん布引のなかれてうつる滝の水布をひくかとあやせまるきしにたゝよふゐんすへはあいをすむかとおたかわるたつきもしらぬ山中におほつかなくも歩ミ行なんぞと人の問ひし時つゆとこたへてもしほやくすまの浦半に着にけり

（見おるせば＝見おろせば、せんまかけより＝船場かげより？、かしれこるりと↓櫓音くるりと？、烈て↓不明、うきつ波間に↓沖つ波間に？、よしれ流れて↓よしれ不明、はつとせて＝はっとして、打ち詠め＝うち眺め、かくたる↓不明、とんとふると↓不明、うつわたり＝うち渡り、めてに＝右手《めて》に、たきなりや＝滝なれや、ミたすもとへ＝乱だすも妙《たえ》、いふにたいせん↓不明、あやせまる＝あやしまる、ゐんすへは＝泉水《せんすい》は？、あいをすむか＝藍《あい》を染《そ》むか、おたかわる＝疑《うた》がわる、浦半＝浦曲《うらわ》）

見おろせば、海漁日とおもしろや、ほのぼの見れば海士《あま》小舟、船場影（？）より櫓の音が、かしれこるりと漕出、烈くいかにもいかにも沖つ波間によしれ流て、はつとせて、さて面白や打眺め行程に、かくたるすまの関橋を、とんとふるとうち渡り、右手《めて》に鼓の滝なれや、ものすさましき山中に、波の鼓や風のさらさっと吹く春風に、花飛びて散乱し、錦《にしき》をみだす基《もと》いなり、いうにたいせん布引の、流れておつる滝の水、布をひくかとあやしまる、岸に漂《ただ》よう泉水は、藍を染むかと疑がわる、たつきもしらぬ山中に、おぼつかなく

も歩み行く、なんぞと人の問いし時、つゆと答へて藻塩焼く、須磨の浦曲《うらわ》に着きにけり

〈類歌〉

白玉かなんぞと人の問ひしとき露と答へて消《け》なましものを（伊勢物語、第六段）

志き島の道行

(62)

まつ九重に近き社さゝ波や志かのおら風春来れはむかしなからのやまに咲桜をなみに咲移し小□をも深くにふのおひ誰かハ爰にきの国やみなミハ山もさらになしこま野ゝおらの物さひし志き嶋のやまと言葉の名立る和哥のおらき風やまとけり清きなけさのたまこしふたミのおらのあけほのハまたたこひなきけしきかな

（おら風＝浦風《うらかぜ》、にふのおひ＝丹生にうへ？、のなみは山も＝南《みなみ》は山も、こま野のおら＝熊野の浦、和哥のおら＝和歌の浦、き風やまとけり→きは衍字か、まとけりはまどかなりの意か、なけさ＝渚《なぎさ》、たま〳〵し→不明、ふたミのおら＝二見の浦《うら》、たこひなさ＝類《たぐい》なさ）

まづ九重に近き社《こそ》、さざ波や、志賀の浦風春来れば、むかしながらのやまに咲く、桜をなみに咲き移し、小□をも深く丹生《にふ》のうえ、誰かは爰《ここ》に紀の国や、南は山もさらになし、熊野の浦の物さびし、敷嶋のやまと言葉の名立《たた》る和歌の浦（き）風やまとけり、清き渚のたまこし、二見の浦の曙《あけぼの》は、また類《たぐ》ひなき景色かな

〈類歌〉

さざ浪やしがの都は荒れにしを昔ながらの山桜かな（平家物語、忠度都落）

(63)

せうんかふし

せうんかおとりハ今はちまりるちゝもてゝみよまくつりてせなかへうふかよな〳〵志やんまゆ

せうんかふし＝しょんが節、はちまりる＝始《はじ》まる、まくつりて＝孫連れて、せなかへうふか＝せなかへ負ふか、よな〳〵しやんまゆ→〔囃し、夜な夜なしましょうの意か？〕

しょんが踊りは今始まりる、ちぢも出て見よ孫連れて、背中へ負うか、よなよなしゃんまゆ

〈類歌〉

この歌の類歌は見えないが、『日本歌謡集成』巻十二、第三、九州沖縄俚謡の項に、九州地方の「しょんが節」（熊本県葦北）、「しょんがら節」（同、玉名）、「しょんがいな節」（長崎県南高来）のいくつかがある。右の歌の歌意はこれを聴きに行こうというのである。

(64)

あいはせねしも鳥ルにとまるほとはなさけの下ねしも

（せにしも＝瀬に住む、鳥ルにとまる＝鳥（ルは木の誤り）にとまる、ほとは＝人《ひと》は、下ねすも＝下に住む）鮎は瀬に住む、鳥木に止る、人は情の下に住む

〈類歌〉

同じ歌が『続日本歌謡集成』巻三、第二、延享五年の『小歌しゃうが集』にある。同じ巻の第三淡路農歌には『落葉集』にもありという。その他『日本歌謡集成』巻六には「こんざやら踊」、同集成巻七にひく「山家鳥虫歌」、同じく「みづくみかへり踊」、同じく「伊勢音頭」の「二見真砂」、同集成巻十二にひく「本州東部俚謡の「おけさ節」など、多くの例があり、延享の『小歌しゃうが集』以外には、この歌が「しょうが節」のうちの一つだとは見えない。

(65)

おとりおとらは志なよくおとり志なかよけれはよみにとまる

（おとり＝踊《おど》れ、よみにとまる＝嫁《よめ》にとる（とまるのまは衍字）

踊り踊らばしなよく踊れ、しながよければ嫁にとる

〈類歌〉

踊りをどらば品よく踊れ、品のよいのを嫁に取る（『日本歌謡集成』、巻十二、本州東部俚謡、南会津、盆踊唄）

踊をどるなら品よく踊れ、品のよいのさ嫁に取る（同、長野県埴科郡、盆踊唄）

(66) おもいたさるゝとくとるたへにひたりねた替か此とくに
（たへに＝度《たび》に、ひたりねた替か＝ふたり寝た夜（替は夜の写誤であろう）が、此とくに＝この床に）
思い出さるる床とるたびに、二人寝た夜が、この床に
　てつ志らふし

(67) めでた〱とよ若まつ様よ枝もさかひて葉もせける〱
（てつしらふし＝とっちり節、めでた〱とよ＝めでためでたの、さかひて＝栄《さか》へて、葉もせける＝葉もしげる）
めでためでたの、若松様よ、枝も栄えて葉も繁る、葉も繁る
〈類歌〉
この歌は江戸時代の祝儀歌として一般に用いられている。掲載は省略する。

(68) 様ハ百迄わしや九拾九まてともに白髪のはよる迄〱
（はよる迄＝はゆる迄）
様は百迄《まで》、わしゃ九十九まで、ともに白髪のはゆる迄、はゆる迄
〈類歌〉
これも極めて一般的な祝儀歌で、掲載は省略する。

(69) 今宵わかりて又いつ逢か明て三月ちゃつミくる〱
（わかりて＝別《わか》れて、ちゃつみくる＝茶摘《つ》みころ）
今宵別れてまたいつ逢うか、明けて三月茶摘み頃、茶摘み頃

(70) 桜志なちいなひかんさくらていとさくらあいけみは屋ふきせしよかまうちんすとらのちれかやす
（志なちいな＝しなじな、いとさくらあ＝糸桜（あはらの音の延であろう）、いけみハ↓意不明、次の歌にも

あり、囃し言葉か、屋ふきせ＝楊貴妃《ようきひ》〔妃のひをいと言う地方より移ってい↓せとなったのであろう〕、しよかま＝塩竈、うちん＝鬱金《うこん》〔金をきんとよみちんとなったであろう〕、すとらの↓不明〔桜《さくら》の誤りか〕、ちれかやす＝桐《きり》ヶ谷《やつ》）

桜しなしな彼岸桜に糸桜（あ）、いけみは、楊貴妃、塩竈、鬱金（桜）の、桐ヶ谷

〈類歌〉

元禄十六年の『松の葉』第二巻に佐山撿挍作の「桜づくし」の歌があり、楊貴妃、糸桜、塩竈桜、桐ヶ谷その他多くの桜の名が見える。その後にも「桜づくし」はいろいろと変りながら唱われているが、省略する。

(71) 枕せな〳〵忍まくらてをて枕いけみはさみ志んまくらてはたしんかそきのをてまくら

（せな〳〵＝品《しな》じな、忍まくらて＝しのぶ枕で、をて枕＝お手枕、いけみは↓次の歌にもあり、囃し言葉であろう、さみ志んまくらて＝三味線枕で、はたしんかそきの＝仇《あだ》し情《なさけ》の）

枕品々、忍ぶ枕に、御手枕、いけみは、三味線枕で、あだしなさけの御手枕

〈類歌〉

死なざ止むまい三味線枕、君と寝る夜は枕もいらぬ、たがひちん〳〵違ひのお手枕、お手打違へのお手枕、実《じつ》さうじやえ（『日本歌謡集成』、巻九、第四、長唱「団十郎」）

(72) ことれせな〳〵こから山からせちうをからいきみはうせ鳥こま鳥鶯ひはるにふとけそ

（ことれ＝小鳥、せな〳〵＝品《しな》じな、せちうをから＝四十雀《から》、いきみは↓囃?、うせ鳥＝おし鳥〔或いはうそどり?〕、ひはる＝ひばり、ふとけそ＝ほとゝぎす）

小鳥品々、こがら、山がら、四十雀、いきみは、うそ鳥、こま鳥、鶯、ひばりに、ほととぎす

（追記） この歌集については雑誌「芸林」第一巻、三、四、五号（一九五四年）に紹介したことがあった

が、完全に読み得たとはいえないものであった。その後本田安次氏の『南島探訪記』(一九六二年)にこの歌集が紹介され、その読みには教えられたところもあるが、なお未完成であり、読みの一致しない所もかなりある。学生山口邦子君の卒業論文のテーマとして、これを整理し、類歌をもできるだけ集めて貰ったが、なおもその後に気付いた誤読と思われる個所に手を入れたのがこれである。

元来この本の記載は、文字より写されたのではなく、口から移されたものであることは、本田氏も言うとおりであり、それから発《おこ》った誤字は、当時の琉球方言の発音を知るに役立つ資料でもある。これらのことは本田氏の考察に譲っておくことにする。

Ⅲ

琉球の旅

はしがき

足立文太郎博士はつとに琉球人の体質人類学的研究の必要を私に説き、ともにこれに従事することを慫慂された。私は感激かつ歓喜して、この事業を必ずやりとげましょうと誓った。幸いにして昭和三年、帝国学士院よりこの研究に要する費用の一部を補助されたので、足立博士はまず私を琉球に派遣して、琉球人骨を蒐集せよと命ぜられた。

元来人骨の蒐集には、はなはだ困難な事情の伴うを常とする。そして琉球には大和墓とか平家墓とか称すものがあり、これに無数の人骨が転がっているということは、笹森儀助氏の『南島探検』以来聞いているし、おそらくこれは琉球人の忘れられた祖先の遺骨であろうというようなことは、しばしば伝えられたところである。その上私は先年東京で、伊波普猷氏、松村瞭博士などからも、親しく同様の実見談を聞いたので、琉球人骨は集るものと見込みをつけた。現に東京帝国大学人類学教室には、鳥居竜蔵博士が中城《なかぐすく》城下で採集した頭骨が十数個も所蔵されている。

さて琉球の航路は春夏がよく、秋冬は悪い。かつ私などは夏期の旅行が一身上最も好都合である。おそらく同様の事情で旅行者の多くは夏期を選ぶ。しかし私のような目的をもって琉球を訪問するものは、おそらく先にその例がないであろう。琉球の毒蛇は今や都会よりその影を消した。この点では単なる訪問者は夏期の旅行に何らの危険を抱く必要がない。しかし山野の墓穴は毒蛇の好んで棲むところ。そして私の唯一の目的場所である。この意味において夏期の旅行は、私にとってはなはだ危険であると思った。私が冬期を選んだ理由はこれであった。ただしこの臆病なる事情が、私に常夏の国の冬知らぬ味わいをなめさせることになったのは、はなはだ幸福であった。

骨の有る無し、毒蛇のおるおらぬの他に今一つの心配があった。それは折角見つけた骨を首尾よく持って帰れるか否かの問題である。聞くところによれば、琉球人は厚葬の風あるのみならず、人骨に関してはさまざまの迷信があるとのことだから、この点ますます心配となった。これには官民諸方面の有力者に、できるだけ渡りをつけておく必要がある。そこで出立に際しては、でき得る限り多くの紹介状を用意した。そして事実これがはなはだ有効であったことは、後述の通りである。

最初私のもくろみでは、できるならば沖縄本島のみならず、離島、先島にも渡って、広く琉球人骨を蒐めたく思った。しかしこれは冬期の日数を限った旅行では、はなはだ困難な事が後に判った。またもし人骨蒐集の成績の悪いときには、せめても生体観測をしてこようと思った。そこで旅嚢中にはこれに必要な諸種の観測機械と、夥しい写真乾板を用意したのであるが、これは人骨蒐集の方が意外に繁忙であったために、ほとんど用いる機会なくして終った。

琉球航路は現今二つあり、神戸より海上に三晩、または鹿児島より同じく二夜にして那覇港に着く。私は必ずしも長い航路を厭うつもりではなかったが、他の目的のために鹿児島経由の道を選んだ。その目的の一つは、福岡高等学校所蔵の琉球石器時代遺物を一覧することである。これは琉球における私の日程に、あるいは貝塚発掘のことがあるかも知れぬと想像したためである。すなわちその場合に対する予備知識を豊富にしようとの考えからである。今一つの目的は、琉球に最も近い、九州南端の石器時代遺物の見学である。これは幸いに鹿児島市の山崎五十麿氏の蒐集によってその大要が知られる。のみならず南九州は私にとって全く未見の地である。ここに人種学的事実の見聞をひろめる機会を得ようと思ったからである。

私はこのようなもくろみをもって、昭和三年十二月もおし詰った二十九日、京都駅を発する夜行列車に身を投じて西下した。

以来約一ヶ月間の旅行記を、当時の不完全な日誌と、今なお胸中に新たな記憶とによって、次に記してゆきたいと思う。ただし旅行当時より半歳以上を経た今日、その記憶のあるものは、はなはだしく薄れ行ったことを蔽うべくもない。そしてそれが今となって、遽だしくこの旅行記の筆を採らせた理由でもある。以下便宜上日記体に記し、小節を区切って簡単な見出しをつけることにしよう。

1 北九州の顔

十二月三十日。関門海峡を渡ると急に旅の気持になる。北九州の旅は私にとってこれが始めてではない。しかし観察旅行としては始めてである。私は門司より福岡に至る車窓のつれづれに、北九州人の顔を観察しようと思った。この付近には他国よりの移住民が多い。これは顔貌を見るだけでもある程度までわかる。ことに四国人などが多くはないかと思う。しかしこの地方でなければ見られぬ——少なくともこの地方に比較的多く見受けられる——顔がないでもない。まず女の顔が眼についたからこの方から述べる。

顔高は中等度である。顴骨はやや出ている。下顎は比較的広く、額は狭くて円い。鼻は狭小で形ほどよく、眼もまた切長で美しい。口はやや大きいが醜くはない。唇は薄くて反り、歯も薄くて広い。下顎の張っているのは、胸鎖乳様筋の太いために目立たない。つまり頸はやや太く、頤舌骨線は後下方に傾斜している。年若い女性では頬の豊かな場合、顴骨の突出もさまで目立たず、顔全体は一つの厚味を有して一種の美観をなす。そしてその感じは繊弱でなくて、力強い感じが出ている。ことに横顔が端麗である。やや年長になって頬部の脂肪が減退すると、顴骨と顎上の突っ張ったのが目立ってくる。北九州の女性は美人としての年齢が短くはなかろうか。博多に本店のある京都の新三浦あたりでも、よくこれらの二型に出会う。彼女等は髪長く、頭は高くて狭い。

男の方も頭が高くて狭い。顔も狭く細作りだが顴骨はやや出ている。額は低くて狭い。鼻は狭長である。口吻やや突出し、唇が尖っている。眼は細い。下顎はさほど張っていない。

これを要するに、北九州の顔は二種以上の型の混合型であるらしい。そしてその原型の一つはおそらく現今の山陰地方人と共通の系統に属し、他はおそらく南九州あるいは四国人等と、共通の系統に算えられるものではなかろうか。現にこの日、博多の街を歩いて、山陰地方人に最も多い型の顔貌にしばしば接した。頭高く、顔長く、鼻の狭いのは第一系より受け、顴骨が出で下顎の張ったのは、おそらくこの第二系より得たものであろう。ただし以上の観察はもとより科学的に正確なる方法によらず、私の不熟練な目測によるのであるから、全く素人考えに等しい。

こんな観察に時を忘れていると、汽車は正午前、博多駅に着いた。

2　福岡高等学校所蔵の琉球石器

駅前で昼食をすませた後、福岡高等学校教授玉泉大梁氏のお宅を訪ねた。折から九州大学高安教授御夫妻の来訪があり、いずれも初対面の方であったが、しばらくの間快く談笑した。高安氏は海外にあって数年間、温泉治療学を研究され、ちょうど帰朝された時であった。温泉治療学研究所の設立は、別府を有する九州大学としては、まことに適当な思い付きだと思う。ただ近時の新聞紙上で、別府市における同研究所設立の件が、行き悩んでいると報ぜられているのは気の毒である。

しばらくして高安教授は辞去されたので、玉泉氏は私を福岡高等学校に案内された。同校の地歴参考室は、短年月の蒐集であるにもかかわらず、遺物の量においても、その施設においても、はなはだ見るべきものがある。これは玉泉教授の努力によるものである。

陳列品は第一門石器。第二門弥生式土器および埴輪、第三門祝部土器、第四門瓦、第五門瓷器、第六門貨幣、第七門鏡、第八門金環および玉類、第九門武具および馬具、第十門アイヌ土器の一〇部と門外雑の部として、歴史時代遺物や多少の土俗品を含んでいる。その総数三〇〇〇点、その中で見るべきものは、北九州地方発見のいわゆる金石併用時代土器等であろう。私はこれらの陳列棚を一巡した後、とくに乞うて琉球石器の縦覧を許された。同蒐集はもと沖縄在住の検事、大井七郎氏の未亡人より同校に寄贈されたものであって、その数三八点、うち石斧三〇点、凹石二点、円石六点より成る。

石斧は中頭郡国吉坂大山《うやま》村採集のものが最も多くて一九点に達し、同郡読谷山《よんたんさん》村のもの三点、荻堂二点、出所不明のもの三点、以上二七点は、石質数種あるがみな磨製、両刃、厚手である点において、従来報告の琉球石斧通有の形をなしている。右のうち読谷山村のものは同村字渡具知《とぐち》の湾ペーチン家の庭先で採集とある。この地名は「石器時代地名表」に未載である。以上二七点の他に、八重山郡採集の石斧が三点ある。うち波照間《はてるま》島の二個は打製両頭（島田髷式）石斧であり、黒島採集の一個は磨製片刃のもので、いずれも他郡のものと異なっている。円石、凹石も琉球石器としては通常のものである。うち円石の四個と凸石の一個は、前記読谷山村渡久地採集。凹石の一個は荻堂、他の二個は出所不明である。

大井氏寄贈の琉球遺物の中には、なおこの他に、浦添城跡より発見した瓦の破片が一四個ある。これには型押の文字で、关酉年高　麗瓦匠造との二行銘が見える。伊東忠太博士はこの「关酉」を近衛天皇の仁平三年の癸酉と推定した。東恩納氏はそれを疑って、禪鑑和尚が浦添に極楽寺を創建した弘長元年の「辛酉」ではないかと考えたが、銘はたしかに「关酉」と見える。

玉泉教授は以上の見学を許されたばかりでなく、見学中種々説明の労をとられ、貴重な時間を私のために割かれた。これらの好意にたいして、ここに謹んで感謝する次第である。

同校を辞して九大医学部に友人を訪ねた時には、もはや夕刻近くであった。私はこの友人と博多の街に一夕を快く過し、午後十一時四十分、鹿児島への夜行列車に乗った。

3　山崎氏蒐集の石器時代遺物

十二月三十一日。午前七時二十分、鹿児島駅着。早朝ではあったが先輩の医学博士武田元一郎氏を訪う。氏は先年われわれの教室で解剖学研究に従事され、今や業成って故山に自適する人である。久濶を叙して後、懇談数時に及んで辞去した。

次に清野博士の紹介状を持って、平ノ町に山崎五十麿氏を訪う。氏は現在、鹿児島県史蹟調査委員嘱託として活躍しておられる。同県下の考古学的発見並びに研究が、同氏に負うことの大なるは周知の事実である。氏は私の来意を知ると、私のために快くその蒐集品を展べて自由に見せ、かつ多数の有紋土器片の拓影を採ることを許された。氏はこれらの薩隅遺蹟出土の縄文土器紋様と、松村博士、大山公爵報告の琉球石器時代土器紋様との間には、松村博士の認めるような相違の存する事実を否定するものではないが、またかなりの程度において深い類似を示すものがある、という事実をも否定し得ないとの説を抱かれ、先年渡琉の際にも、親しくその所説を同地方の新聞紙上に発表して、県民の興味を喚起された。しかし本邦南端におけるこれら二地方の石器時代土器が、等しく縄文系統土器に属し、ともにそのはなはだしく退化したものであろうというのは、誰しも異存はないと思われる。

山崎氏の蒐集中には、これらの土器片ばかりでなく、多数の石器、骨角器等を含んでいるが、その多くは以前同氏の手によって、考古学雑誌に発表されたものである。中に未発表のものとしては、同県甑《こしき》列島中の甑島下甑村字手打《てうち》発見の、弥生式系統に属すると思われる土器、土器片、角牙器、獣骨、魚骨および人骨等がある。これは同島手打小学校の二宮氏より山崎氏に送られたもので、出土状態は明らかではないが、井戸掘りの際に偶然発見されたものだという。人骨は右側大腿骨下半と上顎骨の小破片とを存し、その量は貧弱ではあるが、質はさほど脆弱ではなく、むしろ有望の遺跡と思われる。土器およびその破片は挿図のようなものであり、図中2は表面丹塗りで、腹部に比較的大きな単孔を有するものである。角器は3のように、鹿角表面（偏側）に平行的の横線を多数刻んだもの、また図示は略したが、牙器はおそらく猪牙であろうと思われる。獣骨は鹿の下顎

甑島発見の石器時代土器と鹿角器
（山崎氏の写真による）

骨多く、魚骨は鮫類の顎骨、椎骨等があった。本遺跡ならびにこれらの石器時代遺物については、今後精しく調査する必要が十分あるであろう。

山崎氏は以上の他に、なお一個の琉球石斧（国頭郡某所表面採集）と、同じく琉球現代人頭蓋骨（同郡運天港採集）とを示された。石斧は円味ある両刃の通常品であり、頭骨は清野博士所蔵の運天頭蓋（近時金高勘次氏発表、「人類学雑誌」第四四巻第八号）とほぼ同一型に属すると思われた。本頭蓋並びに前記甑島人骨は、同氏の好意により清野博士に提供せられたから、近く調査の運びに至るであろうと思われる。

以上の見学に思わず時を過し、正午近く始めて同家を辞し、同氏の案内を煩わして、城山の麓の薩摩屋敷別邸と称する旅館に入った。旅館は山を負って東南に面し、市の大半および鹿児島湾を双眸に収め、桜島に相対して、風光絶佳と言ってよい。氏とともに昼の食膳に向ってなおも談笑すると、折しも南国の明るい日光は畳の上に射しこんで、大晦日とも覚えぬのどかさ、暖かさであった。

4　大晦日と元朝

私は九州の地における予定をほぼ終了したので、今や翌元日の出帆を待つのみとなった。そこで汽船会社に翌日の出帆の時刻等を問わせると、意外にも出帆は二日に延期したとのこと、その理由は、翌日は元日であるからとも取れ、天候の都合によるとも思われた。現に午後に至って、低気圧の来襲を予報するかのように、細雨はしばしば行人の袖を濡らした。理由はいずれにもせよ、とにかくは今一日を鹿児島に過すこととなったのである。これは日程を急ぐ私にとって、はなはだ迷惑なことであった。そしてこの事情は私に山崎氏の慫慂に従い、次の一日即ち元朝を、薩南指宿《イブスキ》の遺跡見学に過そうと決意させるに至った。

食後山崎氏の案内で、微雨を冒して城山を一巡する。冬とはいえ緑樹多く、南国の気分が濃厚である。山を下れば石墻は連なり、朱欒は枝もたわわにその上に垂れている。やがて山崎氏と別れて町に出ると、流石は大晦日、人の往き来も繁く、この地方特有の山形の鞍を置いた駄馬が、細雨の中を鈴の音を鳴らしてゆくのも面白い眺めであった。この鞍は後に琉球でも見た。市場を通ると大魚の氾濫である。骨董屋がある。ここで薩摩焼きの古いものを尋ねたけれど、それはなくてかえって北海道アイヌ婦人の首飾りがあり、主人がアイヌ流に、これをはなはだ貴重なものと思い込んでいるのは最も面白かった。山形屋という鹿児島唯一のデパートメントがある。琉球絣、琉球陶器、泡盛などをも売っている。午後はこんな見物に過して宿に帰り、夜は前夜の疲れのために早くより寝に就いた。

昭和四年元旦。神楽と拍手の音で眼がさめる。窓外の木立を隔てて照国神社というのがある。これは島津斉彬公を祀る御社である。元朝の森厳な気に触れる機会は得難いものであるから、起きて詣る。数人の神官はたなつ物を捧げて御階を上下している。これに太鼓と数人の笛とが単調な節奏を送っている。夜は未だ明け離れない。突然に一人の神官は大声をあげて「おう――」と叫ぶ。いかにも隼人の社らしい感である。のみならずこの時下の方より「えいえいえい」と掛声がして一団の少年隊が登ってきた。見ると兵《へ》児《こ》姿というか寒稽古のような風をしている。これが神前に近づくと、立ち停って一斉に教育勅語を唱え出したのには驚いた。私は薩摩のある断面をここに見る思いがした。これは私が迎えた多くの元旦中、最も感銘の深い朝である。初日は漸くさし出でて、境内は次第に明るくなった。

朝宮のまだきにをればみてぐらの　白さまさりに初日さしきぬ

とはこの時の実景である。

5 指宿行

宿に帰って屠蘇雑煮餅を祝い、八時に門を出て、指宿行き乗合バス中の客となった。元旦とはいえ乗客は満員で、私はその片隅に辛うじて方尺の坐席を得たに過ぎない。そもそも指宿は九州南端の石器時代遺跡としてよりは、むしろ好適の温泉地として同地方に有名である。彼等の多くはこれを目ざして新春の行楽をなそうとするのであろう。しかしこの日の天候は、決してこの行にふさわしいものではなかった。行程十三里、途上しばしば車体は風雨の洗礼をうけ、私は車窓の隙間風を避けるために、頤を襟に埋めなければならなかった。十一時摺ヶ浜着、偕楽園という温泉宿に入る。宿は案じていた通り、新年客のために雑踏し、辛うじて一室を得る有様であった。装を解くと早速一風呂浴びる。温泉は海浜の砂中に湧出する高熱泉であって、一定度の冷却の後に、これよりやや高所に設けられた浴槽中にモーターで汲み揚げられる。フォード車上に揉まれ冷えきった身を、この浴泉に伸ばし暖めて、始めて蘇生の思いをした。

昼食後、宿のボーイに案内されて、微雨の中を指宿包含層に赴く。本遺跡はただ九州最南端の遺跡である点ばかりではなく、火山灰層を隔てて上下二層に、異系統の文化に属する両種遺物を包含する点において有名である。そのため従来これを調査し、あるいは訪問した学者ははなはだ多く、その存在は広く天下に知られている。とりわけこれを記載して最も詳細かつ興味深いものは、「京大文学部考古学研究報告」第六冊における浜田博士の筆である。これによると下層の土器系統はいわゆる縄文式に属し、上層は弥生式に当るという。土器のほかには円石、凹石等少数の石器が発見されている。ここにあるかの「自然の縦穴《トレンチ》」と記された深い渓谷の底を踏み、歩くこと数町で同地点に達した。ここは一部分、近年に至って小松が移植されたと思われ、崩壊によって生じた斜面は今や松を点じた芝生と化している。私はその一隅、極めて最近に、やや大きい木根を起したと思われる、雨に洗われて黒土の露出した一小区域において、ほとんど大きな努力なしに、少時間中に数十個の土器片、石器等を採集した。土器はいわゆる弥生式系統のものであって、下層の縄文土器に至っては、一片も得ることができなかった。これは残念ではあったが、一つは雨中さらにこれを発掘することの困難と、一つは芝生の美観を損ずることを恐れたので、以上の採集品を携えて宿に帰った。すぐ入浴、手足の泥土を洗い流すとともに遺物の泥を洗った。採集土器片中には厚いもの、薄いもの、高杯の高台、あるいは同上底部と思われるもの、また口縁部と思われるもの等があった。そして後者に属するものには中に、有紋のもの数個あり、平行的直線模様、爪形模様、点線模様、または紐状の浮模様等を見た。石器は二個、いずれも青味を帯び水成岩と思われる石質で、一つは扁平な円形凹石、一つは卵形の敲石で、中央はやはり凹んでいる。以上はどれも前記浜田博士の報告書中に記載のものと大差がない。

この夕べ、はからずも鹿児島市の宇野規矩次博士にこの宿で対面した。同博士には足立博士より紹介状を得て来たのであったが、遂に訪問の機会を失って残念に思っていた折であったので、この奇遇を喜んだ。勧めに従って夕食をともにし、種々興味ある談話を聴いて時の移るのを忘れた。夫人および二令嬢同伴で、ことに家庭的団欒の興趣を味ったのは、私にとって予期せぬ幸福であった。それだけではなく、翌朝私が指宿を去って再び鹿児島に引返す時には、琉球要路のひとびとに数通の紹介状を記して私に与えられた。これがそれぞれ私の目的の上に、有効に働いたのはいうまでもない。今これらの懇情に対して、私は心からの感謝を捧げたい。

同夜は濤声枕に通い、眠りを妨げられがちであった。

薩摩潟みちくる潮のしほ鳴りの　なる音を高み夢しげき夜や

6 薩摩の顔

一月二日。午前十一時、私は再びフォード車上の人となって指宿を辞した。指宿付近には有名な山川港があり、その他有数の火山地域とて、地質学上見学すべき所は少なくない。しかし私はこの日琉球に向う船の出帆することを信じていたから、すべてを割愛して一路鹿児島に向った。

車窓より瞥見すると、薩南の民家はいわゆる四注作り多く、それもよほど棟が短くて四錐形に近い。したがって家のプランは正方形に近い矩形が多いと思われる。これらは朝鮮ならびに後に知った琉球民家とよく類似している。車中たまたま朝鮮の客があって、しきりに天孫民族の朝鮮出発説を説いていたのも面白く、その話相手なる薩摩の老人は、明治二十七年の仁川沖海戦より黄海、威海衛海戦等の昔譚を始め、一つの郷土的風味を漂わせた。おりしも車外に異様のいでたちをした一行を見た。その老人の説明によると、これは「棒踊り」の一行である。彼等は十六七歳前後の少年で、頭には白い鉢巻きを締め、その両端はあたかも美豆良《みずら》のように両顳顬部に挾まれて垂れている。顔に薄化粧をし、とくに鼻梁に濃く白粉を塗る。黒いマントの下には女のように華美な長襦袢を着、足には白足袋、赤緒の草鞋を穿き、手には反柄の大きい太刀らしいものを持っている。その柄は五彩の紐で美しく飾り、その紐は長く垂れている。ただし棒踊りはすべてこんな風体をするものか否かは聞かずに終った。

二時鹿児島に着き、薩摩屋別邸に入る。そして汽船会社に出帆の時刻を問合すと、天候不良のため本日も出航不可能とある。湾内の波浪は比較的静穏であるから、私はこの理由をはなはだ臆病であると憤った。しかし後に聞くところによれば、この日五島沖で台湾通いの一汽船が難破している。湾外の波の恐るべきことはこの翌日私自身も体験した。とにかく今一日を鹿児島に過すこととなった。私はこの夕べを市街の観察に費すことにし、正月気分の横溢している市の盛場、天文館通りを逍遙した。

元来鹿児島には美人が多いということをしばしば聞く。美人は深窓に多いものであるから、おそらくこの言は本当であろうと思うが、少なくとも正月二日の夜、天文館通りをぶらつく市井の徒には、美人に遠いものが多いと見られた。これはしかし同通りに店を開いてゐる五、六軒の写真屋の陳列写真を、ていねいに見て歩いて得た結果とも一致しているようである。その印象を書き表わすと、一般に顔面は身長に比して著しく大なるような気がする。胴は長く脚は短い。身長は一般に低く、手足は短広である。頭形は円頭に近くてやや低く、顔は低広、顴骨は出ている。外鼻は低広、下顎も低く、頤の突出は著しくない。皮色は一般に比較的濃く、頭髪は軽い波状を呈するものが比較的多くある。すなわち北九州とは一見はなはだしく異なる感じを受ける。そして以上の記述は、ベルツ博士が現代日本人を「長州型」「薩摩型」の二型に分けて記載した、後者の型式によく相当するものである。私はここにおいて、はなはだしく突飛な感じを与えるベルツ博士の分類法も、まんざらではないとの感じを抱くに至った。ただしこれは薩摩人の一般的傾向を指すものであって、もとより一人で以上の全性質を具備するものが多いとの意味ではない。

7　尚古集成館と琉球関係の陳列品

一月三日。今日は天候もおさまり確実に出帆することとなった。出帆は午後であるから、午前中を島津公爵家の尚古集成館と磯別邸の見物に費すことにした。前者は後者の一部分に在り、後者は市の東北端にある。そして市内よりこれに乗合バスの便がある。私は早朝これを利用して、まず尚古集成館を訪ねた。

本館の陳列品はこれをほぼ武器、美術工芸品、古文書、古刊行書等に分けることができる。武器には明治維新前後の珍奇な発火器が多く、具足、甲冑、刀剣の類もあるが、これには昭和三年五月、東京美術倶楽部で私の見た島津家伝来の古刀剣に類した絶品はなかった。ただ薩摩流の拵えは面白く、剛毅の風は自らここに現われている。慶長十九年大坂の役に、島津家久が官臣国頭左馬頭正弥、実は琉球人馬瑞彩に与えた武器でもないかと注意したが、これは見なかった。

その他の工芸品としては、いわゆる薩摩硝子の切子細工と、薩摩の御庭焼が面白く、古文書は天文頃より慶長年間、とんで維新前後のものが多い。琉球関係のものは比較的少なく、二、三の古地図を有するくらいのものである。中には島津久光公自筆の「薩隅日琉絵図」なる折本がある。彩色し細字で地名が記入してある。

絵画には児玉氏蔵の「異国船図」一幅がある。児玉氏の祖宗八が弘化元年、異国船掛書役として琉球在勤中、かの地の画家に写生させたものとある。いわゆる紅毛船を写したもので、泥絵風の描き方である。例えば海面は藍絵具で塗りつぶし、上に胡粉で波濤を描く類いである。筆力はむしろ弱い。江藤氏蔵の「琉球爬龍船図」も同様無落款、しかも何の説明書もないが、その筆致はやはり同規に出て、確かに琉球画家の作品と思われる。島津家蔵「世界人物図」一巻は比較的新しく、密画で色彩美しく、当時知られた世界各国人の風俗を描いている。首尾を見ないので筆者等を詳かにし得なかったが、中に「琉球人」を描いた部分がある。高貴な服装をした男女二人物と従者一人を描いてある。その服飾は恐らく写生である。次に琉球には関係ないが、上原氏蔵筆者不詳の「上原長門守像」が一幅、これは「天文十九年」の賛があり、写生に近いものと思われる。その顔貌は前記薩摩型の典型的なものがあって、はなはだ興味があった。他に一、二琉球ではないが、種子島出身画家の山水、花鳥等あり、有名な木村探元の山水等もあったが、これらは概して傑作は少ないように見られた。ことに探元は昨五月、東京で十分に見た眼にはこう察せられた。

薩摩藩刊行の琉球関係書は二、三に止まらない。例えば宝暦九年の『琉客談』、天保三年の『琉球奇譚』、天保四年の『質問本艸』等が有名である。これらは幸いにして本館に陳列されている。中に『質問本艸』は琉球人呉継志が十数年間の苦心の大著である点に敬意を表した。これらについては武藤長平氏の『西南文運史論』に詳しい解題が載っている。他に種子島人平山武世著『漫遊詩稿』一冊（文政元年刊）、天保八年長崎津開版『万国人物絵図』等がある。後者は京大所蔵のものと同一である。また弘化二年版『四書』には、琉球学者尚元魯の跋文があるとのことであるが、これは見残した。

他に琉球関係のものとしては古銭が少々ある。鳩目銭は見なかったが大世通宝、世高通宝、琉球通宝の三種を見る。後者はざらにあるものであるが、世高通宝は得難いもののよしである。世高《ゆだか》王尚徳（後花園朝の頃）の治世に鋳造されたものである。他に朝鮮、安南等の古銭もあった。

以上の見学に意外の時間をとったので、磯別邸の庭園には長く止ることができなかった。邸は万治年間、久光公の経営に係る。今は浜街道に鉄路を通じてやや風趣を欠いたが、前に蒼波を隔てて桜島を眉間に望み、ここに佇めば自ら気宇の壮大を覚える。邸中の椰子、棕梠、竹の類は美しく、南国の気分がはなはだしい。邸の中央に望嶽楼がある。これは中国風に磚を布いた四阿であるが、琉球王より藩主に献上したとの伝説がある。

以上の見学を終って宿に帰ると、日は午を過ぎてすでに久しい。倉皇として旅装を整え、大阪商船会社の桟橋に向った。

8　天草丸

鹿児島那覇間の航路は、六日間に二往復、すなわち両港より三日ごとに各一隻の汽船が出る。当時大阪商船会社の天草丸と首里丸の二隻がこれに当っていた。いずれも二〇〇〇トン弱の汽船で、このうち私が便乗したのは前者である。三日午後三時、天草丸は正月気分に浸っている鹿児島の町を後にして、港外に滑り出た。湾内の波はこの日も静穏である。

天草丸の機関長阪本氏は琉球通であり、同氏に対しては山崎氏等より紹介状を得ていたので、私は早速その室を訪問した。氏はまるで魔術師のように狭い船室の隅々より、その左右に愛玩される琉球器物を私の眼前に拈出し、私の質問に応じて倦むことなく説明された。その多くは現今、那覇市波の上在住の陶師、黒田理平庵氏の製作に係るもので、以前京阪地方の市場に紹介されたもの、または鹿児島市内に見たもの等と同一系統のものである。ただしそのやや優秀なものを始めて知ったのである。黒田氏は京都五条坂の出、その洗練された技術を携えて数年前渡琉、これを彼の地の材料の上に試みて、琉球陶器の新興を計りつつある人である。阪本氏の所蔵品中には、この他に琉球男子使用の銀簪が一個あった。それは今日同地方婦人の使用するものよりはるかに長い。おそらく薩藩統治以来、武器の所持を許されなかった琉球人にとっては、両個の手挙以外には、これが唯一の武器であったであろうと、これは阪本氏の談である。私はこの会見により多大の利益をえたことを謝して、同氏の室を辞した。甲板に出れば桜島はすでに船尾の方に退き、夕陽の傾くところに開聞岳の雄姿を見た。

船の湾外に在ることは、夜半夢寐の間、とみに増して来た身体の動揺によってこれを知った。この動揺の激しさは、私にとって空前の経験であった。

一月四日。朝食時軽い船酔いを感じたので、船室に籠り牀上に横臥した。午前十一時、奄美大島名瀬港に入る。私は出帆までの数時間を利用して名瀬に上陸しようと、艀の上に身を移した。この日天候は曇り、時に霽れ、時に微雨を見た。風はほとんどない。

9　奄美大島のひとびと

艀が陸に近づくにつれて、海浜に立つひとびとの顔は次第にはっきりとしてくる。私はたちまちにして彼等の面貌に一種特有の相格を見たのである。そもそも奄美大島人の体質については、古くデーデルライン博士やベルツ博士が、その生体観測を基にしてアイヌ人類似の説をなして以来、ほとんどこれが常識的となっている。沖縄出身の伊波氏なども、『奄美大島民族誌』（茂野氏著）の跋文において、これに有利な説を詳細に述べている。つまりこれらの説から導き出された常識的結論は、九州南端にいわゆるアイヌ式石器時代文化を遺した人種は、後来民族によって南島に逐われ、ここにいわゆる琉球石器時代遺物を遺した。これと同時にその体質を現今南島民中に伝えた。その最も濃厚なるものが奄美大島人であるということになる。先年東大人類学教室の大島昭義氏は、同島男子九二名の生体計測の結果を「人類学雑誌」（第四三巻、第八号）上に発表された。同氏は直接これとアイヌ人とを比較されなかったが、その結果によると、以上の常識的結論は多少疑わしくなる。第一、われわれが目測によって著しく特徴のように考える諸点は、必ずしも統計数の上には、さほど著しく現われてこないのである。氏の結論によれば、島の南北によって住民の体質上に多少の差異はあるらしいが、全体としては沖縄県人に対するよりも、九州鹿児島県人に近い関係があるようであるという事である。薩摩の統轄以後、今日に至る数百年間、大島は南方よりもむしろ北方との交通が頻繁であった（茂野氏『奄美大島民族誌』）のを思えば、この結論のような事実の由来するところも肯かれる。あるいはそれ以前の古い時代において、あるいは両民族発生の当初において、両者の間に何らかの関係があったかも知れない。ただし計測統計の結果が、以上のようになったからといって、直ちに同島民に特有の風貌が存在しないというのは当らない。大島氏の結果についても見られるように、島の南北の差、および薩摩人に比較的よく類似する島の北部の材料よりの計測数には、変異の度が著しく大きい点などは、おそらくこの間の消息を語るものであろう。すなわち沖縄との交渉の頻繁であった南方の島民には、比較的独特の体質が遺っていると見られぬこともない。そして旅行者の眼に著しく印象づけられるのも、実はこの種のひとびとであるに違いない。私は以上の予考をことごとく拋擲して、私一個の観察眼に映じた同島民の印象を次に記してみよう。

彼等は身長一般に低く、顔面は中等度より低広に傾き、頭部また短厚である。肩はいかり、身体は頑強の感じを与える。皮色は一般に比較的濃い。顔面において著しい特徴は、前額狭く、顴骨突出し、下顎は広く張っているが、頤部が尖っているために、顔形は前方において縦長き菱形を描き、後方で下の張った矩形をなしている。頰部の脂肪少いものは、ことにこの特徴が明白である。額は低く、眉毛および睫毛は著しく濃い。眉毛は眉間で左右が接しようとし、かつ眉毛眼裂間の距離は短かく、眉間よりこの一帯にやや嶮しい相が見える。眼裂は比較的大きく、いわゆる明眸に属する。鼻は中等以下の低さ、口裂は比較的大きく、口唇は厚い。

以上のうち前額の狭低、顴骨の高さ、眉毛、睫毛の濃厚な点等は、アイヌにいちじるしい特徴であるが、下顎の横張、口唇の厚い点等は、かえって南洋諸族に多く見るところである。もちろん大島人であって、以上の記載に当らないものが多数にある。また、大島人以外であって、このような特徴を有するものも絶無ではなかろう。現に私は本旅行より帰った後、鹿児島県出身と称する一婦人に以上の特徴を見て、これこそ奄美大島婦人と思い込んでいたところが、聞けば薩摩川内のひとであった例などがある。

私は名瀬町の、さすがは正月らしい静謐の漂った街々を漫歩して、会う人ごとに顔を見定め、あるいは写真館の飾窓をここかしこと眺め歩き、あるいは特に乞うてアルバムを店頭に借覧したりなどして、大島人の印象を纒めたのである。やがて昼食の時となったので、適当の飲食店を求めたが、これはついに見出すことができなかった。名瀬には特に見るべきものが絶無ではなかったであろうが、私は空腹かつ時間の制約のために、書籍、絵葉書、果物、ビスケットの類をもとめて、二時間も早く帰船した。三時出港。前記茂野氏の著書によれば、同島には諸所に風葬場の遺跡があり、今も人骨は海辺の砂中にしばしば発掘されるとのことであるから、私は沖縄地方における予定が失敗に終ったならば、これらの遺跡を訪うつもりであった。そうでなくともいつの日かはこれをなしとげて、奄美大島人の体質をさらに深く究めようとの願望があったので、心中ひそかに再遊を期して、同島を後にしたのであった。

10 那覇入港

名瀬を出て後、私は船中に大阪武田商店の薬学士三宅氏と相識った。同氏は東大薬物学教室の一行とともに先頃台湾旅行を終り、ひとたび九州に帰航して、今また沖縄に向おうとするのである。その目的は薬草の採集にある。山中深く分け入る必要は、人骨蒐集家の上にあるであろうと談笑した。もちろんハブは直ちに問題となったのである。同氏は台湾蕃地の事情等を私の質問に応じて語り続け、船中もてあます時

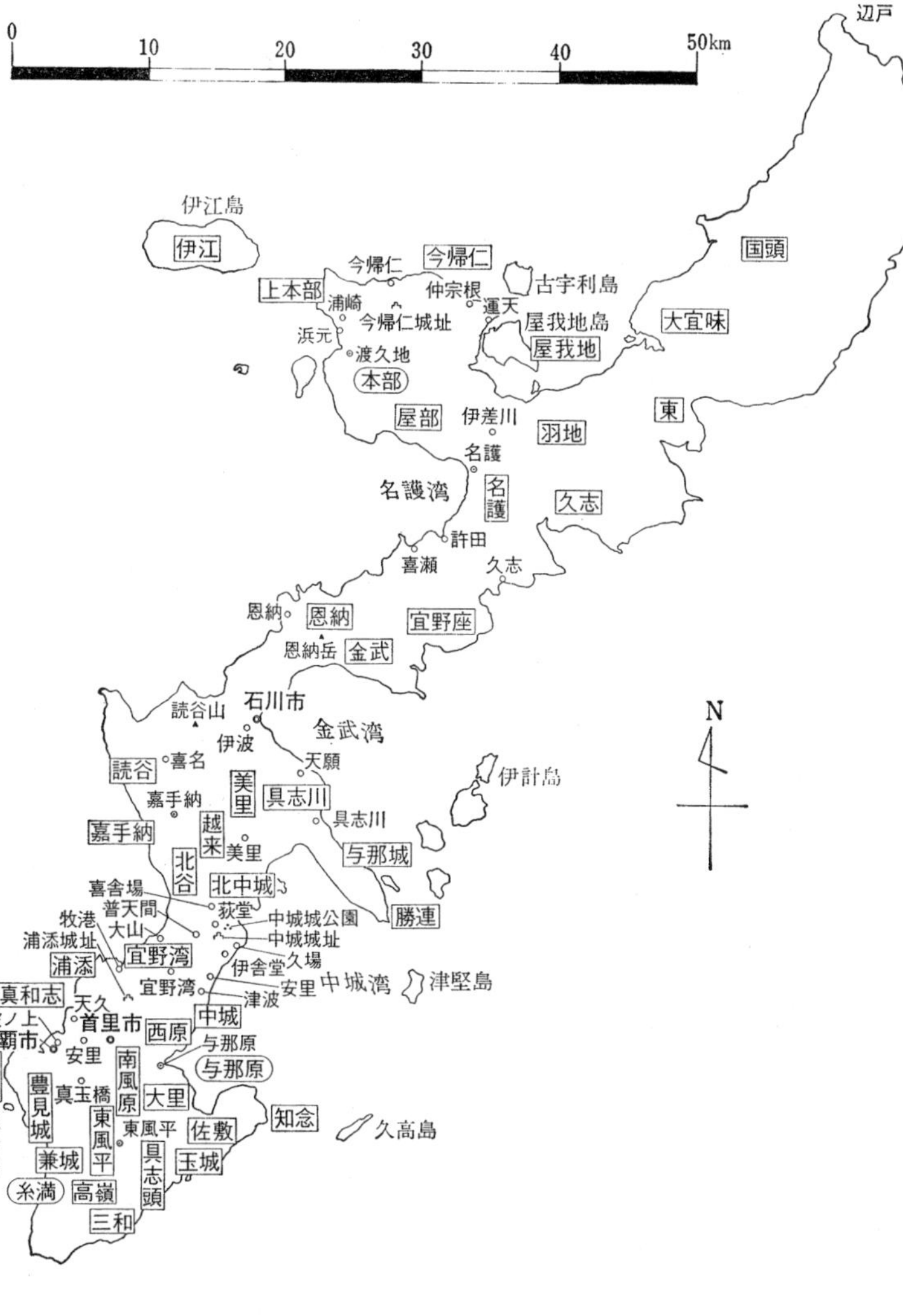
0
10
20
30
40
50km
辺戸
伊江島
伊江
今帰仁
今帰仁
古宇利島
上本部
仲宗根
浦崎
運天
今帰仁城址
屋我地島
浜元
屋我地
渡久地
本部
国頭
大宜味
屋部
伊差川
羽地
東
名護
名護湾
名
護
久志
許田
喜瀬
久志
恩納
恩納
宜野座
恩納岳
金武
石川市
読谷山
金武湾
伊波
N
天願
伊計島
読谷
喜名
美
里
具志川
嘉手納
具志川
越
来
嘉手納
美里
与那城
北
谷
北中城
喜舎場
荻堂
勝連
普天間
中城城公園
牧港
大山
中城城址
浦添城址
宜野湾
浦添
伊舎堂
久場
宜野湾
安里
中城湾
津堅島
真和志
津波
天久
波ノ上
首里市
中城
那覇市
西原
与那原
安里
与那原
小
禄
南
風
原
豊
見
城
真玉橋
大里
東
風
平
知念
久高島
瀬
長
島
東風平
佐敷
兼城
具
志
頭
玉城
糸満
高嶺
三和

「琉球の旅」関係地図

間は、こうして知らずのうちに過ぎていった。この日、風は日没後も静穏であったが波は高く、ために夜半の眠りは乱されがちであった。

一月五日。七時起床、直ちに甲板に上る。と左舷に巨大な島影を見る。これが沖縄本島である。七時半朝食、船は次第に島に近づいている。島に近づくに従って波も次第に平となる。やがて海岸の珊瑚礁に砕ける白波が見える。「白色日光に映じ壮観人目を驚かすに足る」と笹森翁が記した墓が見える。これは海岸に沿ってあたかも白堊作りの人屋のように、朝日の下に限りなく連なっている。那覇市外の小禄村にある無線電信局の巨大な鉄塔が聳えてくる。八時、船は遂に那覇港に入った。私は船中で識りあいとなった諸氏に別れを告げ、阪本氏の勧誘によって、那覇市宝来館に投宿するため桟橋を出ると、早くも腕車がやって来て私を連れ去った。

11 那覇の散策

宝来館は市の東北西新町にある。設備万端内地の旅館に異ならない。その上はなはだ親切であると思った。私は入浴の後、直ちに街上への誘惑を拒むことができなかった。この日天候は申し分なく、市街の暖かさは格別である。

船中より那覇の市街を一望した時には、赤瓦本葺漆喰塗りの町家の屋根は遙かにうちつづいて、堂々たる感じを与えたのであるが、市中に一歩踏み入ると、この第一印象はやや稀薄となりゆくのを禁じ得なかった。街幅は概して狭く、かつ不潔の感がある。人家は軒低く、やや不整頓である。ただ南島の明るい日光の下に、榕樹《ガジユマル》の緑は映じてその濃い影を地上に落し、石垣の上に紅の花は輝いて、あたかも夏日の下を歩む気がする。これは一種の快い錯覚である。見よ、日向に遊ぶ子供は全裸である。これが正月五日の街である。

街上に立って先に目につくものは俥夫の多いことである。そのあるものはのろのろと流し歩いて客を求め、あるものはうち群れて、ここかしこに溜っている。どんな街に立っても、眼を上げてこの光景を見ないところはない。彼等は壮年以上というよりはむしろすでに老境のものが多い。その顔貌は生気に乏しく、眼底にある種の憂愁を読むことができる。次に街上に多いものは小児である。そして婦人である。およそ街上を活発に歩行するものあれば、これは頭上に荷を載せた婦人である。店頭にあって客に接するものも婦人である。こうして那覇は老少婦人の街のような感じがする。青年客気の男子を見ることは、はなはだまれといっても過言ではない。そして、街上風物の一つは移民周旋業者の看板である。那覇市街の小観は琉球の抱いているある種の苦悶を、たちまちにしてわれわれに垣間見せたのである。

路上の人物は多く裸足である。婦人は短い筒袖の単衣を着、細帯を締めている。ただしこれは労働服であるらしい。通常にはこの上に広袖の単衣絣を一枚羽織る。その前を合わせてこれを手に持ち帯をしない。多くは右衽であるが、稀に左衽を見る。藁草履をはいている。頭髪は特有の髷に結う。これに通常アルミニウム製の太い簪を一本挿している。その尖端は前上方、耳の方は後下方に挿す（男性の場合はその反対の方向に挿したという）。中に骨を黒く塗った日傘をかざして歩くものがある。カメラを向けると彼等は早くも察して一様にこれを避けようとする。或いは足を早めて過ぎ、或いは屋内に逃れ去る。

荷物の運搬は上記のように頭上に載せて行く。はなはだしきは手足を縛った小豚を頭上に載せている。嬰児は布で包み懐に入れて正しく前方に抱く。

言語は極めておうようである。こちらの言葉はよく分るが、彼等の言葉を解することはやや困難である。

私は軽装して出たのであるが、以上の観察をしながら歩くこと数町ならずして、早くも肌に汗するのを覚えた。まず郵便局に行って安着の電報等を打ち、写真館、書籍店等を訪ねて、写真、絵葉書、書籍の類を買いこんだ。帰りは腕車を雇う。宿まで十数町のこの賃金は五銭。昼食後再び街に出る。先刻購入した市街地図でほぼ見当をつけたので、まず辻原を通り辻を抜けて波上宮に詣る。辻原は市街中の墓地である。ここに琉球特有の墓は累々と層をなして斜面にかさなり、かつ相い連なっている。この陰鬱な石屋の間には、龍舌蘭の巨大な葉が、あたかも青い焔のように燃えている。辻はこの墓地を斜面とする小丘の上にあって、その名を知られた遊廓である。波上宮は海中に突出した断崖の上にある。ここに停まれば蒼波は脚下に迫り、やがて珊瑚礁に白雪のように砕ける。絶景であると思った。周囲には墓多く、海岸線を縫って遙か彼方までうち続いている。試みに一墓前に立てば、蒼波はその背後にあり、永遠に相い対するような気もするのであった。

波上宮は伊弉諾尊他二尊を合祀するという。社殿は見るべき建物もないようである。付近に真言宗護国寺および道観天尊廟がある。前者の山門はいわゆる唐様で形は美しい。ここより俥で崇元寺に向う。「上り口説」で有名な美栄地高橋を渡り、崇元寺橋を渡ると、街道に沿って右手に壮麗な石門を見る。これが第一門である。門外に有名な下馬碑がある。表に琉文にて「あんしもけすもくまからうまからおれるへし、(按司も下司もここから馬から下りるべし)」、裏面に漢文にて「但官員人等至此下馬」とある。これに嘉靖六年丁亥(一五二七)七月二十五日の銘記があるが、寺の建立年代は明確ではない。門を入ればさらに第二門、仏殿、庫裡、禅室、倉庫等がある。規模は宏壮ではないが、和漢の様式を折衷して、簡素のうちに効果をおさめた手法ははなはだ見るべきものである。私は緑苔の石門に映ずる処、石階を昇り甎道を踏んで長くここを去ることができなかった。寺は尚家の廟所で、舜天王以下歴代の霊位を祀るという。

これより県庁、図書館に赴く。この日は祭日なので、もとより用を弁ずることができるとは思わなかったが、果してその通りであった。途上、見物や買物などをしながら徒歩で宿に帰る。

12　沖縄の劇場(I)

夕食後、宿の新聞紙を借覧すると、「琉球新報」というのに、「寂れた芝居と活動の全盛時代」という見出しで、次の記事が掲げられていた。やや繁雑にわたるかも知れないが、後述の参考のため、全文を載せることにする。

本県の芝居はとんと寂れた。景気のよい寒水川《すんがー》芝居の物語りを偲べば、うたた感慨に耐えない。羽振りの良かった役者達の生活も、今ではドン底に蹴落されて見る影もない。それに変る活動の全盛時代である。本県の芝居は確かに行詰った。役者達が声を枯らして昔ながらの『歌劇』や観衆をニガ笑いさせるだけの『狂言』で、どうして新時代のお客さんが釣れよう。………活動に極まる。今では頑固な老人やタンメー、アンマー連中までヤレ坂妻がいいの否伝明が好きのと言い、『寄らば切るぞ!』の剣劇や新井、小泉等の喜劇物にヤンヤ拍手を送るようになったが、さて芝居の没落と活動の景気を数字で明かにして見よう。これは那覇署に届けられた昨年一月から十一月迄の観客数である。

	活動	芝居
一月	三四三一〇	四三五四
二月	一八六八〇	一四三三
三月	三六六六〇	八一〇一
四月	三〇三八一	七〇三四
五月	二二八四四	六六四二
六月	二一三八九	四二〇八

七　月	二〇九四一	五二四一
八　月	二七八四〇	九二六四
九　月	二四八〇三	八九九二
十　月	二五〇一四	九三八八
十一月	二六一七〇	四六六九

この記事にまず興味が引かれたのには訳がある。私はかねて、琉球には「組踊」という古舞踊劇や、あるいは多くの民踊が存していることを聞きおよんでいたが、前者がどのような場所で、どのような機会に演出されるものであるか、沖縄の民衆はこれらの舞踊の他に、何らの劇的芸術を有しないものであるかどうか等の点に疑問をもっていた。もっと古く鳥居博士が「彼等の興行している芝居を見た」記事（横山健堂『薩摩と琉球』三二九頁）を書かれたのを見ると、当時舞踊劇の他に、南島の伝説を取扱った「ウヤンマ」という悲劇のようなもののあったことが知られ、また伊波氏等の記事によっても、組踊りの出現以来、「市の劇」「村の劇」等が興り、そのあるものは今も残存しているということであったから、おそらく今なお市井の間に劇場があって、民衆の観劇心を満していると想像していたのであるが、この想像は、これを導いた上記の著者等の記事が漠然としているのと同程度に、極めて漠然たるものであった。田辺尚雄氏その他の人によって、琉球の名優は世に紹介されたが、彼等は常に名士招持の酒席に興を添える名優であって、その劇場は未だ充分に紹介せられていない。彼等の劇場は、あるいはすでに没落し終ったのではあるまいか。

私はこの新聞記事を見るにおよんで、始めてこれらの疑問がやや釈然としたのみならず、女中の口より、今宵も開演されている劇場が宿の付近にあると聞いたので、沖縄の最初の一夜を観劇に費やそうと考えた。一月の夜とはいいながら、外套も着けぬいでたちで、身も心も軽々と宿を出る。

劇場は宿より北二町、辻遊廓の付近にある。大正劇場という。建物の外観は、通常田舎町に見る劇場と変りはない。二十銭の木戸銭を払って中に入ると、観客はすでに多数つめかけていたが、なお開幕前であった。すなわち、これも田舎芝居に普通見る夜芝居である。引幕には「伊良波一行」と染めぬいてある。観客は女が多い。男がおれば多く老人で、私の年輩のものはほとんど見当らない。私が躊躇してついに坐りかねたあまり清潔ではない敷莫座の上に、彼等は行儀よく坐っている。女性の多い観衆としては不思議なほど喧騒でない。

劇場の内部の大きさ構造も、普通の田舎芝居の小屋と変りはない。大きさはまず本舞台三間というところであろう。観客席には桝はないが正面、左右には二階があり、花道、仮花道もある。花道には奈落もあり、廻り舞台の装置もあるらしい。ただしこれはその後数度見物したが、一度も使用されたことがない。おそらくこれを廻す手数を要せぬほど、舞台装置が簡単なためであろう。

私はこの開幕前および幕間の時間を利用して、観客の姿態、相貌を観察するのに努めた。これは私の観劇の重要な目的の一つであったからである。これによって沖縄の女性の風貌はほぼ察することができた。その詳細については、後述に譲ることにしよう。

やがて蛇皮線の音が鳴り出して、幕が開く。柝の音は入らない。番付はなく、下手の舞台の端に狂言名題が懸って、ちょうど能の見付柱のような体裁である。これに「茶仁」とある。その意味は不明。後にきくと、旧藩時代の役名であるという。

開幕すると立木の模様を描いた道具幕。その前に姫君、その老侍女一人、日傘を相合傘にかざしている。すべて女形。服装によって旧劇であることがわかる。何か言う。言葉は判らない。突然唱う。歌劇のようなものである。入る。柝なしにて道具幕が落ちる。舞台中央に朱の鳥居、左右は玉垣、奥に書割で遠見の社殿、海、すべて昼間見た波上宮そのままの景色である。ただし道具は粗末である。下手玉垣の前に床机が一つ。ここにさきの二人の女性が出、その若い方と恋仲になる若者が出、敵役の侍などが出て、事件の発端となる。科白はほとんどすべて節がつく。これに蛇皮線、時には太鼓が入る。いずれも節奏は単調である。役者の仕草は嫌味のないところをとる。概して淡々とやってのけるうち、一定の型を守っているらしい。若い方の女形は顔もよく、女形としての修養もよほど積まれている。後にこれが有名な儀保松男君であることを知った。鳴物師はすべて舞台に現われない。

「茶仁」劇は四幕で終る。幕間は短い。第二幕は金城《かなぐすく》按司の邸、この場で前幕の侍どもの讒訴により、さきの恋仲の男女は詮議をうける。女は按司の娘であるらしい。男は情ある取計いをうけ、侍どもは却って叱責される。按司は始終高相引にかけている。この幕は音楽、唄はなく、すべて科白だけ。第三幕はかの侍どもが按司を殺す。娘は追われて老女とともに山中に入る。山中には白髪白髯の仙人あるいは術者のようなものがいてこれを救う。仙人の風俗は歌舞伎劇に見るものと同一である。術によって赤鬼、狗を使い、悪侍どもを逐い払う。この鬼は赤の縫いぐるみ、腰簑をつけ、額に一角を載き、棒をもつ。狗は黄色の縫いぐるみ。顔面奇怪で天狗とはこんなものかと思う。この幕の後半ほとんど無言劇、太鼓は始終大どろどろである。立ちまわりの型はやや特異。第四幕は世話場が主で、仇討ち、縁組みでめでたしとなっている。節は単純である。この場では、落魄した老女が農家で餅を搗く風俗と、我如古弥栄という三枚目役の俳優の技が目についた。餅を搗くには、女二人向きあい、独鈷形の手杵をもち、鼓形の臼を中に据えて、歌いつつ交互に搗く。

後に聞くと「茶仁」は新作劇である。そして前出新聞記事中の歌劇に相当するものだということである。所作はやや特異のものがあるが、中に歌舞伎の型を踏用したものが少なくないと思われた。観客は概して静かであるが、あまり熱心な態度でもない。

次の舞踊である。「あやぐ踊り」とある。背景は道具幕だけ。始めに男女四人づつ、後に男四人、都合十二人の団体舞踊である。この三組はそれぞれ特異な扮装で、女形は筒袖の長い衣裳の上に袖なし半纏のようなものを着け、頭に赤い鉢巻をして、その端を後ろに腰まで垂れる。手に四つ竹。始めに出る四人は、赤い筒袖の腰までの上服、裳は白紫鉢巻を右横に結んで、膝まで垂れている。後に出る男四人は、服色黒白、袖、掌短く、白鉢巻を短く後ろに結び、脚に格子縞の脚胖をはき、左脇に小太鼓を抱え、右手に小さい撥《ばち》を持つ。服装動作は活発で、女群および第一群の男四人に対して対照的である。音楽は蛇皮線、太鼓。

この踊りの順序はおよそ次の通り。

（1）下手奥より男群、女群、四人ずつ、二列縦隊で現われ、上手前方に進む。男女ともに手振りあり。（2）正面に向き二列縦隊。（3）上手に寄り二重半円を描き、下手に向う。下手より大太鼓現われる。（4）大太鼓中央にくる。これを取りまき八人一列の円陣となる。次に八人同時に太鼓の下に寄って各二本の撥をとる。また開く。（5）（6）男女四人ずつ交互に太鼓を打つ。打たぬ組は太鼓と同時に撥をうち合す。（7）再び一列円陣。（8）太鼓を中に斜めに両群二列に別れて開く。太鼓上手に去る。これを追うように下手より男の二群が出る。これより活発な掛声が入る。（9）三列縦隊、（10）同正面に向く。（11）—（13）各組三列のままで交互に入れかわる。（14）下手の列より舞台前方を廻って上手奥に進む。他の二群舞台後方より廻ってこれにつづく。一列縦隊。（15）同隊形で上手奥より漸次入る。（9）以下ときどき全群声をそろえて「エンヤラスーウリ」という。そして第二の男群はこれに合わせて左手の小鼓を打つ。

この踊りは純然たる民踊であって、舞台芸術というべきものではなかろう。しかし民踊としては実に面白いものであると思った。

第三番目は現代劇「泉さん」これは二幕ばかりの現代喜劇である。もちろん新作物であろう。やはり歌劇であるが、評すに足らぬものである。ただそこに展開される事件が、中学校卒業生と女学校卒業生との結婚問題、高利貸、差押え、出稼ぎ者の成功等、現代沖縄の世相の一面を示すと思われる点において多少の興味がもてる。ただし観衆には、これが最もよく受けていた。

最後に「一つ家琉球故事（鬼婆）」という名題が出る。以上の見物でかなり疲れたが、これは面白そうであったから、止って見ることにした。

これは夫とその情婦とに欺かれて海上に捨てられた女が、忠犬に助けられて溺死を免れ、島に上って女児を生む。以来鬼婆となって旅人を殺し、娘と犬とを養う。後、一青年がこれに捕われたが、娘と相思の仲となってともに住む。この青年の父は軍勢を率いて鬼婆を退治する。鬼婆は娘の将来を托して死ぬ、という悲劇を取扱った三幕ものである。これは歌劇ではなく、全部科白でゆく。俳優も力演して、相当面白く見られる。主役の玉城盛義君は、琉球団十郎といわれた玉城盛重氏の血を引くだけに、はなはだ巧い。かつ熱心である。我如古氏の道化役も巧い。この劇中には、明らかに歌舞伎劇には見られぬ所作が種々見えて、興味があった。例えば別れを惜しむ仕草に、腕を肩の高さにまっすぐ前方にのばし、手を上下に動かす振りは、これを団体的にやると特に異様に見える。私はこれを見て、本旅行に出発する前、京都で見たアイヌ人の熊祭りの中に、彼等が殺した小熊の霊の離れゆくのを惜しむ動作と、全く同一であるのを直ちに認めた。軍兵の行進の所作がかった振りも、またはなはだ異様に覚えた。

以上七時より十二時前まで約五時間の見物に、身体ははなはだしく疲労したが、同時に多大の感興を覚えて、快く宿に帰った。

部屋には蚊帳が吊られている。私は正月蚊帳の中に臥すという馴れぬ経験や、今見てきた琉球劇の舞台よりの感興などに、暫くはいも寝やらず、沖縄の第一夜をふかしたのである。

13　沖縄の劇場（Ⅱ）

前章で、沖縄劇の見物記を書いたついでに、その後に得た知識を集めて、ここにその今少し詳細な内情を記すことにしよう。これは主として那覇市役所の上間正敏氏の談より得たものである。ただし系統的に秩序立って尋ねたわけではなかったので、はなはだ不統一かつ粗雑に流れるかと思う。また折角の談話を聞き違った点があるかも知れない。

沖縄の民衆が民踊の他に、科白のあり筋のある演劇を知ったのは、享保年間、踊奉行の玉城朝薫が五組の組踊を創作した後のことである。それも当初は、宮廷劇のいわばおこぼれを頂戴して満足するに過ぎなかったが、民間にこれを模倣するものが続出し、曲目も増し、町村に劇場もでき、こうして民衆劇が起ったわけである。明治に入って宮廷劇が廃されるとともに、劇は完全に民衆のものとなった。古典の五組の他に、準古典とも称すべき多数の民衆化された組踊りが創作されたが、民衆はさらにより民衆的なものを求めた。今日の組踊でない琉球劇はこうして起り、劇場は民踊とともにこれらの各要素のすべてを演ずる場所となったのである。

那覇の劇場はもと中座、球陽座、沖縄座の三座があり、俳優も多く、十数年前はちょうどその最盛時代を現出していた。ところが大正八年辻の大火に球陽座のみを残してあとは焼失し、中座はその後大正劇場として改築されたが、最早昔日の隆盛を見るに至らず、以来しばらく不運続きで今日に至り、先の新聞記事に見るような不景気時代となったわけである。現今の青年は活動写真館に走る。彼等の憧れを繋ぐ幻は舞台上より消え去ったのである。

古い沖縄劇場の構造としては、（宮廷劇場の図はしばしば見るところであるが）民間興行開始以来、七年後の劇場図というものが昨年十月発行の、伊波氏「琉球戯曲集」に掲げられている。これを見ると舞台は方三間の神楽舞台のように、三方に観覧席がある。観覧席には、桟敷、高桟敷、婦人席、土間等の設けがあり、楽屋との間には幔幕を張り回すのみである。その中央に老松の立樹を飾り、段切といえども道具を変えない。また、幕を用いず、戯題を記した板札を舞台正面の柱頭に掲げるのみとある。これは永久的のものであったか、否かを知らないが、私が見た球陽座の構造はややこれに近いものがある。

球陽座には、後にできた大正劇場のような花道はなく、舞台三方に観客を容れる。向って左手奥に楽屋より舞台に通じる橋掛りがある。二階桟敷はなく、平土間の中央には、一区画の仕切りがあって特に上等席としてある。道具をかえ、引幕を用いることは他と変りがない。これで見ると球陽座は原始的琉球劇場の形を存しているものである。

これらの劇場では現今、民踊および組踊りとして書物に載録されているものの他に、前記民衆劇を演じる。新作を上演することもある。組踊りは特に観客の所望ある場合に演ずることが多い。所作ではない、多少観客に親しみのある民衆劇には、いわゆる今帰仁《なちじん》由来記、大新城《うふあらぐしく》忠勇伝、謝名親方《じやなうえかた》、国頭左馬守《くんじやんさまぬかみ》。島我那覇、浦添真山戸《うらしいめーまとう》、黒金座主《くるかにさーし》、阿摩和利《あまうい》、普天間《ふてま》権現由来記、中順流《ちゆんじゆんながり》、仲里節、波照間真武羅等、琉球史上の出来事を取扱った史劇がある。また、薬師堂、泊阿嘉《とまいあーかー》物語、奥山の牡丹、思案橋、白蛇黒蛇、松の精のような、琉球伝説を取り入れたいわゆる歌劇がある。前者は科白劇にて諷を入れず、狂言という。後者は名のように諷を加えて歌劇風のものである。これらの劇には一定の台本のようなものがなく、ただ口伝、記憶によって演じているらしい。当局へは簡単なる筋を記して届けでる。他に忠臣蔵や不如帰、金色夜叉等を琉球語で演じたりする。また現代作家の新劇を、琉語に移して、研究的に演ずることもある。

菊池寛の「父帰る」、「貞操」、「屋上の狂人」、谷崎潤一郎の「無明と愛染」、久米正雄の「牛乳屋の兄妹」、額田六福の「真如」、有島武郎の「断橋」などは好評を博したという。ただしこれは研究劇ないし招待劇である。普通興行ではない。試みに普通興行として伊良波一座が昭和三年七月より同年末までの半年間に演じた狂言を順次掲載すると、次のようになる。

(1) 染屋、(2) 八重山行、(3) 契りの松、(4) 人形、(5) 牧湊乙女、(6) 冠船の後、(7) 間抜、(8) 子の審き、(9) 千手観音の救い、(10) 継親念仏、(11) 許田の手札、(12) 黒島物語、(13) 布哇金、(14) 梅と桜、(15) 生さぬ仲、(16) 秋日和、(17) 義理の柵、(18) 濡衣、(19) 不縁の夫婦、(20) 仙人の舞、(21) 仲順流、(22) 残された仏像、(23) 白蛇黒蛇、(24) 冥土の母、(25) 親の売物、(26) 逆戻り、(27) 秋の愛、(28) 与那国鬼虎、(29) 師の大歓、(30) 恵まれぬ兄妹、(31) 大口津口、(32) 新已ケ罪。

以上のうち多くは新作である。しかし、これがすべて前記「泉さん」程度の低級なものであるとすれば、心ある観客が劇場を見捨てるのは無理もないと思う。

14　沖縄の劇場（Ⅲ）

沖縄の劇場には興行師というものはいない。俳優は自身興行師であり、作者であり、鳴物師まで勤める。彼らは劇場の持主に一定の家賃を支払うので、もしより有利な条件を提供する他の劇団が現われたら、彼等は直ちに劇場を追われる。宿なしとなった役者は休業するか、地方巡業に出る他はない。八月の盆前は各地に田舎芝居の稽古の振付という仕事があるが、その他の場合にはたいていは悲惨である。ちなみに

天川踊（儀保松男君）

田舎芝居は村々の御願《おがん》所の杜に仮舞台をしつらえ、カンテラの灯で野天に催される。巡業の劇団が演ずる場合には仮小屋を建てる。もし田舎巡業で相当資金を得ると、彼等は直ちに中央に帰って劇場を乗取らなければならない。農村不振の時は阪神に出かけることさえある。これは同地方に出稼ぎの女工たちの懐を覗うのである。こうして阪神の場末を巡って、また琉球に帰ってくる。彼等が京阪の劇場を見学するのはこの時だけである。

俳優は一座に大抵一五、六人、全部男俳である。もっとも変態的に女優を一座することもある。かつて稀代の淫婦とうたわれたかの本荘幽蘭が、伊良波一行に加わっていたことがあったという。俳優になるものは俳優や座方のものの子弟が多い。十四、五年前、中学卒業生が四、五名劇場に投じて、新劇運動を興したことがあったが、これは永つづきしなかった。現在の俳優中には名優といわれるほどのものがいない。

今は隠退している玉城盛重氏は琉球最後の名優といわれている。しかし前記儀保君のごときは、若い美貌の女形として評判がある。私は現代歌舞伎界に、この種の女形らしき女形がいるか否かを疑いたいと思った。彼が扮する古風な若衆姿を見て、私は若衆歌舞伎に対する慶長人士の熱情を想像したほどである。

大正八年頃までの好況時代には、役者すなわち興業主である彼等の収入は非常に良かった。或るものは家作を買って、時人を驚かした。しかし今の不況時代に入って、すべての俳優はその日暮しの有様、以前買った家も今は抵当に入っているという次第で、転業するものも続出した。が世人は俳優を賤む風があるので、転業して成功した者は数えるほどもない。好況時代には風紀も悪かったが、その日暮しの今日の有様では、彼等は一般に神妙である。多くは内職もしないらしい。中に遊女の手踊を指南するものがある。儀保君のように人気ある立女形で、妻子を養って日給一円ないし二円だという。ただし晩飯だけは劇団より出る。私は彼等が楽屋で自炊した飯を幕間幕間に食べているのを見た。パトロンなどももちろんいない。第一、上流のものは芝居を見ないということである。

このような有様であるから、若い俳優はすべて前途に望みを抱くことができない。儀保君は捕手の一人になってもいいから京阪の撮影所に入りたいという希望を洩らした。自然技芸に身を入れるものも少なく、劇団自身道具衣裳に金をかけることもできない。私は楽屋を訪問して、その小道具などの粗末なのに驚いた。「ヤッツケ」が多いのである。稽古もたちまわりを一、二度やるくらいのものである。科白ももとより台本がないのであるからかなり自由である。

これらの点は内地の田舎巡業芝居と全く同様であって、とくに問題とすべきものではないかも知れない。組踊のごとき古典は、俳優以外に素人の好事者がいて相当保護されている。近来世人の興味がこれに向ったから、急に亡び去ることもないと思える。第一俳優は組踊の本格の型をかえって知らぬということである。そのため、民衆がこれに飽いて、悉く活動写真に向ったら、琉球の民衆劇は少なくとも都会においては、早晩滅亡すべき運命にあると言わなければならない。ただこれが内地の田舎芝居と異なる点は、その舞台の地方色である。これはいかに筋があやしげであり、道具がチャチであり、演出がヤッツケであっても蔽うことができない。また、それだけに様式化されていない利益もある。私のような他県人にとってははなはだ興味がある。同県人にしても、市に古代博物館、風俗館のような設備のない限り、また、面倒な文献に拠らない限りは、過去の琉球を知る唯一の機関であろう。歌舞伎劇がなかったとしたら、われわれは「チョン髷」の概念を得るために、今頃は文献を繰っているかも知れない。鉢巻を戴き、芭蕉布を纒い、前帯、日傘で歩む姿は、舞台以外には現今の沖縄では見られない。私は単にこの利益のための多大の犠牲を払って、沖縄の劇団を保護せよとはいわないが、識者がこのような利益をも考えて、現今の沖縄劇団の改良に努力されたらよかろうと思う。私の考えを述べるならば、俳優は内地と同様、真正の意味の新劇の方に精進して、現代の観衆を繋ぎ、一方、一種の古典として時代劇を整理し、あるいは改作して存続させるのが唯一の方法ではなかろうか。それも琉球語そのものを後世劇場のみで聞けるという――あたかも江戸時代の言葉を歌舞伎劇のみでわれわれが聞き得るように――事情になれば、これは後世への何よりの功績であろうと思う。ただし今のままではこれははなはだ望みが少ない。世人は私が沖縄劇に興味を持つことをさえ不思議としている。琉球のベデカーともいうべき県教育会刊行の「琉球」には、歌舞音楽を紹介しつつ、那覇市の劇場の存在に一行だも触れていない。沖縄の劇場は世人から今やほとんど完全に見離されているのである。

15 黒田氏訪問

一月六日。昨夜の夜ふかしに思わず朝寝をして、起きると十時に近い。日曜日のこととて、今日も官庁に用を弁ずることができない。そこで午前中は天草丸の阪本氏より紹介状を貰っていた、波上の陶師黒田理平庵氏を訪ねることにした。理平庵氏は折悪しく不在とあって、その家兄が出られた。私は同氏の好意により、黒田氏蒐集の琉球古陶、古漆器、古染織物等を一覧することができて多大の利益を得た。古琉球の工芸品については、近年伊東忠太博士や鎌倉芳太郎氏の努力によって、絵画、彫刻、建築等とともに始めて世間に紹介され、その価値が明らかにされた。鎌倉氏(「啓明会第十五回講演集」大正十四年)によると、まず琉球陶器に釉薬の用いられたのは、元和三年以後のことである。最初は薩摩の朝鮮陶工によって伝えられたが、のち直接にも朝鮮陶法は伝えられ、寛文の頃よりは中国の陶法も移され、また後に薩摩の陶法も入って来た。つまり琉球古陶はこんな短期間に、複雑な影響をうけて発達して来たのであるが、明治年間にはすでに衰亡の期に入って、今日の不振状態に陥った。今黒田氏が琉球で蒐集した古陶を見ると、琉球製品中、以上の影響の歴然と指摘できるものがあるばかりでなく、中国、朝鮮、薩摩等、国外製品もあり、南島往時の国際関係を如実に見る感じがした。

琉球漆器の歴史は陶器よりも古く、明の宣徳以前に溯ることができるという。これには堆錦、および貝摺が特に面白く、他にいう沈金、蒔絵、箔絵等がある。意匠はおおむね琉球独特の画風を示し、一種不思議の美を有している。漆器上に用いられた金具は、私には珍らしく、おそらく中国風であるかと思われた。

古琉球の染織物中で、いわゆる「紅型《びんがた》」は最も有名であり、かつ美しい。これはわが友禅に似た染物であるが、友禅よりは歴史も古く、ナイーブである。色は燕脂が特に美しい。織物にも種々あるが「花織り」「手縞」等、縞の中に絣を混えたものははなはだ美しい。黒田氏は「琉球人は絣を織ることの名人である」といわれたが、私もまたそう感じた。今日琉球に多く遺残するかの中国製緞子等の絢爛たるのに対して、以上の琉球産染織物が、謙譲な工芸美を発揮しているのは、はなはだ快く思われる。正午黒田氏邸を辞す。

16　県立図書館

午後は沖縄県立図書館を訪う。かねて伊波氏等より紹介状を得ていたので、館長真境名安興氏に名刺を通じる。氏は初代館長伊波氏の後を承けて篤学の士であり、かつ温厚の長者である。私たちを益すところの多いかの『沖縄一千年史』は氏の著作であり、私がこの日初めてその存在を知り、そして直ちに入会した南島研究会は、氏を中心として活躍しているのである。私は氏によって、私の渡琉の目的である人骨採集の上に多大の便宜を得たのみならず、その他種々の点においてはなはだしく利益を蒙ったことを特記しなければならない。

沖縄図書館に、多くの貴重なる琉球史料を収蔵整理していることはつとに有名であるが、短時日の滞琉中に、その一々を借覧することは到底不可能である。多くの訪問者はおそらく同様の事情を嘆くであろう。この点において、南島研究会がまず、『中山世鑑』、『球陽』、『遺老伝説』、『東汀随筆』のごときものから、続々印行を企て、南島研究誌上にすでにその一部を実行されたのは、はなはだ感謝すべきことである。

沖縄図書館には、なお多少の考古学的遺物をも蔵している。石器時代遺物としては、伊波、荻堂、城嶽等の貝塚出土土器片、獣骨等があるが、土器片には紋様のあるものが遺っていない。石器も良品は殆どない。ただ久米島久志川発見の磨製石斧が一個ある。宮古島発見といわれる勾玉があるが、石器時代のものか否かは不明である。なお土器には八重山の古陶にて「離焼」と称するものがある。赤色素焼の壺であるが、かなりの高熱を通ったと見えて、所々に偶然に銀釉が現われている。その状はちょうど蝸牛の這った跡のようであるから、世人は粘土に蝸牛を混じて焼いたものだと伝えている。他に那覇港口の海底より得た高麗焼の陶器が数点ある。

土俗品で珍らしいのは木製農具の「うずんびら」である。これは「手鋤」ともいうべきものであって、すでに柳田国男氏の『海南小記』にも所載のものであるが、鉄器の輸入以前における南島の農具の有様を偲ばせるものである。直径約二五センチ、胴高約一〇センチくらいの太鼓がある。表面には稚拙な獣が描いてある。これは往時の婦人が旅行の際に叩きながら歩いたものだという。

風俗上の遺品としては芭蕉布製の官衣など数点を見たが、特に珍らしいのは「帕《はちまき》」すなわち官帽である。これは官位によって形も多少違い色も異なる。紫黄は貴く、紅緑はこれにつぎ、青は最も賤しい。同色のものも、なおその間に差別があり、高貴なものはいわゆる浮織冠で、綸子に種々浮紋を織り出したものを用いる。もちろんこれに併用する簪にも、位階による差別がある。帯袍は言うまでもない。ちなみに帕は鉢巻で、古くは布を頭に巻きつけたものであるという。国王は「皮辨服《うまんとん》・冠《たまんちゃーぶい》」を用いる。昭和四年四月、第一回名宝展に、尚家より出陳された皮辨冠は、金鉢巻に宝玉を無数に嵌め、龍頭の大金簪を挿して絢爛豪華眼を奪うものがあった。皮辨服、犀角白玉帯と称する袞衣、石帯もその折に観た。話がそれたが、沖縄図書館には、この帕を納めるための数個の帕箱が遺っている。内外とも黒、赤等の漆を塗り、表面に家紋を描いている。多く金蒔絵である。

琉球史上の遺物としては、福州琉球館の門扉に掲げられた「柔遠駅」とある扁額や、那覇港口、迎恩亭上に掲げられた「迎恩」の二字額、その他見るべきものが多いが、すべて割愛する。同館所蔵の美術品等については、後述の機会を作ることにしよう。

四時、図書館を辞して外に出ると、館前に数人の土工が土を起している、彼等の工具を見ると、私たち

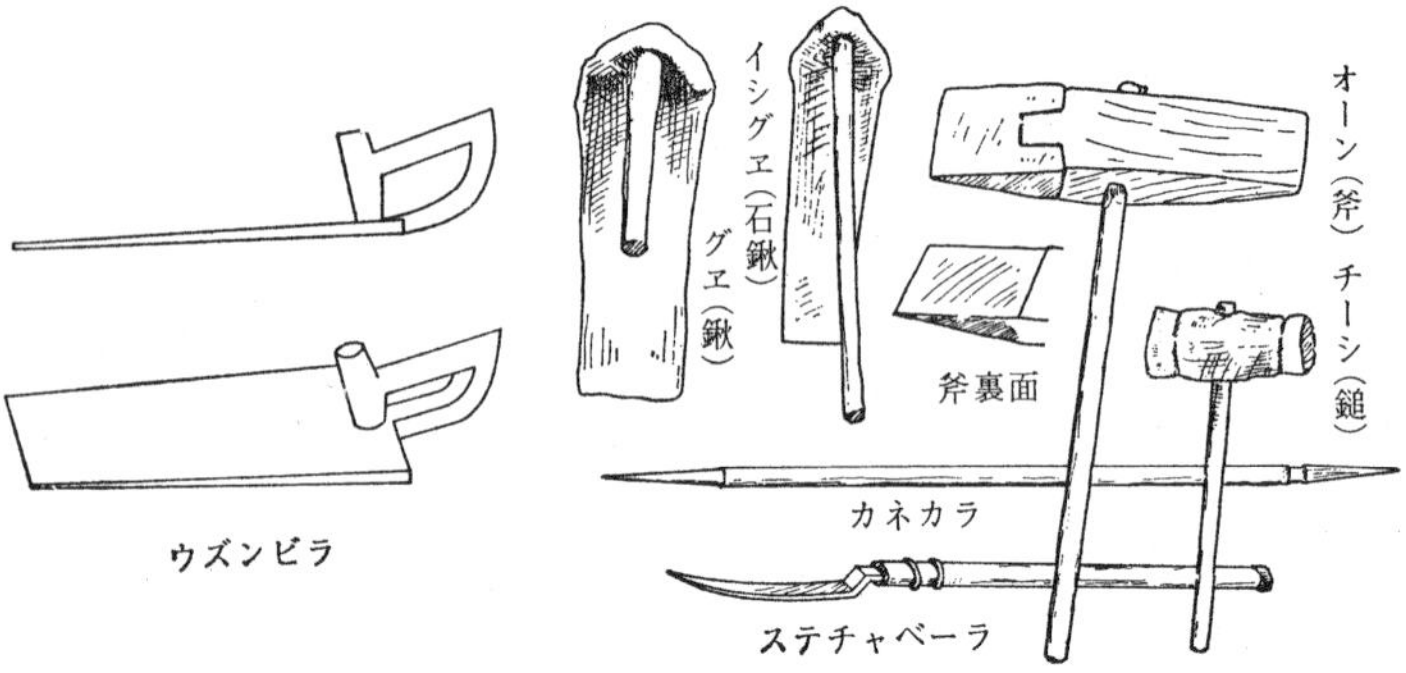

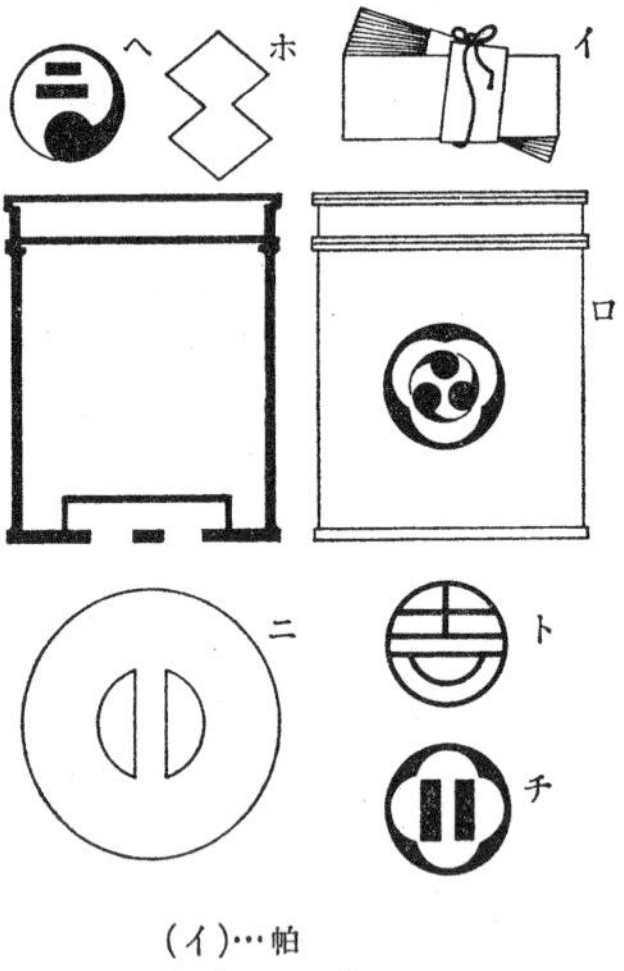

(イ)…帕
(ロ)…帕　箱
(ハ)…同断面
(ニ)…同底面
(ホ)〜(チ)…紋章

が日常見るものと少なからず違っているようである。試みにその名を尋ねながらスケッチをした。これより久米町の聖廟を見物しながら、古本を漁り、絵葉書を買うなどして、折からの微雨の中を宿に帰った。

夜は再び観劇、今夜は東町の「球陽劇」というのに行く。この劇場のことは既述した。この夜は数番の舞踊と歌劇「松の精」、史劇「今帰仁由来記」等を見た。劇中八橋流の琴を弾く件があったり、敵役がハブにうたれて苦しむところがあったりして面白く見物した。宿に帰れば十二時。さて明朝からはいよいよ仕事を始めるのだと心を励まして床についた。

17 奇遇

明くれば一月七日。七種粥を祝う日であるが、旅にしあればそのこともなく、尋常の朝餉をとっていると、今しもこの宿に到着した客の一行が、中庭を隔てた広間で、声高に話すのが聞こえる。聴くともなく聞えてくるその話中に、「墓」「人骨」「運天港」などという単語がしばしば出てくるに至って、私はたちまちに極度の緊張を味わったのである。彼らもまた私と同一目的を以って渡琉した人々ではあるまいか。疑心暗鬼とやら、私はこの想像が確定的なように感じて醜くも狼狽した。やむを得ぬ事情の下にあったとはいえ、鹿児島での二日、那覇到着後の二日を、無為に過した事実が、私を一種の神経衰弱症に陥れていたのであろう。私はその一行が私にとっての競争者のように感じたので、先んずれば人を制す、一分でも早く官庁の手続を終ろうと、朝食もそこそこに、支度を整えて玄関に出る。と、同時にそのひとびとも玄関に出た。正面衝突である。一行は三人いずれも未知の人物であるが、あらゆる外観において私を威圧するに足る人物である。私は一足早く宿を出て腕車を県庁に走らせる。

県庁に着くと、学務課長はまだ登庁していない。しかたなく隣接する沖縄図書館に赴いて、登庁時刻を待っていると、そのうちやや冷静な気持を回復し得たのは幸いであった。同時に先刻の狼狽ぶりがはなはだ滑稽に見えて、ひとり冷汗を催した。やがて県庁より通知があって、知事官房にゆく。この頃ちょうど沖縄県知事更迭の時に当り、新知事はまだ着任していない。官房において、まず私の目に入ったのは宝来館の玄関にて見たさきの三客である。この時学務課長福井氏は、直ちに右三氏を私に紹介せられた。貴族院議員北村氏、同じく大城氏、そしてわが京都帝国大学教授武田五一博士の三氏である。この最後の名を耳にして、私は名状すべからざる安心と嬉しさとを感じた。同博士はその名を知ること久しく、しかも未見の師であった。科を異にするとはいえ、同じ大学に在ること数年、未だかつて見ず、一朝沖縄に来て初めて拝顔するとは、実に奇遇というの他はない。

私は先刻の無礼を謝し、それぞれに来游の目的を語ることなどあって、たちまちにこの三氏に昵懇の栄を得た。それればかりではなくこの日これらの名士に陪従して、終始同一行動を採ることができたのは、私にとってはなはだ過分のことであった。聞くところによれば、武田博士は建築材料調査を兼ねての再游であり、北村氏は観光をともにせられ、県出身の大城氏はその案内役とのことである。

これよりしばらく同官房で大城氏の沖縄経済談を聴く。かねてきいてはいたが、いま大城氏が数字をもって手際よく説明されるのを聞くと、畸形的沖縄経済の内情が始めて明確に判る。生産過少と輸入過多は本県経済難の根本原因である。しかもこの過少な生産額の一割以上は交通費に割かれる。談話のいちいちをここに述べ尽すことは不可能であるが、私の職掌がら特に記憶に残っているのは、沖縄五三町村中、医師のない村二二、産婆のいない村二四という事実である。もって本県の保健状態を察することもできよう。

右の談話をきいている間に諸般の手続も終ったので、一行は県立図書館に向い、転じて県工業指導所に向う。同所は近年の創設ではあるが、陶業、染織、漆工等の工芸について、秩序よく研究を進めている。ことに新進の所員諸氏が、古代琉球工芸の復興を目指して努力されるのは非常に喜ばしいことである。私たちの参観時、漆工部においては、ちょうど御大礼記念として同県より奉献する、見事な螺鈿大屛風を謹製中であった。本指導所にも、二、三の琉球石器を蔵しているが、記録が不備である。

同所を辞し、大城氏の招待によって昼食をとるため風月楼に向う。時は正午を過ぎてすでに久しい。

18 首　里

風月楼は那覇江の中島にある奥武山の西端、もと御物城《おものぐすく》といい、藩倉の跡にある。波上の見晴亭とともに、那覇における他県風料亭の随一である。北明治橋を渡ってこれに近づけば、石門は厳として、あたかも城郭に入るようである。楼上の眺望は広く、遙かに那覇港口を望んで、船舶の去来を指呼することができる。

食後少憩の暇もなく、県庁差しまわしの自動車に乗って首里に向う。私は今日公的な手続も終えたので、直ちに目的の行動に移るべきはずであったが、私が第一に訪れたいと望んでいる運天港へは、明朝、武田博士一行が往訪の予定なので、これと行をともにするのが便利であろうと勧められるままに、この日も残る半日を、首里観光に従うこととしたのである。

那覇より首里までは、自動車で僅か十分内外の道程である。首里に近い山坂を上ると四囲の風景はとみに美しく、古都に向う情緒は早くも湧いて来る。午後二時半、首里に入る。

首里は古来中山の都、しかし今見るような形をとったのは、有名な尚真王以来のことである。すなわちわが足利時代の末に当る。一歩市中に入れば四百数十年の寂びは、随所に漂うのを感じる。竜潭を右に世持橋を渡ると、左側に古い大邸宅がある。尚侯爵邸である。車を停めて表門を入る。表門は石牆より内方に袴腰の形に凹み、門の東方には牆上に物見台のような建物が聳えている。細砂を踏んで玄関に向う。ここより侯爵家の家令、百名朝敏氏の案内で広間に通る。広間は書院作りで床間あり、障子は板戸。すべてお手のものの屋久杉をふんだんに使用してある。この室で茶菓を饗応される。菓子は侯爵家特製の雞卵糕とかいうもの、カステラと味付パンの中間のようなもので、落花生の実が入る。少憩の後、邸内を巡覧する。庭園は純和風とも見えない。灯籠、手水鉢等の石造物はみな面白く、それよりもさらに面白いのは庭内の植物である。一月七日というのに、まさに百花繚爛の趣がある。蘭に水仙、菫に薔薇に花芭蕉。かずらの類の紅い花はことに美しい。玄関に還る。玄関脇の後架の窓に、貝を薄く摺ってステンドグラスのように嵌めたのがある。これを透って入る光は、えもいわれぬ和らかさである。貝は南洋よりの輸入品。仕事はやはり貝摺奉行の手に成ったものであろう。

侯爵邸を辞して円覚寺に赴く。寺は尚真王が明応元年の建立したもので、総門、放生池、山門、仏殿、最後に竜淵殿と、一直線上に配列し、左右に鐘楼、鼓閣等があり、禅刹特有のプランである。塔頭を有せず、規模は大とはいえないが、なお琉球第一の巨刹である。開山は芥隠禅師。

一行は北脇門より入る。この簡素な石門ははなはだ美しい。本殿、山門等の木造物はいずれも中国風で、みな優秀である。柱脚、勾欄等の石造物の意匠もまたはなはだ振い、琉球独特の美を発揮している。

殊に放生池上に架せられた石矼が傑作である。仏殿は釈迦を本尊とする。作は脇侍文殊普賢ともに大傑作ではない。ただ須彌壇背後の壁画は面白く、彩色はやや新しくて後世の補修を経たと思われるが、画風はやはり琉球独特のものである。金剛会を描いたものだという。おそらく琉球唯一の大作品であろう。

円覚寺を辞す。去り難い気持である。寺の西方、円鑑池中弁才天堂および有名な観蓮橋の石欄を見て、「たまおどん」に向う。尚家歴代の墳塋である。円覚寺南方の森の下道を踏んでこれに詣れば、石墻いたずらに高く、内景は拝すべくもない。しかし四囲の空気は自ら厳粛で、一行思わず襟を正す。陵前に額づき香を薫じ供米を捧げて、何事かを祈念する老婆がある。琉球社寺、御願所には付きものの情景である。

これより首里城趾に向う。

首里城は天孫氏以来の居城であるという。しかし現存の遺構は多く尚真王以後のものである。建造物では正門の観会門（文明九年）などが最も古く、これと同時に建てられた正殿、所謂百浦添《むんだすい》は後世再度の炎上を重ねて、享保十四年復旧、弘化三年の修営を経ている。まず観会門に向う。石造拱門の上に入母屋造りの楼を立てている。門前の石獅は非常に面白い。門を入って数十歩内で壁瑞泉門に達する。門の畔に瑞泉あり、石製竜吐より清冷の水は滾々と湧出する。歴代冊封使はこれに題して石碑を刻んでいる。うちに、「中山第一」とあるのは徐葆光の書である。石竜の彫刻もまた面白い。

これより漏刻門を経て城内に入る。城内はやや荒涼の感がある。瓦片を拾いなどしながら、正殿に向う。正殿は往時国王執政のところで、外観重層、正面に唐破風を有し、棟の両端、破風の突端に異様の物を置く。高さ五四尺、巍々として聳え、琉球第一の巨殿である。壇に石欄を付し、石階の左右に見事な竜柱を樹てている。石欄の彫刻もこれと同規で、ともに尚真王が創建時代の遺構であることを示す。

この正殿は先年維持費の関係より廃棄の運命にあったのを、伊東博士等の尽力により、新設沖縄神社の拝殿という名目の下に、政府の特別保護を蒙ることとなったのである。武田博士は同保存会委員の一人とし、種々調査する所があった。私はその間に友人服部勝吉君に贈ろうと、新古数種の古瓦片を採集した。

興は尽きぬが、時も移ったので、城を出でて大手通りを西に行くと、右手に園比屋武嶽の神厳な森を拝す。これに崇美な石門があり、前に石炉を安置する。もと王家の花樹園で、門内の古碑に宣徳二年の銘文を見る。これによるとその頃よりすでに霊験著しい拝所であったと言う。

　これより有名な守礼門を望む。これは今廃滅した中山門の第一坊門に対して第二坊門をなし、嘉靖年間の建造で、もと丹塗りであったことは、これを「上陵門」と称したことより察せられる。形はなはだ優美、楼上「守礼之邦」の四大字を書いた扁額を掲げてある。

　守礼門をくぐり、かつては貴紳上﨟が往来した綾門大路に、今は人影もない寂しさを味わいつつ、車を走らせて町家の間に入り、直ちに帰路につく。

19　歓迎会

　宝来館に帰着。夕食後大城氏来訪、那覇市官民有志者は今夕、武田博士一行のために歓迎会を催すから陪従せよとの勧誘。これに従ってまず大正劇場に車を走らせる。

　二階正面に特別に座席を設けてある。着座すると直ちに開幕。二才踊、姉小舞《あんぐわーもーい》の後、今夕は特に組踊「執心鐘入」を演ずる。これは玉城朝薫が道成寺より編曲したもので、「琉球道成寺」ともいうべきものである。舞台は紅白のだんだら幕。囃方は舞台裏。

　旅僧の代りに中城若松という少年、これは儀保君、金武ぶしにて花道より出る。本舞台にかかり「わぬや中城若松とやゆる……」以下の詞となる。ちなみにこの若衆役は、女役と同様の節まわしである。髷も女髷に似ているが釵は上より挿す。両脚の踏み開きは、立役と女役との中間の程度である。女あるじは玉城君。紙燭をもって上手より出る。いずれも扮装は「冠船踊」の原本に指定したのより簡略であるのは致し方もない。以下型のごとくあって、座主、小僧大勢出で、若松の鐘入となり、女役鬼面撞木を持って狂いとなる筋は、ほとんど道成寺伝説通り。ただし日高川の条はない。詳細は伊波氏の近刊『琉球戯曲集』を見られたい。

次にあやぐ踊、天川踊の二番があって、劇場を出る。宴席は菱富楼。直ちに酒宴に入って、芸妓どもの手踊りを見る。御前風、同上かぎやて風上り口説、四ツ竹節、万歳踊、鳩間節、花風節の七番、それぞれに面白く、酒は琉球特有の泡盛、冷徹水晶を溶かし、試みに口に含めば舌上を転ぶがごとき気もちがする。食物の豚料理もはなはだ珍らしく、中華料理のように濃厚なところはやはり、琉球独特である。十二時、宴を終って宝来館に帰る。

20 山原《やんばる》へ

一月八日。快晴。八時、県庁の自動車がくる。この日は学務課長福井氏の案内で、島北国頭《くにがみ》地方、俗に山原《やんばる》を訪問する日である。武田博士、北村氏、福井氏、いづれも痩躯とはいえないひとびとである。私もまたこの点においては諸氏に譲らない。さすがの県第一等車もためにやや窮屈の恨みはあるが、途上の風景と車中の談話の面白さに、私は旅行中初めての幸福感を味わったのである。

不思議なのはこの国の自然である。左手に見える海の色も夢のようだが、道の両側には木瓜の花が咲いている。と思えば昼顔が咲いている。釣鐘草がある。女郎花がゆらいでいる。畠はと見れば豌豆、蚕豆、薯の花の咲いているのもあり、甘蔗の穂のすでに白く穂波するところもある。苗代の水田があるかと思えば、麦の穂ののびた所もある。桑の巨木も珍らしいが、われわれが蔬菜のように思っている唐辛子は、ここでは灌木である。見はるかす山松も、見馴れた松の姿ではない。熱帯植物の珍らしさはもちろんのことである。悠々と魚をあさる鳥の姿も好い。

さらに面白いのは街道に沿って散在する農家である。棟の短い四注の藁屋根、正方形に近いプランは、鹿児島地方の農家に似ている。壁は竹を網代に組むものが多く、土塊、石塊を重ねたものもある。農家の広庭に小さい馬を使って甘蔗を絞る風景、聚落に入ればほとんど毎日、軒先に豆腐を売ろうと思い思いの小箱を立て並べたのも面白い。一度ならず裸体の子供達が、田川に水遊びするのを見ては、われわれはただ呆れるばかりである。

浦添の城趾は右手の松林に遙かにそれと知り、為朝が船出したと伝える牧港《まちなと》を左に見、北谷《ちゃたん》も過ぎると嘉手納《かてな》に着く。那覇より嘉手納までは軽便鉄道が通じている。「ここを過ぎて鉄路を見ず、始めて辺境に在るを覚える」という福井氏に答えて、私が「またこの軌道を見て始めて田舎に来たことを知る」といったのは車中の失笑を買った。こうして読谷山喜納《よんたんざんちな》の番所を過ぎると、やがて国頭郡に入る。これより四囲の風光は頓に一変した感じがし、山容渓声はようやく幽邃を加えて来る。植物も変り民屋も異なる。われわれはたちまちに山原にあることを知ったのである。

十時半、恩納《おんな》に着いて小憩をとる。恩納とは面白い地名である。沖縄初代の知事、奈良原男爵はこの地名を詠んで「国頭《くにがみ》の蛸で名高いおんなかな」とやらかした。その名物の蛸は味わうよしもなかったが、茶店に蜜柑などをとって喉を湿す。恩納の詩人ナベが

恩納岳あがた里が生れ島、森も押しのけて此方《くがた》なさな

と歌った恩納岳のかなた、わが想う人の生れ里。この山を押しのけて此方にしたいとは、人麻呂の「靡けこの山」よりもさらに強い。

恩納を出で、喜瀬《きせ》や許田《こだ》の浦々の飽かぬ景色を讃えながら、正午名護《なご》の町に入る。名護は山原第一の要津で、かなりの殷盛を示している。

　浦々の深さ、名護浦の深さ、名護の美少女《みやらび》の想ひ深さ

という小唄は、すぐ好きになれる。山原男《やんばるおとこ》は向う息が荒いと聞くが、女は情が深いというのだ。街ゆく男女の顔かたちも、首里や那覇の人とは多少違ってくる。

一心館という他県人経営の旅宿に入り、那覇より携行の簡単な昼食をとる。一心館の構えは田舎町の商人宿の程度である。しかし非常に清潔、かつサービスがいい。上は知事に至るまで、山原訪問の名士は皆ここに泊るという。

食後名護の郊外に出る。午後に入って天気はますます良好である。まず海浜に出て舟を見たり、農家に入って家内を見廻す無遠慮を演じたりする。豚小屋兼厠の構造を見ようと、鼻をつまみながら恐る恐るそれに近づけば、見慣れぬ客の訪問に豚公は驚いて、今にも脚下の黄金泥を跳ねかけようとする。名護郊外には有名な穀倉が数個所にある。皆いわゆるたかくらの類で、その構造はしばしば紹介されているが、見る目にはなはだ愉快である。彼らはこれを単に「くら」という。下に入り人の通うべき足場を見る。試みに懐中電燈を把って中に入れば、鐘乳洞特有の冷気の肌に泌みるのを覚える。遺物らしいものもなく、これを出で百按司墓《ももじゃな》に向う。

百按司墓は丘陵の南面、運天村の背後にかかる懸崖の中腹にある。幣原坦氏の『南島沿革史論』以来、天下に広く知られた遺跡である。前面は樹に蔽われて、今は南の日ざしを遮られ、樹間まばらに、港湾の光るのを見るばかりであるが、すでに二時、再び車中に帰って運天に向う。

21　運　天

運天は為朝上陸の地と伝える所、今も山原の良港の一つである。名護より北方三里の山道を走ると、渓流に衣を洗う山原乙女の姿は見えないが、美しい唱声は樹蔭より洩れ聞える。仲宗根《なかそね》の里を過ぎると、数分で運天に着く。村の入口で自動車を乗り捨て、蘇鉄畠の中の小径を踏んで、村後の丘陵に上る。数百尺で眺望たちまちに開け、屋我地《やがち》、古宇利《こうり》の近島はもとより、雲烟遥かに辺戸岬のかすむのを見る。天下の絶景である。ここに数株の巨松をめぐらして、為朝上陸の紀念碑があるのも一つの愛嬌である。それより少し下ると為朝の窟がある。この窟は自然の石灰洞で、入口は種々の植物に蔽われているがかなり広い。洞底は斜下しているが、地上は明るい陽を受けて、住居としても絶好の場所であったと思われる。ここに私が数えて西より順に、第一号より第一〇号の石灰洞がある。洞の多くは人工が加わり、第四、第五、第六、第十洞は、ほぼ自然に近い。その天井には巨大な鐘乳が垂下している。第四、第五、第六の三洞は、その前面に石墻を作り、漆喰で固めてある。高さ約七尺。第一号、第二号、第三号および第九号は、入口に木造の梁柱および障板を遺し、いわゆる「板門《いちゃがじょう》」をなしている。第二号、第三号はほぼ完全である。第七号にも僅かにその跡を示す梁が遺っている。第一号洞には板門の前に、第四、第五号には石墻の内部に、山原竹を編みなした網代の壁が一部分残り、いずれの洞も砂礫を下に敷いてある。

第一号洞の内部には、木造の切妻屋形をした唐櫃様の棺が四個、多くは大破して、不規則に置かれてあり、棺の内外には人骨破片が散在している。人骨は外観古くかつ重い。色は蒼寂び、質は固いが表面は風化している。

第二号洞は、第三号洞の西上方にあり、足場がなくて、精査することができない。第三号洞は内部に屋形石棺、屋形陶棺、壺形甕棺の数個、やや不規則に置かれている。その周囲に僅少の骨片を見るが、概して清潔である。試みに甕棺の蓋をとると、洗葬された人骨がほぼ完全に残っている。底に水の溜っているのもあり、骨質ははなはだ脆弱で、触れるとこわれそうである。石棺内の人骨はさらに脆弱である。ジモン（Edmund Simon）博士の "Riukiu, ein Spiegel für Altjapan" 1914 の第十図は、この第二号および第三号洞を示したものである。

第四号洞は七尺の石墻を越えて、木造屋形槨の屋根が見えている。ジモン博士の第九図はこの屋根板の一部分である。屋根板を掲げて内部を覗くと、白骨累々として充満している。その多くは完全骨で、その上一見はなはだ質が良い。本洞の内部の状態については、後章において詳述するつもりである。

第五号洞の内部は白砂を見るばかりで、第六号洞は石墻の内部が広く、全洞中第一である。ここに木造屋根の形は残っているが、柱はみな倒れて惨憺たる木槨がある。菊池幽芳氏が『琉球と為朝』の口絵に掲げたものはおそらくこれと思われる。すなわち明治四十年頃より後に、このように倒壊したものであろう。その下には、入母屋形の屋根をした唐櫃様木棺の破片があり、破片には黒漆、赤漆で唐草模様を描いたのもある。人骨は長骨破片等が散乱しているが、菊池氏の写生のような充満ぶりではない。それはその後に散逸したか、改葬されたかであろう。この洞の奥に上段の間のごとき場所があり、ここに辛うじて破損を免れた木棺一個が安置されている。その形は菊池氏写生のものと同形である。ただし、「えさしきや」の文字は燈火を近づけても既に見るべくもない。前に香を焚いてこれを崇めるもののあった趾がある。この洞の奥壁になお一小洞あり、あたかも龕のようになっているが、その入口は石で塞がれている。この洞の天井鐘乳は美しい。

運天港のどくろ塚（上は立石鉄臣氏による復元図，下は同側面・平面図）

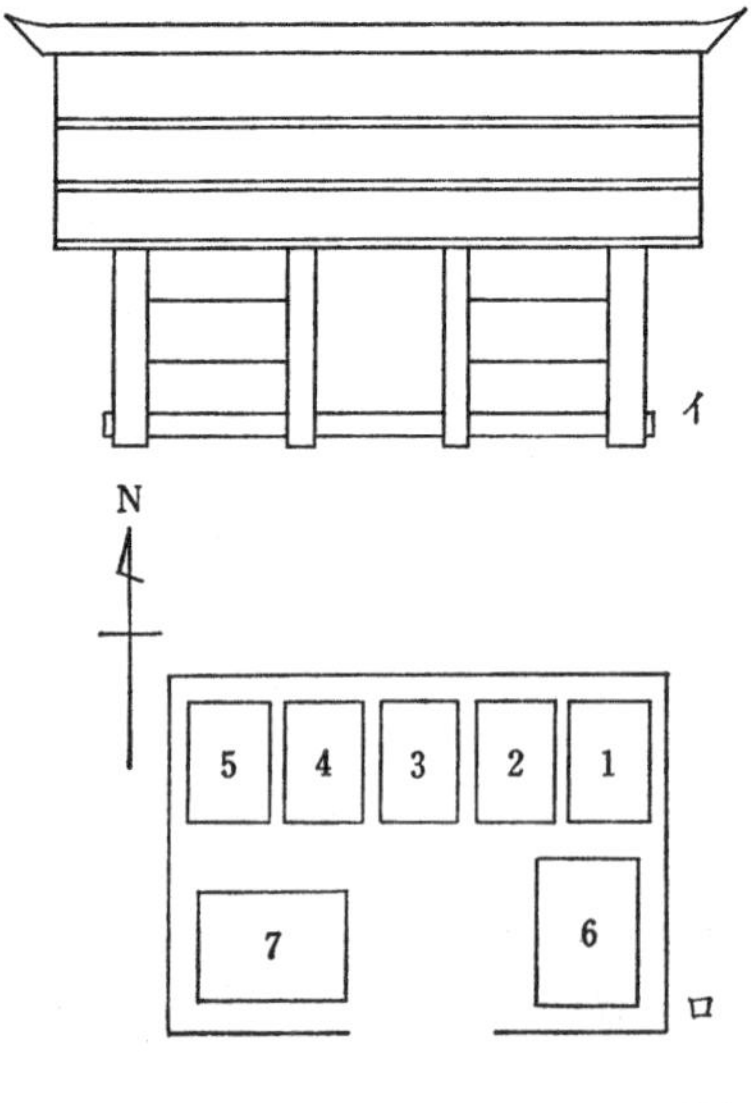

第七号、第八号洞とも入口は積石あり、漆喰は用いていない。前者は入口狭く、上に一本の木梁を横たえて板門の名残りを示している。内部には人骨破片散乱し、悪童どもがこれに投石してことさらに破壊した痕がある。第八号洞もほぼ同様である。両洞ともに骨質は第一号洞のものと似ている。

第九洞は板門破れて、内部の状態が明らかに見える。中には石棺、陶棺、甕棺充満し、その間の空所には、長骨を重ねて美しく積み並べてある。甕棺の丸形の蓋をとって内面を見ると、多く雍正、道光の頃の年号月日を記し、付近の村名、人名が記されている。一壺に二体分入れるのもある。頭蓋は常に上部に、足趾骨は底部にある。石製屋形棺のあるものは、底に長骨数個を平行に敷きならべ、その上に頭骨を二個あるいは三個、規則正しく並べたものがある。本洞の人骨は形はほぼ完全に近いが、質は最も劣悪である。

屋形棺は美しく、数種類あることを知った。石棺で四注形の屋根を有し、極めて単純なものがある。洞中最古形かとの印象を受ける。さらにその壁面屋背面に蔓模様等の線刻のあるものもある。鴟尾の形面白く、奇獣を現わしたものもある。陶棺に至っては、いずれも装飾は大いにすぐれ、みな通気窓を正面に有し、その左右に仏像を浮彫したものなどがある。甕棺はこれよりも新しく、様式は再び簡単となっている。これにも通気孔がある。ただし屋形陶棺、壺形甕棺ともにその系統を今に伝え、那覇市中はもちろん、田舎の小村にも、店先にこれら両形陶棺を並べて売るものをしばしば見る。現今のものはいずれも手法繁雑で、琉球特有のコバルト色の釉をかけたものである。

第一〇号洞はほとんど洞とは名づけ得ない岩屋であって、人工の痕は僅かに底面の礫を敷いたくらいのもの。その上に僅かに長骨が散乱している。骨の質は第一、第七、八号洞と同様である。本洞より東にはもはや何らの足場もなく、人の通った跡も見えない。

以上一〇号洞はことごとく南面し、前面の木立を透して落ちる疎らな日光は、石墻に板門に、美しく揺れ動いている。

私は後日これらの人骨を徹底的に採集しようと覚悟を定め、この日はこの好機会を利用して、でき得るだけ完全なるものをまず持ち帰ろうと、失礼にも武田博士を助手と頼み、数個の頭蓋を第四号洞より取り出し、羊歯の葉などでこれを包み、大風呂敷で自動車まで運んだ。北村貴族院議員に「一つあればいいではないか」と、嫌な顔をされたのは恐縮であった。

これより直ちに名護に帰り、再び一心館に寄って私の荷物の一部分を、他日訪問の日までと、これに托し、さらに車上の人となって一路那覇に向う。私は山原に止って独り採集を続行する利益を知っていたが、学務課長福井氏は、一応県警察部の諒解を得、その応援を待つのがよいと説かれたので、これに従ったのである。牧港は暮色のうちに過ぎ、夕景の那覇に入る。

夜は市中の古物屋で古漆器、織物などを少しばかり買う。この古物商は昼間琉球絣を頭にのせて宿館に訪れた老婆の家である。純然たる素人屋で、押入の中よりさまざまのものを取り出して見せる。無口ではあるが巧みにお世辞をいうから油断はならない。私は後で多少高買いをしたと悔んだことであった。

22　雑　事

一月九日。武田博士一行はこの日与那原《よなばる》方面へ視察に出向かれる。私は運天港百按司墓遺骨採集に関して警察部の許可を得るため、午前中に県庁に出頭した。まず産業課長井田憲次氏に面会し、諸般の斡旋を依頼する。井田氏は考古学的趣味ある少壮の上司であって、特に私の面接を望まれたのである。私が同氏によって本旅行中多大の便宜を得たことは、今後の記事に詳記するつもりである。同氏の紹介により、私は警察部長関壮二氏の出庁を待つ間に、同課在勤の大城氏および衛生課の中村渠《なかんだかれ》氏について、墓地や葬風のことなどを訊ねた。大城氏は運天村付近の出身で、同地方には百按司墓の他に「やまとちぶる」という墓地が仲宗根村にあり、これには明治三十五年頃までは、人骨が沢山遺っていたという。この「やまとちぶる」とは大和頭《やまとつなり》のことであり、慶長十四年の「琉球入」の際における、島津藩の戦死者の墓であると信じられていたそうである。これは必ずしも信ずる必要のないことは、沖縄における自然的墓地が一般に「大和墓」「平家墓」等、彼らより見たる異分子の墓として信じられている事実、そして、この俗信の多く不当である事実（伊波普猷氏、『古琉球』土塊石片録）から想像ができる。

中村渠氏は久志の出身者であって、先ほどから紹介された久高《くだか》島海岸洞窟の風葬のことなどを尋ねた。両氏はともに種々興味ある事実を語られたが、必要な話は今後おりに従って引用することにしよう。

とこうするうちに、正午近く警察部長関氏が登庁されたので、諸般の手続はたちまちに終り、同氏は食堂に私を誘って昼食をともにしながら、またもや種々興味ある話をされた。うち、大正十四年行われたという宮古島の私刑の話などは特に印象が深いが、その内容を詳記する暇のないのは残念である。

午後は沖縄図書館を訪れ、島袋源一郎氏著『沖縄県国頭郡史』、幣原坦氏著『南島沿革史論』等を借覧した。運天村百按司墓についての記載、あるいは同一地方一般の葬制等を知って、私の仕事に対する予備知識を得るためである。これらの有益な著書の記事については、後に引用するものが多い。

真境名館長によって、前掲『冠船踊』上下二巻の複写本（原本尚家所蔵）を示されたのもこの日である。これは伊波氏の『琉球戯曲集』の凡例にいわゆる「小禄《おろく》本」に当るものらしく、同治六年丁卯、躍奉行の小禄按司等によって、その前年の仲秋、冊封使接待のために宮廷で演ぜられた組踊の次第を記されたものである。これより約三〇年前編曲の、伊波氏が底本とした『羽地《はねぢ》本』は何かの理由で借覧することができなかったが、しばらくの間これを拾い読みして、その内容の面白さに、私は恍惚の思いをした。

それより談は現代沖縄劇場のことにおよび、真境名館長は特にこの方面の事情に明るい、那覇市役所の上間政敏氏を招いて、私の質問に答えさせられた。その談の大要は、前数章に録載した通りである。同氏はさらにこの夜大正劇場の実地に、私を案内することを約束して辞去せられ、私もまた私の気紛れの興味が意外なひとびとの時間を割き、また割くような手筈になったことに恐縮しながら、図書館を辞して帰路についた。

帰路は上之蔵町の写真屋を軒ごとに訪問して、新古の写真を蒐集する。うち、某店頭に、数人の制服を着た生徒が、教師とともに卓上に顕微鏡、頭蓋骨等を載せて、研究しているさまを撮影したものがあった。入ってその校名を問うと、首里の県立師範学校であるという。私はその人骨を借用するため、翌日早速同校を訪問しようと、即座に決心した。次日の運天再訪の予定をこのように咄嗟に変更させたのは、他にも理由があったが、この意外の掘り出し物に、心が昏んだためでもあったかもしれぬ。思えば笑止な話である。

夜は上間氏同道、大正劇場に赴く。組踊「東辺名《つかへな》の夜討」というのを見る。これは先夜の「執心鐘入」と異なって、やや写実的な演出である。閉幕後、楽屋を訪ねて、俳優諸氏に紹介され、かつその生活の一端を目のあたり見学する。観客席より見て、地方色の濃い衣裳、道具と思ったものが、中には本格ではない間に合せものに過ぎなかったことも、ここで知った。閉場後、若い俳優儀保君等と深更まで酒亭に相語った想出は今も懐しい。

23　首里の人骨

一月十日。晴。午前中県庁に出頭、学務課よりの紹介を得て、首里に赴き、沖縄師範を訪う。途中で武田商会の三宅氏に再会し、また直ちに別れた。師範学校では、博物課の小椋教師等の案内で人骨その他を観る。人骨は完全な頭蓋六個、長骨その他若干、いずれも質良好で十分計測に堪える。出所も骨面の落描きにてほぼ明白である。沖縄県立第一中学校より受けついだ標本であるという。その多くは生徒が運天港その他より採集して来たものである。中に出所不明なものがある。

博物教師は同校長の了解を得て、これらの貴重な標本を私の研究に快く提供された。私は欣喜して感謝の言葉も知らぬほどである。同校標本室には、松村質文氏等採集の伊波貝塚出土の石器九点、土器二一点（うち有文一二点）骨牙器五点、その他八重山郡石垣村出土の貝器等雑品九点があった。伊波貝塚の石器、土器等は大山公爵報告のものと大差なく、骨器の一つは骨錐と思われる。八重山の貝器は長一五・六センチ、幅四・二センチ、厚三・三センチ牙形に研ぎ上げた大形のもので、用途不明である。他に卒業生の寄付による南洋ジャワ方面の土俗品等があり、沖縄現時の交通の一斑を示すものである。

これより県立第一中学校にゆく。一部の標本の出所を質し、かつ一中所蔵の標本借覧のためである。校長本荘光敬氏、博物学教師久場長文氏に面談、師範学校人骨の出所に関する記録はないが、他県より購入あるいは搬入したものではないという。当校にも博物標本として頭蓋骨一個、大腿骨、その他数個の短骨あり、記録によれば、宮古島出身の県議員立津春方氏が、同島で採集したものであるという。京大所蔵の他県人骨と交換の条件にてこれも貰い受けることにする。本荘校長はこのような好意を示されたばかりでなく、私の琉球人研究に多大の興味を寄せられ、他日の手足掌蹠紋理の採集に際しては、同校生徒を提供しようと約された。

首里における意外の収穫に勇躍しつつ帰途につく。那覇に帰れば夕景に近い。西武門《にしんじょう》の大城という活版所で、『琉球俗謡』『組踊』、『琉歌集』『琉球伝説』等を購めて宿に帰る。この『組踊』は現今劇場等で臨時行われる組踊の底本となっているのであって、前日借覧の小読本に比して、さらに数段詞章が卑俗であるらしい。八八、八六調の琉歌も珍らしくて面白い。しかし難解である。

この夜は県学務課長福井氏の斡旋で、折から滞琉中の山内陸軍中将一行に、武田博士一行およびわれわれを加えて、宝来館の晩餐席上、近時流行の座談会が始まった。中将一行は築城法研究のため、中城城址の視察を目的とする来遊である。専門上種々興味ある談があったが、いずれも翌日の仕事を控えていることでもあり、深更にわたって飲みかつ談ずるには到らなかった。

24　再び山原へ

一月十一日。晴。武田博士等はこの日帰途につき、私は再び運天訪問の予定である。別れに際し同博士は私に磁石、バロメーター、自動シャッター等の機械を貸与され、私の行を激励された。感謝惜別の情は尽きないが、出立の時間も来たので、車上の人となる。時に午前八時。この朝の同乗者は紺絣の琉衣を纏う老婆一人、老齢のために下顎低く、顴骨は強くその顔は四辺形に近い。眼はなお明眸を失わず、眉宇の間に一つの決意が漂っている。これは琉球老婦人独特の風貌である。試みに「どこへ」と訊ねると「山原へ」と答えて他を言わない。

車外の風景は三日前と異ならないが、しかも新しい人影のない海岸の、静かな太古のような眺めはことに嬉しい。

朝波はうごきはおれど白とりは　いさりはすれどねむるこの磯（牧湊付近）

郵便車を兼ねていると見えて、嘉手納に着くと、車は郵便局前に停る。用の済むのを待つ間にスケッチをした。車は土砂運搬用の古いトラック、これに甘蔗を満載し、夫は上に乗って馬を駆り、妻は後に立つ。琉球風景につきものの一つである。正午前、名護《なご》着。一心館に入る。

昼食後、名護小学校に校長島袋源一郎氏を訪う。前記『国頭郡史』の著者である。その顔貌は山原人士を代表しているようで、私の記憶に強く印せられた。これについては後に詳記するつもりである。同氏は私のために、琉球研究に関する文献目録、琉球葬制に関する諸記録等を用意して教示されたのちに私を導いて運天に同行された。

途中、仲宗根村巡査駐在所より、応援かつ監視役として巡査一人同乗、直ちに百按司墓に向う。まず百按司墓の実地について島袋氏の説明を聞いたが、私の先日見た第九、第一〇号洞は、同氏はこの日初見とのことであった。これより巡査、運転手、島袋氏を助手と頼み、第一号洞より始めて、人骨の採集に着手する。骨は新聞紙に包み、番号を記し、名護より用意して来た大風呂敷に包む。その日は時間の都合で、第一号、第六号、第七号、第八号洞および第四号洞の一部分に限り、他は明日の仕事にのこした。しかも完全で良質の頭蓋一五個、頭蓋破片十数個、躯幹四肢骨多数を得た。うち個体所属の判明したものは第四号洞の一部のものに限り、他はおおむね不明である。第四号洞その他については、なお詳記を要する点が多々あるので、百按司墓に関する一般事項とともに、次節に再説することにする。

こうして作り上げた大風呂敷包み数個、これを山から運び下すのが大変であった。中には文字通りの骨折り騒ぎもある。それを自動車に満載して名護に帰り、夕食後、古箱古新聞紙を買わせて、荷作りに取りかかる。一切自分一人の仕事だから苦しい。十二時近くまでに大荷物六箱釘づけにする。

25　百按司墓《ももじゃな》

一月十二日。この朝は都合よく名護より運天行のバスが出る。相客は一人、これは仲宗根で下りる。私は仲宗根駐在所で準備を整え、人夫の雇入方を依頼して運天に向う。村口に車を捨て、トランクを肩に、単身百按司墓に登れば、朝暉鳥囀は樹間に揺蕩し、山気はなはだ爽かである。人夫が来るまでの小閑を写真撮影に費す。

やがて人夫が来る。続いて仲宗根駐在所巡査も来る。作業が始まる。人夫は在郷軍人とて、はなはだ使いやすい。ただし人骨に対しては、本地方人特有の嫌悪を示し、直接これに触れることを肯わない。ために肝心の採集は私が独りこれに当り、彼は私が包装した人骨を受取り、これを運搬するに過ぎない。これは私の労力の負担を増し、採集時間の不足を結果することとなった。一々の人骨について、詳細な採集記録を作ることができなかったのは、この事情によるのである。

まず第四号洞より始める。これは既述のように見える石墻をもって三面を囲まれ、中に家屋形木槨がある。石墻上より僅かに見えるのは、この木槨の棟木の一端である。屋の構造は菊池氏挿図（既出）の木槨とほぼ同様であるが、それが六脚であるのに対し、これは四脚で、東西北の三壁は板を張りめぐらし、正面は中央に入口を有している。木槨の長さ約七尺五寸、幅五尺、高さ五尺五寸、入口の高さ二尺六寸、幅二尺である。内部には多数の木棺破片散乱し、無数の人骨が堆積している。木棺の配置、構造を見ると、原配置を保っているものは、七個であるらしい。この配置は島袋氏の『国頭郡史』の四三一ページの挿図に比較すれば、本地方一般の配置に近く、またもし例の世代順位を応用して解釈すれば、一より七に至る番号の順序に世代が下るはずである。ただし、この解釈は本木槨内の人骨が、各世代ごとに埋葬された同一族のセリーと受取れぬ点があるので保留する。ただ木棺の構造は一より五に至るものは、形式は同じく切妻屋形式であるが材料は繊細で、大きさもやや小（二尺七寸×一尺三寸）、表面赤漆あるいは黒漆で唐草等の模様を有し、腐朽の程度もはなはだしく、人骨も木槨中最悪であるのに反し、六号および七号棺は、材料強固で塗料なく形も大（二尺三寸×一尺五寸）、その形あるいは第一号洞の木棺に酷似している。中に納めた人骨もやや良質で、明らかに一―五号棺のものよりは新しい。また第一号より五号に至るものは形式はやや異なるが、その材料手法模様等は、第六号洞内に散乱する唐櫃様の入母屋形木棺とよく似ている。

以上七個の木棺の他に、木槨内にはさらに多数の木棺がある。これらは槨内の空所に不規則に横たわっているばかりでなく、他の木棺の上に不遠慮に積み重ねられ、その配置は乱雑で、その多くは入口よりせず、明らかに屋上より投下したものである。棺はすべて長方形の蜜柑箱のようなもので、何の装飾もない普通品、中に納められた人骨は全百按司墓中では最良質に属する。中には最近の晒骨に係わるらしいもあり、少なくとも石墻形成後に、本槨内に埋葬されたことは明らかである。ところがこれらの石墻の設けられたのは明治十五年である。これは風通しを妨げて、木造物や人骨の腐朽を早める結果に終ったが、伝来の墓所をもたない貧民が、これを乗り越えて、中の木槨を利用することを妨げなかったものであろう。

つまり木槨内には、最近に至るまでの同地方人の骨がある。これはほぼ疑いない事実であると信じる。そうすれば古い方はどうかというと、『球陽』巻之二尚忠王の条下には、次のように記している。

是れ由り遺族（尚忠王の）の徒、皆な遁れて隠る。即今の今帰仁・間切下・運天村の所謂百按司の墓なる者は、其の遺族の墓也、墓内に枯骨甚だ多し、又た木龕数箇有り、以て屍骨を蔵す。修飾尤も美にして、皆な銘は巴字金紋。而して一個の稍や新しき者の壁に、字有りて弘治十三年九月某日と云う。此れを以て之を考うるに、則ち其の遺族は尚真王時代に至りて、老いて尽きしなり。此れ其の証也。然れども人没し世は遠く、墓地の骨露わる、今人之を問えば、則ち運天村の人曰く、裔孫已に絶え、掃祭する者有る無しと。

これを見ると、百按司墓は文明元年の頃、今帰仁に隠遁した北山王族の墓地であり、『球陽』編纂の頃にはすでに裔孫絶えて、掃祭者もない有様であった。そしてその頃すでに有紋の優美な木龕あり、そのやや新しいものに「弘治十三年」の銘があったという。この木龕は現在の唐櫃様木棺に当るであろうし、これらが弘治十三年以前の造営になることは確かであろう。そして幣原氏の前出著書によれば、同氏はこのような鎧櫃形一木籃の壁に、「ゑさらきやのあし」なる仮名文字を読んだという。この「ゑさらきやのあし」は、後菊池氏が「ゑさしのあし」と読んだように、「ゑさしきやのあし」の誤りで、『国頭郡史』の著者によれば「伊差川の按司」であろうという。伊差川は運天に隣接した羽地間切の一地名として今も残っているから、百按司墓の最古骨が、四百数十年前の同地方人骨であることは確かといってよい。

島袋氏が最近発見した古記録によれば、沖縄各地に散在した北山王族の末裔六五人が、三万貫文を投じて百按司墓を修営したのが、万暦五年九月である。つまり各洞の板門、木槨はこの際に成ったものである。そして第一号洞木棺および本木槨中の第六第七の両木棺は、その手法材料等より見て、おそらくその際、同時に成ったものと見られるから、本木槨中には、弘治以前より万暦の頃、並びに明治以後最近に至るまでの人骨が、共存するものと見なければならない。

槨内の人骨の間に埋没して、こんな考えに首をひねりつつ作業を続けていると、非常な渇きと空腹とを覚えた。洞を出ると正午である。人夫を麓の人家に遣って飲料を求めさせると、しばらくしてビールを一本買って来た。私は必ずしも酒類が好きではないが、この時のビール一杯は実に珍味であった。名護より持参の弁当をひらき、ビール一本に三人の喉を湿しつつ昼食も終ったので、小憩の後また作業にかかる。

第四号洞を終れば、爾余の洞にはあまり良質の骨はない。それでもできる限りの材料を集めて、五時にひとまず、百按司墓を採集し尽くした。折よく迎えの自動車の着いた知らせがあったので、山を下って一同仲宗根に向った。駐在所で作業衣を解き、荷作りなどをして名護に向う。七時名護着。夜は十一時迄荷作り。昨夜のと合せて十二箱、さすがに疲労を覚えて夜は熟睡した。

(付) 昨十一月号記事に、百按司墓の紹介は幣原氏の『南島沿革史論』以来のこととしていたが、笹森儀助翁はこれに先立つ数年、明治二十六年九月、既にこの地を訪れ、「番所の南百按司山に百按司墓を参拝す。数年前石垣へ堊塗にて堅め外部より顕れたる数百の髑髏を蔽えり。行を同じうして数間を隔てて人民の墓地点在す。およそ七八ヶ所、幾百の人骨あるを知らず。」との簡単なる記事を『南島探検』中にのこしている。よって前説を訂正する。

26 山原別離

一月十三日。午前中は人骨の発送その他の雑事に終る。昼食後、那覇行バスの発する一時半までの間に、島袋氏邸を訪れて謝礼を述べた。日当りよい前庭に、ゼラニウムその他の花は紅紫とりどりに咲き誇っている。同家を辞し市中の写真店で写真を漁り、名護美人の数枚を手に入れる。店頭を出ると軒先の桜花は今や蕾破れて、ちらほらと笑み出す陽気である。

時間が来たので車中の人となる。隣席に一心館の十四、五才の女中が乗っている。数日来の顔馴染である。きけば那覇の叔母の家にゆくという。この少女は国頭郡本部《もとぶ》町出身であるが、顔つきは繊細で、身体もまた細い。しかし山原人一般はこれとはなはだしく異なっている。今手に入れた写真を見ても、そのいちじるしく突出した顴骨、張り広がった低い下顎、高からずして鼻翼の張った鼻、口裂の大きい厚い唇、濃くあい迫る眉毛、低い額、一見ヴィゴラスなる感じを受ける。これに相当して肩幅、胸広く、頸は短く、身長もまた大きくはない。以上は奄美大島人に見た特徴とはなはだしく似通っている。そして沖縄一般の体質の根底をなすものは、実にこれであるかと思える。那覇首里地方人のこれよりもやや繊細な分子に富むのは、おそらく後来の他人種の混交の結果であろう。

車中の感興、車外の眺望は飽くこともないが、私は昨今の陽気に却って風邪を引いたらしく、はなはだしい倦怠を感じ、途上しばしば故障を生ずるフォード氏に、ようやく反感を覚え始めた。四時那覇着。

夜は疲れもやや治まり、就寝前の数十分を、これも日課のようになった芝居見物に費した。この夜見たのは儀保、玉城両君の演ずる「執心鐘入」。ただし先夜の組踊と異なり、長唄風に囃方の出語りで、三弦の他に琴、太鼓等入り、衣裳、所作もはなはだしく派手であった。しかし面白味はむしろ真の組踊風演出にあるかと思われた。観客の婦女を見ると、国頭に見る所とは一見いちじるしく異なる。一般に細くて顔が長い。「那覇に帰ると顎が長くなる」と思った。

27 市中訪骨

一月十四日。好晴。午前九時、腕車を命じて住吉町、垣花小学校に向う。同校所蔵の人骨を一見するためである。一中教諭久場長文氏の談によると、同人骨は本小学校建築の際、地中より発掘されたものの一部分であるという。同校の所在は那覇市の西端に近く、小祿村鏡水に殆ど相接している。これに近づくに従って、腕車の速力はにわかに鈍る。見ると街路は柔かい砂地で、車轍は深く砂中に喰い込んでいる。

校門に着いて名刺を通ずると、校長は授業中ということで、数十分間の猶予を求められた。付近の古刹臨海寺を訪う。寺は市中民家の間にあって、規模見るべきものがない。もと同寺内にあった沖《うき》の宮は、市外真《ま》和《わ》志《し》村に移され、今は庫裡本堂を兼ねた平凡な一宇を遺すにすぎない。古義真言宗で東寺の末。軒下に懸けられた梵鐘には古色あり「天順三年三月十五日、奉行与那覇、大工花城」の銘がある。住持を煩わして本尊を拝した。本尊は薬師三尊の浮彫に、石面着色、仏身および菩薩には金箔をおく。裏面に「至正壬午四月十九日云々」の銘があるという。すなわち琉球最古の彫刻物である。厨子もまた琉球独特の手法に成り、表面に仏相華の蒔絵がある。なお、扁額、聯等、見るべきものがある。住持はもと京都に遊んだ人で、語るに従って懐旧の情はその方に動いた。これを辞して再び小学校を訪う。校長は許田《きよだ》氏、私の来意を快く容れて、直ちに所蔵の人骨を示される。人骨は不完全頭蓋一個と、数個の躯幹および四肢骨より成る。発掘時の事情を伝える何らの記録も遺っていないが、質は比較的良好で、一見古代人骨とは思えない。同校長の好意によりこれを借用して県立病院に向う。

県立病院では、折柄診療中の副院長石川氏を煩わして、所蔵人骨の有無を訊ねる。氏は貴重の時間を割いて、所蔵標本中より数個の脊椎骨、四肢骨等を選び出されたが、これも所伝不明である。その上同病院設立当時、標本として他府県より購入したとの想像も可能なので、借用は中止する。なお石川氏は琉球古芸術品蒐集家とのことである。滞琉中に少暇を設けて、訪問することを約したが、ついにその暇を得なかったのは残念であった。

28　沖縄県庁所蔵の遺物

県立病院を辞して県学務課を訪う。中城《なかぐすく》訪問のために、公用自動車利用の許可を請う目的である。折悪しく学務部長不在で要領を得ない。昼飯までに時間ができたので、同課所蔵の遺物を一覧することにした。遺物は主として石器時代のものである。その中で石斧が多く、合計一六点、うち中頭郡では伊計《いけ》島出土七点、津堅《つけん》島二点、美里《みざと》村伊波《いふぁ》一点、具志川《ぐしちゃー》村天願貝塚一点、宜野湾《じのーん》村真喜志《まきし》森乃山一点、国頭郡では、本部《もとぶ》村浦崎一点、同村浜元一点久志《ぐし》村一点、村名不明嘉津宇一点である。右のうち伊波、天願以外の地名はすべて、「石器時代地名表」に未載である。以上の石斧はすべて磨製、森乃山の一点以外はことごとく円刃である。森乃山石斧は内の一面が他面に比して磨面広く、片刃のごとき感を与える。石器としては他に八重山の勾玉、錘石、出土地不明の凹石、津堅島および国頭郡金武の烟管がある。勾玉は碧玉質で形は単純、屈曲少なく、貫孔小、刻線なし、長さ二センチ強の小形である。錘石は扁平な分銅形で、上部に貫孔あり、同部は鈕状。烟管はいずれも石灰岩質の軟かい石で、津堅のものは火皿だけである。金武のものはいわゆる雁首で、約三・五センチの管がついている。挿込孔はいずれも円く、竹管を用いたものと想像される。他に出土地不明の土製雁首がある。形やや小さく、土器としては他に八重山川平貝塚出土の土器片がある。厚さ約〇・八センチ。固くかつ重い。表面に刷毛目のような線条があり、他に細い点線が並行に走っている。直線である。八重山の石器時代土器も地名表に未載である。地に並行直線で描いた鋸歯紋ある土器片、二個の穿孔を有し数条の並行線を刻んだ牙製装飾品、一個の穿孔を有する貝製装飾品等がある。いずれも出土地不明。古瓦数点のうち、勝連城および首里真玉城外の記載あるものは、前記浦添城の古瓦と同一手法で、他に首里城のやや新しい瓦もある。

以上を一覧し終って、県立図書館に真境名氏を訪う。

29　崎樋川《さいふぃじゃ》遺跡

図書館で昼食をとり、これより真境名氏とともに崎樋川に向う。中途国吉《くによし》真哲氏を訪うて案内を頼む。国吉氏はつとに同所より土器片、獣骨片等を発見して、これが石器時代遺跡であることを推定した最初の人である。真境名氏も同遺跡は未見なので、私の滞琉を幸いに、ともに発掘調査しようとかねて約束されていたのである。この約束の日は実は昨十三日であった。それを私は誤って本日と記憶していたために、これらの諸氏に多大の迷惑をかけたことであった。

崎樋川は那覇市の北部天久《あめぐ》にあり、海中に突出する丘陵である。ここに清水涌出する一拝所《うがん》があって、婦女の参詣するものが多い。泊の町家を離れ、畠中の小径を進んでこれに近づくと、諸所に白堊の墓が散在し、怪奇な阿旦叢とともに、晴天下はなはだ強烈な風景をなしている。丘に登れば四方は闊然とひらけ、南方波上を指呼すべく、波濤は脚下の珊瑚礁に雪と砕けて、眺望絶佳である。

遺跡は南面する数丈の懸崖に臨み、ところどころ阿旦叢に蔽われている。そして懸崖面には至るところ地山をなす隆起珊瑚礁岩露出し、凹所に辛うじて腐蝕土を遺す有様である。遺物層は極めて薄く、遺物は土層とともに、一程度下方に向って移動したことも想像ができる。試みに一隅を掘ると、貝塚に混じ黝赤色の小土器片、獣骨片等を得た。珊瑚礁岩より成る未製石器のようなものもある。これらは県図書館所蔵の城嶽《ぐすくだけ》貝塚のものと酷似している。ただし有紋土器片はまだ見出されない。これを石器時代遺跡と認めるのは穏当である。ただ遺物層は右のように極めて薄く、到底有望な遺跡とは認め難い。ことに私の目的とした人骨を得られる予想は殆ど不可能である。

少時の試掘の後、阿旦に包まれた拝所を見て丘を下る。帰途、小橋川朝重氏に会う。

30　城嶽貝塚人骨

小橋川氏は考古趣味を有する篤志家である。私は先日真境名氏より、城嶽貝塚人骨の存在について聞くところがあったが、その発掘者は実にこの人である。紹介が終ると、私は早速その人骨について訊ね出した。同氏の談によると、大正十四年十一月の頃、雨後土中より洗い出された人骨片を、城嶽貝塚の南隅に見出した。これを掘り出すと下端の欠損した人類大腿骨である。ただしこの欠損はその発掘時に起ったものである。伴出遺物は深く探索しなかったためか、少しの貝片以外には何ら見出されなかった。同氏はこれを石器時代人骨と認めて大切に保管し、目下首里市の川平朝令氏に寄託しているという。

私はそこでその人骨を一見するため、川平氏邸を訪問したいと告げた。そこで真境名、小橋川両氏は私を真和志村の県立女子師範学校に案内して、在校中の川平氏に紹介せられた。そしてしばらくの後、われわれは首里市川平氏邸内に招かれた。

川平氏邸は首里における士族邸特有の構造と思われ、はなはだ雅味がある。問題の大腿骨は左側上半部に当り、成人の大腿骨であることは明らかである。骨体下半部は川平氏保管中に亡失され、今は同部を遺すだけで、これを見ると曝歯の程度等、石器時代人骨特有の外観を有している。ことに骨体上部の扁平度の強い点などは、日本石器時代にはなはだ多い特徴であって、これが石器時代人骨であることは外見よりも想像ができる。（なお本大腿骨については、「人類学雑誌」第五〇〇号記念号に、拙文を掲げて詳細の報告をした）。

私は、これを見て始めて、城嶽貝塚の実地を踏査しあるいは発掘して、あわよくば多数の人骨を得ようとの希望を抱くに至った。これを同行の諸氏に相談すると、みな快く私の企てに賛成して、その援助を約束された。川平氏邸には本人骨の他に、同氏および小橋川氏等が蒐集した種々の遺物が蔵されている。伊計島の石斧四点は、この日県学務課で見たものと同様、磨製円刃、伊波貝塚の石斧は打製で、珊瑚礁岩より成り、あるいは未製品とも思われる。浦添城趾の古瓦は円形の瓦当で、蓮弁と思われる浮彫を有している。彫ははなはだ深い。他に久米島「いしきなふわ按司」の墓より得た木枕あり、刳抜き折りたたみ式で、明らかに中国式のものである。

夕方首里を辞して宿に帰る。夜は絵葉書を書いて知友に贈る。

31　首里の採訪

一月十五日。午前十時、首里。昨夜大腿骨とともに借用して那覇に持ち帰った浦添城の古瓦を返しに、川平氏邸に立寄る。十一時より第一中学校五年生の掌蹠紋を採る。助手を頼まなかったため、一人約五分の時間を要し、午後にわたって二五人分という不成績に終った。

午後二時、師範学校を再訪し、所蔵の土石器類を調査する。その概要は既述した。うち伊波貝塚出土の土器底部の破片で、底面に篭目を有するものがあった。

同校で、先日借り残した人骨数個をさらに借用し、理科教師某氏の案内で、首里第一小学校を訪問する。学校は首里城内にある。放課後なので周囲は廃墟の静けさがある。応接室で教諭、玉代勢《たまよせ》氏等に会う。同氏等の好意で、頭骨二個を得た。一つは首里城下の洞穴中より、他は浦添村牧港の山洞前で、土中より発掘したものという。

細雨となる。同校を辞して那覇に帰る。

32　琉球古美術写真

一月十六日。女子師範学校で生徒の掌蹠紋を採集する。生徒を助手と頼み、午前午後にわたって四六人。採集中、宮古および国頭出身者は、一種の手型を有するような感じを得た。彼女等は一般に手掌広く、指長小である。京都出発前、沖縄人の体臭について、足立博士より注意があったので、採集中に鼻も大いに働かせていたが、この方は別に収穫もなかった。

帰路図書館に立寄って、鎌倉芳太郎氏撮影の琉球古美術写真数十種があるのを知る。これを借用して、先日来預けておいた書籍、人骨等とともに宿に運ぶ。夜は西本町の活動写真館をしばらく覗く。河部・大河内の「弥次喜多」というのをやっていた。九時、宿に帰って写真を見る。

琉球古絵画としては、筆者不明の歴代王像いわゆる「御後絵《うぐいー》」や、円覚寺、天久宮《あめく》、首里観音堂等の仏画の他に、著名な画家の手になるものも多い。欽可聖《きんかせい》城間《ぐすくま》清豊《せいほう》自了《じりょう》（一六一六—一六四四）はその最たるもの。冊封使杜三策が顧愷之や王摩詰に比したというのもヨタすぎるが、狩野安信が友とせんといったくらいの値打は十分にある。自了と伝えられるものにほぼ二風ある。一つは玉城盛朝氏所蔵の高士逍遥図や、図書館所蔵の李白観瀑図のように、まず梁楷風のもの、これには落款あるいは印章がある。他は臨海寺の渡海観音や、尚順男爵家蔵の陶淵明像のような描線やや繊細のもの、いずれも伝自了である。

自了以後で見るべきものは殷元良（座間味庸昌一七一八―一七六七）であろう。遺品、屋慶名氏蔵、松下猛虎図、比嘉氏蔵山水等はいずれも佳品である。ややおくれて呉著温（屋慶名政賀一七三七―一八〇〇）、向元湖（小橋川朝安一七四八―一八四一）および毛長禧（佐渡山安健一八〇六―一八六五）がある。中でも呉著温は山水に巧みで、最も傑出している。自了以下すべて日本画の影響がむしろ大なるものあることは注意すべきである。他に画師査秉徳（上原筑登親雲上）康熙十四年の銘ある久米聖廟の壁画も注意すべきもの。ただしこれは同五十五年呉師虔というものの修飾を経ている。八重山画家大浜善繁（一七六一―一八一五）、喜友名安信（一八三一―一八九二）、山里朝次（一八四八年頃）等の板障画も面白い。

彫刻は建築物付属の石刻の他に、仏像、天尊像、古陶人像等あり、手腕は一般に絵画よりも一段優れている。

33 掌紋

一月十七日。午前十時半、女子師範。前日同様にして、放課時までに六七人の掌蹠紋をとる。前後両回に一一二人を得たわけである。

帰路、県庁学芸課に寄る。中城への公用自動車の件は都合が悪いというので、産業課の井田氏に再交渉する。これより図書館に廻り、昨夜の写真を返納して、二、三所蔵の実物を見る。

伝自了の渡海観音像、紙本彩色。西福寺七世真意記として「此尊護道院宝物、先王様御拝領、表具簾末ニテ拙僧誓願ニヨテ於御国元再興、代々不可散者也」とある。落款印章なし。像は出面で竜魚の頭を踏む。描線繊細であるが自ら風骨あり、傑作と見える。李白観瀑には自了筆の落款があり、梁楷の風であるが豪宕の気にやや欠けるところがあって、むしろ日本画の影響が多く見える。

他に尚純王（万治三―宝永三）の真蹟一巻、古碑拓影等を見る。うち万暦四十八年の「極楽山之碑文」は漢文であるが、嘉靖元年の「真珠湊碑文」、同年「頌徳碑」は仮名文字がある。頌碑には「爰有宝、創神仙託曰、号治金丸、称真珠也」とあって、治金丸および真珠の二宝物を頌徳したもの。この治金丸とは、尚侯爵家現存の古刀千代金丸であって、先年東京名宝展に出た逸品である。

帰宿すれば井田氏より返事あり、十九日、中城旅行と決定する。夜は早寝。

一月十八日。早朝より首里の第一中学校に行く。先日とり残した掌蹠紋を得るためである。この日は同校金城教諭等の助力を得て、放課後数十分も費し、八十人近くの採集を終る。掌蹠紋はこれで男女それぞれ百以上を得たから、ひとまず打切りとする。（なお本材料に基づいて得た成績は「人類学雑誌」第四十五巻第五付録に「琉球人手足皮膚の理紋について」と題して発表した。）連日の労働に疲れを覚えたので、早くより宿にかえる。夕食後しばらく散歩、琉球民謡レコード等少しばかりの買物をする。この日はちょうど旧暦十二月八日に当り、例の鬼餅《うにむち》を食べる日である。旅宿の好意により、これを見かつ味わうことができたのは幸であった。鬼餅の由来は『琉球国諸事由来記』の説話で有名である。鬼に食わせるものを紀念として人が食うのは、何国も同じことながら、ここのは説話が生々しく、多分のグロ味を有するのが面白い。私が見たのは、こば（蒲葵）の葉、あるいは「さんにんがーさ」といわれる蘭科植物（月桃）の葉で包み、蒸したもの、材料は米または黍。食べると芳香があり、笹の葉の比ではない。この日早朝、首里に向う途上、郊外より多くの女たちが、これらの葉を頭上に載せて那覇市内に入り込むのを、異様に思ったが、これであった。中頭地方では甘蔗葉を用いることもあるという。

34　中城《なかぐすく》行

一月十九日。日曜日。県産業課井田氏の案内で、中城訪問の予定日である。起きると曇っている。県庁を出たのが十一時。まず山下町に小橋川氏を誘い、引返して与那原《よなはる》街道に向う。同行は上記二氏の他に、中城出身の県吏喜舎場《きしゃば》氏がいる。街道は三里の坦路、窓外は見渡す限りの甘蔗畠。正午近く与那原に着いて、産業試験所に入る。課長の出勤とあって、休日ながら所員総出の優待である。まず場内を一巡して、珍しい製糖の過程を見学し、黒砂糖の大塊や、握り太の甘蔗茎などを贈られる。これは那覇の宿舎で滞琉中絶えずしゃぶったが、遂に消滅しないので、とうとう京都まで持ち帰り、よいみやげとなった。

同所で昼食した後、再び車上の人となる。中城湾に面した島の東南岸の風景は、西岸に比してまた一種の趣がある。榕樹の大きいのも驚くが、甘蔗の大はさらに見事である。自動車は樹林の底をゆくように這い、甘蔗が尽きて海を見る。

津覇《つは》、安里《あさと》を過ぎ、「島や中城花の伊舎堂」と唱われたその伊舎堂《いおどう》もすぎた。久場《くば》で自動車を捨てた頃には細雨となっている。これより徒歩で中城々趾に向う。甘蔗林中の小径を縫って進むと、ようやく山路にかかるという路傍の、とある一角に小岩洞があり、中に蓋の半ば破れた一個の甕棺がある。調べると若い女性骨と当歳位の小児骨とを合葬せるものである。骨質はやや脆いが、形は完全である。蓋の裏面には「道光三、十一月、父比嘉」等の墨書が見える。骨を行嚢に納めて進む。その祟りであろうか、これより雨はようやく激しく、山道は滑りがちでなかなかの難路となる。

35　護佐丸《ごさまる》の城

中城訪問は雨に祟られることが多いと見える。大正十二年夏、伊東忠太先生もここで暴風雨に襲われ、遂に山巓を極めることを中止して、「尋ねきし甲斐もあらしの中城　みずにかへるの飛んだしくじり」と負け惜み半分の狂歌を詠まれた。その時の暴風雨は、どんな罪の祟りであったかと、苦しい中にも冗談をいいながら、ひた登りにのぼる。靴は滑るだけでなく泥土が付着して次第に重くなる。と、山上より甘蔗を担った一人の姉小《あんぐぁ》が降りて来る。これが可憐掬すべき鄙歌でも唱っていたら小説めいて来るのであるが、そんな呑気などころではない。一行の難渋を見かねて、すれ違いさまに無言で甘蔗を一本ずつ渡してくれる。杖にせよと言うのである。地獄で仏というが、私にはその少女が確かに菩薩の化身くらいに見えた。

これに力を得て一気に山頂に達する。雨中に中城湾を見下す眺望の便はないが、雲霧の間より立城の石塁が倏忽として眼前に現われた時には、労苦を忘れて思はず快哉を叫んだ。

城は毛国鼎護佐丸の経営による約五百年の古城である。護佐丸は、中山王の忠臣であり、奸雄阿摩和利の讒によって憤死した。年少の遺子鶴松、亀千代の二人が、万才姿に身をやつして父の仇を討つ物語は、今も琉球で熱愛されている。

城内に中城村役所がある。いかめしい石門を潜って玄関に立ち、ずぶ濡れの外套をとると、雨は下着に透っている。上に通されて濡れた衣類を乾かし、熱い茶を貰ってやっと蘇生の思いがある。村長に人骨採集の用件を語り、案内を頼む。同所に中城の古地図、護佐丸の遺品などがある。後者はもとより眉唾もの。微雨になるを待って役所を出る。城下の岩洞に「そうしのし」と呼ぶものがある。「そうしのし」の意味は不明であるが、中に夥しい人骨が散乱している。鳥居竜蔵氏が往年、東京帝大人類学教室に持ち帰った人骨も、ここに獲たものであるという。

洞は自然石灰洞で奥行なく、入口は広いが低い。つまり一種の岩屋をなし、入口に積石がある。これを乗り越えて中に入ると、ほとんど足の踏み場もないほどの骨。多くは破壊されている。頭蓋などは完全なものが一つもない。しかし質はみな良好で、一様に古い外観を呈し、帯緑色の重い骨である。下顎、長骨、足趾骨は完全なものが多い。運天のように生々しいものは一個もない。また洞中何ら棺槨を見ない。めぼしい骨を悉く採集して、大風呂敷包数個を得る。これより荻堂《おんじょう》貝塚に向う。途上路傍の小洞に、屋状石棺を納めるものが数個所ある。これを一々採集しようというと、同行者は種々の口辞を構えて、私の意を阻止しようとする。ただ一つ石蓋をとって内容を調べると、骨はほとんど腐朽して、はなはだしく悪質であった。

36　荻堂より普天間《ふてま》

荻堂貝塚の名は、鳥居、松村諸博士等の紹介研究によって世人に知られている。松林を後に負った山の段々畠で面積は狭く、今は貝層も失われ、土器破片すらも見難い。耕土中には雨に洗われて貝殻が白く光っているが、多くは新しい。石器等の表面採集を試みたが、これも失敗に終った。案内の老村長に別れを告げ、これより山を北に下って喜舎場に着く。久場で乗り捨てた自動車はこのところに廻されていた。人骨を載せたので乗客の頭数はとみに増した。西行さらに南行、普天間に着く。雨はようやくやみ、空気清んではなはだ爽快である。普天間には産業課所属の農業試験所があり、種々の植物を試培し、家畜を飼育している。これも課長の出張というので、所長以下はなはだしく緊張している。ここではからずも同所々蔵の人頭骨二個を得る。これにも増して忘れ難いものは、園内試育の琉球第一等樹より、所長自ら摘んで供せられたパパヤの風味である。

門前数十歩に有名な普天間の御願所《おがんじゅ》がある。本殿は地下隧道をなす鐘乳洞中にあり、伊東博士の調査によれば、三個の陽石を神体としているという。洞中は湿潤で陰気、永く留まるに堪えない。洞の入口付近にも瓢形の太陽石がある。当願所には赤瓦切妻屋根の拝殿あり、社前には鳥居もあり、二基の石燈籠もあって、簡素ながら形が整っている参道の美しい松並木は、尚敬王の時、賢臣蔡温が栽植したもの、いわゆる「宜野湾《じのーん》松原」として有名である。宜野湾街道はこれより起って首里に通じている。われわれは嘉手納街道をとって那覇に向った。七時那覇着、雨の日曜日のサービスにと、別れに際してとくに若干の心付を握らせると、眼を円くして驚いた運転手君の淳朴は、今日の最後の収穫であった。

37　城嶽《ぐすくだけ》貝塚の試掘

一月二十日、この日も起きると曇っている。真境名、小橋川氏等と約束の城嶽貝塚試掘の日である。所定の時間に図書館へ行ったが、雨模様のためか、約束の人は誰も来ない。館員を煩わして　館長や人夫を呼んで貰う。その暇に付近の那覇警察署に出頭し、署長に置手紙で、明日の行路病者屍体発掘許可の件を依頼してくる。やがて人々も揃ったので城嶽に向う。

城嶽は県庁の東南数町、県立第二中学校の正門に面して、忽然と盛り上って来る。小丘である芝生に蔽われた小径を登ること数十歩、眼界にわかに開けて、一眸の下に那覇全市を収める。往昔尚清王が王の大親の女を妻にしようとして、この丘上より見渡す限りの地を、引出物に与えたという伝説がある。那覇市民が勝景の一つに数えて、四時遊覧したのもこの丘である。

丘についての詳細は、大正十五年七月、同所を本式に発掘された小牧実繁氏の記事(「人類学雑誌」第四二巻第八号)があるから、これに譲ることにする。同氏の記事は本遺跡に関する唯一の学術的記述であるが、古くは鳥居博士の記載があり、松村博士、大山公爵も本遺跡出土の石鏃等について記し、ジモン博士も、また自ら同所を踏査して、石斧土器片等を得ている。まだ報告を見ないようであるが、早大西村教授も小牧氏と同時に発掘されたのである。しかし以上すべての記事を通じてみても、本遺跡発見の遺物ははなはだ少ない。これは遺物を包含する腐食土が極めて浅く、地山をなす隆起珊瑚礁が諸所に露出し、その自然的凹所に辛うじて浅い表土をのこすような状態であるためである。私はこの日多数の石器時代人骨とともに、あわよくば先日慶大橋本教授報告の明刀銭のような編年資料をも、同時に発掘しようとの意気込みであったが、丘上を一巡してこの状態を見るにおよんで、早くも大きな失望を感じた。

やがて人骨発見者小橋川氏が姿を現わす。折柄の微雨に、朝刊新聞紙の記事によって集まった弥次馬連も散去した。微雨を冒して早速作業にとりかかる。まず人骨発見の個所を見るに、ここにはもはや貝層もなく、遺物も見えない。厚さ五寸ないし一尺の黒い表土中に、極めて微量の貝介片を混ずるに過ぎない。人夫を督して試みにこの地点を掘らせて見たが、いたずらに鋤先が岩礁に当る音を聞くのみである。

これより南東十数歩の地点、橋本教授所載の明刀銭出土地と同圏内に属すと思われる個所で、真境名氏は以前に人骨らしいものを見たという。そこで見ると同所も表土は極めて浅く、鋤を入れるとすぐ地山に達する。ただ前部位よりは僅かの貝殻と、少数の土器片を見得る程度である。

人骨発掘の夢はこうして簡単に破れた。しかしなお少数の人骨片を今後採集することは、同貝塚の状態より見て不可能とは思えない。そして、前記大腿骨や、伴出獣骨片の性質よりして、骨質はかなり良好のものが出るはずである。ただこれを得るには、現在表土の亡失に近い丘の上表よりも、むしろ斜面の下位に近い、比較的表土の厚い層を検する必要がある。しかし斜面はおおむね阿旦の密叢に蔽われ、このために発掘は極めて困難である。同丘は県保安林区域中に属しているから、近い将来に遺跡が湮滅するとは思われない。多数の遺物はなお当分、日の目を見ることがないであろう。

私は本調査のついでにさきに小牧氏が発掘された上表の南端に近い、緩斜面を、小区域試掘して、珊瑚石灰岩製石斧二個、チャート製石鏃一個、獣骨、土器片、貝殻等多数を得た。以上の作業は昼過ぎに終った。人夫に約束の賃金を与えようとすると、半日分を固辞する。図書館で昼食をとり、関係者一同に謝意を表して宿舎に帰る。昨日よりの雨中の行動に、風邪をひいたらしく身体がややだるい。

38　糸《いと》満《まん》

城嶽発掘が午前中にすんだので、午後は暇となった。雨に濡れた作業服を和服に着替えて、一旦旅宿におさまったが、この暇を利用して、かねて望みの糸満見物を果そうと、そのままぶらりと外へ出る。

糸満は那覇の南方数マイル、島尻西海岸の漁村で、種々の点で有名である。家族間に個人経済の発達していることは、ことに河上博士等によって紹介されているが、重い魚籠を頭上に載せて、数マイルの道を、軽衣裸足、早朝那覇首里に運ぶ糸満の婦女は、一般に女子の労働を珍しとはしない沖縄人とても、驚異の対象であるらしい。それ故か彼等は糸満人をある異種族のような眼をもって見ようとする。糸満すなわちイートマンという洋人名に由来する等の俗説はここより生れた。ただこのような差別の根底に、糸満人の体格が異様であるとの理由があるのは聞き捨てにならない。私はすでに数回糸満人を観、あるいはその写真に接する機を得たが、今日はその本拠を襲ってさらに観察を深めたいと思ったのである。

那覇より糸満へは鉄道馬車あり、また軽便鉄道がある。私は時間の都合上、後者を選んで那覇を出る。車体は古い電車を改造したようなもの、速力ははなはだおそい。その上線路は東南の東風平《くんだ》を経由する大迂路を描いているので、ほんの数マイルと思った糸満へ、いつ着くべしとも思われない。中途那覇港湾にそそぐ国場川口に真玉《きだん》橋駅というのがある。背景は蕭々たる蘆荻。蘆荻の間に憧れの眞玉橋を望見する。橋は尚貞王の時（寛永五年）、全島の人夫八万三千余人を役して竣工した石橋で、琉球第一の大橋。先に紹介した「真玉橋碑文」は守礼門の南側にある。砡の美観は伊東博士によってつぶさに賞揚されている。

四時過ぎ糸満着。和服に懐手の散歩気分で、当てもなく漫歩する。漁村とはいえ人口八〇〇〇の村で、街上何となく活気がある。会うものは多く婦女子である。顔ごとに注視しながらその印象をまとめる。皮色濃く、体格は比較的かがまり、身長やや大というような点は多少あるかも知れぬ。しかし顔貌は那覇市民に見るところと何等差異がない。糸満人がかりにイートマン氏の子孫であるならば、沖縄人は悉くそうといい得るだろう。もとよりこれはあり得ぬことである。

糸満の町では、とある泉水の傍で三、四人の小児が裸身で砂遊びをしていたのと、ある漁家の戸口で一人の若者が今や一個の刳舟を仕上げ終って、これを台より卸し満足そうに立ち上って、家に入った光景を忘れることができない。その大きさと粗末さ。材料は杉である。

帰路はこれも出発時間の都合上、鉄道馬車を選ぶ。五時三十分発、すでに夕刻で地覇《ちは》を過ぎる頃は、沖つ白浪と甘蔗の穂波が、夕闇の中にただ二つ白い。馭者はマッチの用意を忘れ、しきりと探しているが見あたらない。乗客も誰一人持っていない。闇は濃くなりまさり、今は同乗者の顔さえ見わけ難い。折柄の月の出に窓外にうす明りが漂う。小祿の駅亭に馭者は車を停めて、マッチを求め、点灯具を用意する。寒駅は宵刻すでに深夜のような静けさ、その上、馭者の動作ははなはだ緩慢である。微熱を孕む私の脳中には、目前の光景が遠い昔の物語中のできごとのように思われ、さらに郷愁に似たものを感じる。

七時那覇着。宿舎で検温すると体温三八度一分。夕食を廃し、アスピリン〇・五を服して直ちに就寝する。

39 赤《あか》面《ちら》原《ばる》

一月二十一日。八時起床、体温は常に近いが食欲がない。しかしこの日は行路病屍発掘の予定があるので、粥を頼んで強いて朝食をとる。

午前午後を通じ、市役所、那覇警察署、県衛生課の間を数度往復する。学術研究目的で行路病屍の発掘という先例がないので、まず法文の研究から始めなければならない。結局那覇市長の責任をもって、一定条件の下に発掘を許可される。ここに至るまでの多大の面倒を厭われなかった各当事者、並びに斡旋者小橋川氏に深謝しなければならない。この交渉の間に、市役所々蔵の伝呉著温筆、首里那覇風景屏風六曲半双を見る。彩色あり、吉田初三郎描く鉄道案内の鳥瞰図のような構図で、首里那覇より、遠く島尻の山々を望む。筆致温柔にて、琉球画家の手になったことは確かであろう。

さて行路病屍の埋葬地は、那覇市若狭町の北方赤面原といわれる砂浜。西方に突出する小岬は斧《ゆ》崎《ちのさち》という。赤面原の墓地は珊瑚礁の海岸線から僅か数メートルしかない。砂は湿潤であって、人骨の質は掘らぬさきから思いやられる。一面の物凄い阿旦の叢の隙間に、木杭が立っているのが墓標であって、琉球人一般の墓にしてははなはだしく異例である。同行された市の吏員は控帳を開いて、なるべく古いものより発掘させようとする。私の希望はなるべく新しいものより始めることである。とかくするうちに大雨沛然と来り、今日の予定を中止することとなった。時すでに夕景に近い。

宿に帰って直ちに入浴。浴後の小憩をとる暇もなく、南島研究会の諸氏によって催される歓迎会席上に拉致される。席は辻町山杉楼。ただしこれは純然たる料亭である。一日の奔走に病魔はすでに去ったものであろう。私は朝からの空腹にまかせて、出される佳肴を貪り食う。会員諸氏は多く教育者であるが、席上何らしかつめらしいこともなく、私のような書生を遇するに、道をもってせられたのははなはだ有難かった。隣席太田朝敷老より種々興味深い談話を聞く。中に南島の男逸女労の風習を否定することなどもある。宴酣におよんで数名の踊子現われ、かぎやて風、上り口説、四つ竹踊、万歳踊、鳩間節、浜千鳥節、天川の七曲を演ず。散会十二時。

一月二十二日。早朝より弁当、飲料、新聞紙、ビール箱等を用意して発掘所に向う。現場で昨日約束した人夫に会う。やがて市役所上林氏、小橋川氏等が来る。午前中四体、午後五体その他頭蓋一個を得る。

砂を掘ること約一尺で木棺の蓋に掘当る。木棺の形は皆同じで、長さ約四尺、幅約二尺、底は舟底となり、ちょうど切妻形家屋を顚倒したようなものである。蓋は多く崩れ落ちて、棺は半ば湿潤な砂に埋れている。すなわち人骨はこの砂中にあり、仰臥屈葬位をとる。もちろん洗骨されていない。第一号ないし第六号は骨質脆弱、第七号以下は良好である。ただし第八、九両号は比較的新しく、軟部および衣服の一部は尚完全に消解していない。眼鏡、櫛、鏡、食器、煙管等伴葬物のあるのは、琉球では普通に見ない。第六号は犬骨一体分を合葬している。九体のうち第二、第三号は奄美大島人、頭蓋一個は伊平屋島人である。

木棺に身を容れて砂中の人骨を掘り出すのは案外手間がかかる。夕刻までに一〇体という数は、この事情によるものである。今一つはこれ以上の発掘は許されそうもない。それで発掘を打切って荷造りにかかる。日は暮れてひとびとは帰り、私は物凄い海岸に独りとり残されて作業をつづける。月が昇ってあたりの景色はさらに凄愴となる。荷造は漸く終ったが、頼んでおいた車が来ない。と阿旦の中の小径を人がうごめいている。散歩中の中学生である。これに携帯物等の見張りを頼んで、車をさがしに町に出る。漸くにして荷車を一台雇い、再び現場へ引返す。中学生は荷積を手伝い車の後押までしてくれる。月はますます冴えてあたりは深夜のようである。夜は宿舎で、これまでの採集人骨を荷造りする。ビール箱十個。

40　瀬《せ》長《なが》島

一月二十三日。快晴、朝、西武門《にしんじよう》の山城婦人科医を訪ねる。種々雑談の後、所蔵人骨数点を借用する。同医師の談によれば、沖縄婦人の初潮平均は十六歳位、妊娠数多く、難産は少ない。自然助産で、前陣痛期より産婦は垂れた紐に縋り、雇われた力男が後より抱く。家族は酒宴を設け大騒擾を演じて悪霊を逐うという。なお同氏の談により、島尻瀬長島の自然洞に人骨多数あり、その瀬長島は那覇の南方約一里、干潮時には舟を要せず、人力車で徒渉し得るとのことに、私は早速渡島の意を決して宿に帰る。聞けば干潮は正午時より始まるという。そこで車を傭い瀬長に向う。

この日は快晴で、車上の揺られ心地ははなはだよい。花垣を過ぎて小祿に入る。路傍の民家の軒下に陽石と思われるものがある。奇抜なのはその面に後刻と見える目鼻を刻し、全貌猿面のごとき観を呈することである。小祿の小丘を越えて緩やかな斜面を下ると赤嶺。瀬長は目前に横たわっている。幾度か甘蔗を運搬する小馬とすれ違って海浜に出る。しばらく干潮の砂上を行き、やがて轍は水中に没する。車上より水中を見ると砂紋の起伏より、右往左往する魚類にいたるまで、歴然と透視することができる。水は深くとも膝を越えることがない。島に達するまで数町の水中車行は、はなはだ愉快な経験であった。

島は西北より東南方に長い小珊瑚礁島で、南に高く北に低い。北方に村落があり、甘蔗、蘇鉄等を植えている。往時の瀬長按司の居城あり、『琉球国旧記』によると、その夫人は傾国の美人であった。大城按司はこれを垣間見て横恋慕し、計を設けて遂に犯した。瀬長の按司はこれを知って精兵を発し、大城按司を殺した。那覇若狭町の威部《いび》竈《がま》はその墓という。瀬長の城趾は今は遺っていない。島には有名な陽石があり、子宝を祈願するために遠近の婦女はこれに詣る。いわゆる「瀬長まいり」である。

島の北方に着いて村婦に岩窟の場所を問う。南方の山腹であるという。車夫と二人で南方の山腹を蘇鉄を押し分けて、ここかしこと探し歩いたが見つからない。再び村落に引返して、先の村婦に案内を頼む。彼女は裸足で砂礫雑草の中を巧みに歩き、島の南端のとある一角にわれわれを導く。これは山麓で殆ど海浜に近く、自然のトンネルとなった岩洞で、長さ数間、両方の入口は石を築いて塁壁をなしている。高さ約六尺、これを越えて中に入ると、床は砂礫よりなり、多数の人骨が散乱している。破損は比較的多いが、質は良好である。最近のものと思われるものはない。これを一通り採集して二個の大風呂敷包を作る。岩洞の外周にも三、四の頭蓋を得た。うち二個は甕棺中に葬られ、質は比較的不良である。棺蓋に記名がない。かなりの収穫があったので、潮の満ち来ぬ間をと、急いで島を離れ、またもや水中を行く。午後一時。気がゆるむとようやく空腹を覚える。小禄の駅亭に車を停めて、駄菓子等を求め車夫と二人で食う。家の裏にパパヤ樹あり、家人に乞うて一果を得た。はなはだ美味である。家の中に少女がいて機を織る。話しかけてみるが、彼女等は一般に内気であって顔をあげない。家人の拝する仏壇らしいものがある。請うてその本尊を観ると、一見中国画と思われる関帝像である。

不満足ながら昼食らしいものも終ったので、再び車上の人となる。那覇着二時。

午後の残りを波上の散策に費す。まず天尊廟に天尊を拝し、廟前に「景泰七年丙子九月」の銘ある鐘を見て護国寺にゆく。ここにも同じく景泰七年の鏡がある。本堂の正面の「大福聚海」の横額は冊封使周煌の筆。周煌は有名な『使琉球記』の著者、乾隆の人である。これより波上宮に行く。このたびは宮司僥平《よへ》名《な》氏に請うて宝物を観覧する。謙徳三年の銘ある国宝朝鮮鐘はつとに有名である。ここに見落すことのできないものは砂岩製の太陽石である。高さ約一尺七寸、製作はなはだ巧みである。他に刀剣数振があり、中に永正祐定が一振ある。

宿に帰って瀬長島人骨を荷作りする。ビール箱二個。夜は二中教師渡口氏来訪。雑談して辞去された。

41　琉球を去る

一月二十四日。いよいよ出発の日が来た。滞琉二〇日、去り難い気持ちである。まだ見ぬところも多い。北山城趾、南山城趾、浦添も見たい。つい手近の識名園もついに見なかった。離島や先島の淳朴さはどうであろうか。慾をいえば限りがない。これらは次の訪問の時の楽しみに残しておくことである。思いなしか天候が悪い。最後の朝を首里のあの閑寂な城趾の散歩に費そうと、早朝より首里に行く。円覚寺を出て竜潭の傍を歩む頃、蕭々として細雨となった。城廓内をそこかしことさまよい歩き、園比屋武御獄を拝し守礼門をくぐり、そのかみの綾の大路を名残惜しみつつ下る。

那覇に帰って直ちに図書館に行く。最後の一時間を運天中城、瀬長等の文献調べに費し、真境名館長に別れを告げて宿にかえる。帰途土産物、古本等を購う。

昼食後は荷作り。パパヤ、泡盛等の荷がかさ張る。三時、宝来館を辞して埠頭に向う。雨中の桟橋には見送り人が多い。私の見送り人もこの中にいる。野田署長、福井学務部長、小橋川、真境名、志喜屋、渡口の諸氏である。私はこれらのひとびとに訣別して、台南丸船上の人となる。

四時、船は桟橋を離れる。見送りの人々はあらん限りの力で手巾を振り、船を追って叫び走る。岬端三重城にも領巾振る人がある。船上の人もこれに答えて、喧騒いわん方ない。しかし決して不快ではない。甲板上二、三歳の小児が、陸上の母を求めて「あんまーあんまー」と号泣するには涙を催した。

阿児奈波や那覇の湊をさりかねて　領布ふるひとにわれもまじりき

船上、花城代議士に紹介される。往年の総選挙当時、ある事情から有名となった人物である。船中多くはこの人と語る。夜船室に独座すると、どこからとなく蛇皮線の音が聞える。

一月二十五日。曇り。起きて甲板に登ると大島が右舷に見えている。十一時名瀬入港。上陸して少時散歩し、蜜柑朱欒などを買う。船室に帰ると、大島婦人の絣を押売するものに捕われる。遂に買わず。一時抜錨。七島を左舷に見て進む。小説を読み、日記を誌す。船中やや退屈を感じる。

一月二十六日。七時起床。天際に何物をも見ない。船は黒潮に乗っているらしい。午後五時、土佐の山影を左舷に見る。「定西法師物語」を読む。夜十時、室戸崎を過ぎる。

一月二十七日。六時、甲板に出る。まだ暗い。左方に淡路島の漁火が夢のように美しい。朝食の頃神戸入港。那覇を出る時丸々と肥っていた甲板の畜牛は、見る影もなく痩せ衰えている。那覇を出る時、明らかに琉球人であったひとびとは、三宮駅の人混の中では、別に特殊人ではなくなっている。私はパパヤ等の大荷物を気遣いつつ、午前十一時、無事京都駅に着いた。

冗筆と怠慢のため、だらだらと永く貴重の誌面を汚したことを編集者並びに読者諸氏に深謝します。琉球人の体質等についてとくに章を設けて述べる積りでありましたが、今はひとまず筆をおいて、他日の機会に譲ることといたします。

（付記）

この琉球旅行によって採集された琉球人骨のうち、頭骨の人類学的研究の成果は『国立台湾大学解剖学研究室論文集』第二冊、一九四八年四月、二二七―三三〇頁に、許鴻樑によって発表された。頭骨以外の人骨については未発表、全資料は今右記の研究室に保管されている。（一九七五年六月四日付記）

与論の旅

一、墓

大島群島いったいに、といっても、大島と沖永良部島の一部と、与論島を見ただけだが、沖縄以南では見られない墓制がある。それはやまと風の石碑をたてることで、墓は沖縄のように家族墓でなくて、個人墓になっている。

石碑は、大島の大和浜で見たのでは、五輪塔と角塔があったが、宝篋印塔はなかった。与論島や沖永良部で見たものは、角塔のみであった。

五輪塔には安永、明和などの年号があり、角塔には、古くは宝永から、新しくは万延以後昭和に至るものがあった。五輪塔の方が必ずしも古いとはいえない。

以上の二種の他に、沖縄にも見られる、正面に仏像、蓮花などを刻み、入母屋形の屋根を蓋にした石造の家形の石櫃があった。中に納骨されており、単なる塔婆ではない。即ち骨は地表上にある。だから、石製納骨箱である点では、沖縄にも例があるが、個人墓としてこれが前掲の二種の石塔とならんで、聚落の共同墓地に、墓標の役をしているところが、沖縄とは異なっている。

沖縄では、この種のものが家族墓の中に安置されるが、洞穴の中に、他家のものと共同に置かれる場合

新墓と沖縄風の屋形墓

もある。形式からいえば、大島のこの種の石櫃の制は、沖縄風とやまと風との中間のものだが、年号を見ると、これが最も古いとはいえない。人々の好みの違いから来たのであろう。与論島のアガサ浜の墓地では、沖縄製の陶製の屋状の骨壺を、墓標に用いた一例があった。新しい壺であった。

洗骨するまでの新墓には、これも九州や四国の一部に見られるような、木造の神殿作りの「タマヤ」を建てている。与論島で見たものは、新しいタマヤを割竹をさし渡して、押えていた。これは台風に対する防護装置である。

さきの石櫃以外の墓標の下には、洗骨された骨が、沖縄製の素焼きの骨壺におさめられて埋葬されている。洗骨と石塔建立との間に時日があって、石塔は未だなく、洗骨壺の、平たい擬宝珠形のつまみのついた蓋だけが、わずかに地表に出て、墓標の代りをつとめている例がある。この時期の長い短いを見て、人々はその家の栄枯を察することが出来るという。

この木造のタマヤと同種のものを、沖縄運天港の「モモジャナ」(百按司墓)の一洞穴中で見たことがある。島袋源一郎氏が、郷土館へもっていったと聞いたが、その後どうなったか知らない。これが、同一系統のものだとすると、九州風のこうした墓制の一部は、沖縄本島、少なくとも国頭地方までは達していたといえる。与論島と運天港との間の往来はかなり頻繁であったようである。

或る時期に家運が盛んになると、それまで洞窟の中に置いてあった祖先の遺骨をあつめて、沖縄風の大きい家族墓の中にとりまとめる、という例が与論島にあった。この墓には亀甲形のも屋状のもあった。即ち、この種の墓も、時代的には必ずしも古いものではない。

与論島の洞窟の中には、陶製の洗骨壺、蜜柑箱くらいのただの木箱などに納められた洗骨の他に、何らの容器の痕跡もない、むき出しの骨だけを置いてある例が——むしろこの方が——多かった。中には頭蓋だけを置いて、他の骨が全然存在しない、という例も非常に多かった。

後に、沖永良部できいた話だが、近来は洗骨の方法が略式になり、遺骸を掘り出すと、頭骨だけを洗って、それで洗骨をすます風が起こった、とのことであった。或はそんな風が、与論島にもあるかもしれない。滞在中にはこのことについて、聞くことが出来なかった。

与論島の前浜の洞窟の骨の中には、木箱などのもようから見て、比較的新しいものがたくさんあり、中には最近のものと思われるものがあった。いわゆる「風葬」というものは、決して古いもののみではないことがこれで判る。もちろん、漂流者だとか、戦死者の骨ではない。事情を知っている筈の土地の人が、みずからそういう事をいうが、他所者に話すときに、意識的にぼかして話すものと見える。

共同墓地に個人的な墓標をたてて葬ることをしないで、いまも洞穴中に、他家のものと共同に雑然と遺骨を置くのは、古来の因習にとらわれたというのでもなく、好みによるのでもなかろう。多分は、やはり

祭人の被りもののウビ

経済的の原因からであろうと思われる。台湾の漢族の場合でも、墓を作る資にめぐまれないものが、小さい岩屋などの下に、洗骨壺を安置して、永く放棄しておく例をしばしば見る。

与論島には、今は仏教の痕跡は、沖縄から仕入れた洗骨壺に蓮華の紋様などのある以外には、なにもなく、個人墓の石塔には、俗名を書いて「何某命之墓」と刻んでいる。神式であって、神殿作りのタマヤには鳥居の模型がたっている。

二、花織

与論島の有志の人々の尽力で、旧暦八月十五日の祭事を、滞在中に挙行してもらうことが出来たのは有難かった。その祭人の被り物に「ウビ」(帯)と称する布があった。多くはこんどの祭のために急場に作られたものであったが、中に数枚の古いものが遺っており、その模様から織り方が、沖縄本島の読谷山の紋織布に少しも異ならないものであった。新調されたものも、手法の点では全く同様であった。

これは、沖縄では、広い意味では「花織」といわれるものの一種で、読谷山では「浮織」、八重山の与那国島では「板花」といわれている。従来はこれらの二ケ所に、この手法の遺っていることが知られていたのみで、田中俊夫氏夫妻の詳細な研究書にも、与論島以北にこれがあることは記載されていないから、これは一つの小さい発見であった。

これらの織物は、絹や、木綿や、芭蕉糸の経緯の間に、手でもって模様糸をはさみ込んでゆく手法から成り、台湾の蕃族や、さらにフィリピン以南の南方にひろがっている。田中氏は、沖縄のものは「それらの地方（南方）との関連も考えられますが、しかし、もし他からの影響があったとしても、図案等の程度であって、技術そのものは各地で自発的にうみだされていたものでしょう」といっているが、その推定の根拠は示されていない。私は、南方の紋様が、後世になって沖縄の紋様に影響したとは考え難いと思う。根本の手法と共に、古くから共通のものをもっていたであろうと考える方が、むしろ妥当ではないかと考えているが、この問題は琉球のカスリの根源と共に、なおよく考えるべきであろうと思う。

三、馬　具

奄美大島では、馬具のようすが、南九州の場合と同様であった。山形の高い鞍をつけ、木製の「おもがい」はつけていない。与論島にいって見ると、鞍は低くなり、独特の木製のおもがいをつけて、全く沖縄本島以南の、いわば琉球風であった。

ところが、沖永良部島では、この両方の風が同時に見られる。のみならず、九州風の山の高い鞍をのせて、沖縄風のおもがいをつけたもの、つまり両方の混合型さえあって、馬具の点では、この島が、ちょうど九州と沖縄との移行点になっていることを知った。

ついでながら、与論島には、いわゆる琉球ポニー、或は宮古馬といわれる小馬が遺っている。全島で数はほんの数頭だということであった。

四、説話

与論島でも、沖縄から大島いったいの風に変りなく、鉄製の除草用「ビラ」(篦)をつかっている。ここでは「ワクシービラ」或は「ワクビラ」という。「ワク」は除草の意味である。これに関する昔話をきいた。

ある爺さんが、畑でなにげなくビラを後ろに投げると、鳩にあたって、思わずも鳩が獲れた。家にもち帰って、今夜は鳩汁をしようということになる。と、近所の者どもが、われもわれもとお相伴にやってきて、一きれ残さず食べていってしまった。婆さん、きのどくがって、自分のポーを半分削いで、お爺さんにたべさせる。お爺さん曰く「婆さんのポーは少し臭いが、おいしいのう」。

この型の話は、他ではきかない。しかし、メラネシアにひろがっている、日本の〃カチカチ山〃の「婆汁くった」という話の類話を中に立ててみると、関連がつかなくもない。

アジニチエの伝説。「アジ」は按司だという。彼は島の軍神として、今も祀られている。攻めてきた沖縄軍をむかえて、千人を殺した。その時、血刀を洗った田を「フクミ田」といい、この田の米は神に供えることが出来ない。

千人を殺したのち、油断して、船の中にかくれていた、ただ一人の生き残りの沖縄兵に頸を刺されて死ぬ。殺した男は、ふだん勇士でもなかったので、沖縄の人々はその報告を信用しない。用心のため、更に千人の兵を用意して、与論島に向った。

与論の人々は、アジニチエの死体を生けるが如く装い、樹によって立たせておいた。その頸の創口に、ウジが涌いて、ぽろぽろとこぼれ落ちる。それを遠望した沖縄兵は、アジニチエなお生きて、白米を噛んでいると見た。あわてふためいて逃げ出すときの騒ぎで、後の千人も自滅した。そこで、アジニチエは島の「生きて千人、死んで千人」殺しの勇将といわれる。

堀一郎教授のこんどの調査で、沖永良部島にも「白米城」の話のあることが知られた、と承った。与論のこの話も、おそらく白米城の話の、一つの変化であろう。

アジニチエの死に関しては、別の伝えがある。彼は自分の射た矢が返り来って脳天にささり、それで死んだという。足戸部落の某所には、今も頭に孔のあいたアジニチエの骨が残っているという。これは明らかに「ニムロッドの矢」の話の一つであり、東西にひろくひろがっているこの説話の分布に、一つの新しい資料を加えるものである。

五、テル

「テル」は大島の、竹製の背負篭であるが、篭のくびに外耳があり、これに通した紐の中央の、幅のやや広くなった部分を、頭に懸け、頭と背の力を同時に利用して、大島の婦人たちはものを運ぶ。この風習は世界的にひろがっているが、大島の周辺では、北はサツマの中の島、口永良部、南は沖縄の国頭地方から、伊平屋島に行なわれている。奄美群島内では、本島とその附属の島々、及び徳之島にあって、沖永良部や与論には見られない。この風習の行なわれない奄美の諸地方では、沖縄の中頭以南と同様に、婦人たちは物を直接頭にのせて運んでいる。

しかし、奄美大島の本島では、荷の軽いときや、空篭のときには、婦人たちは、頭にあてる紐を胸の前に押し下げ、両手でそれをもって運ぶ。荷の重いときだけ、頭の力を借りているようである。

与論島では、婦人たちは、どんな荷物でもたくみに頭にのせて運んでいるが、或るとき、徳之島以北に見るテルと全く同じ篭で、同じ紐のついたものを、与論の婦人が用いているのを見た。しかし、紐は頭に懸けないで、胸にまわしていた。この島でも、もとはやはり、頭に懸ける風習があったのではあるまいか。

この推定に有利と思われる、いま一つの面白い資料がある。与論の茶花小学校の教場の壁に貼られていた生徒の画に、桃太郎のお婆さんと思われる人物を描いたものがあった。わきに洗濯物をかかえ、大きい桃の実を紐でからげて背負っているが、その紐をやはり頭に懸けているのである。

六、遺跡

与論島の城（グスク）のような高地では、深い汲み井戸か掘り井戸を穿つ技術が起こらない限り、人の住む聚落は出来なかった。城の部落を歩くと、畠の中から投げ出された、たくさんのシナ製の青磁片が、路上で拾われる。それは例外なしに、明代の初めのころ浙江省の竜泉で焼かれたもので、琉明貿易の始まったころに、鉄とともに豊富に輸入されたものである。この青磁とともに輸入された鉄が、岩板の掘さくの技術を可能にしたものであろうと思われる。

ところが、多くの青磁片の間に、ただ一片の石斧のかけらを、私は路上で拾った。また、城の麓さんの畠の隅で、大きい卵形の凹み石が採集されているのを見た。明初のころまでこのあたりに人が住めなかったとすると、これらの石器は、その頃までは、まだ製作使用されていたことになる。しかし、その数は少ない。

茶花区の幸名波（コウナハ）の福永さんの畑地、ここは海岸に近いところであるが、ここからは沢山の石器が発見されている。しかし、このあたりからは、シナ製の陶器は、一片も見つかっていない。後で知ったが、城の林さんという名家のお宅に所蔵されている、明らかに先史時代の石器（凹石）は、かつて、赤崎おがん附近の吉田東生さんの所有の畑の中で拾得されたのだという。これも海岸に近い。そして、私もその附近は歩いて見たが、この海岸地帯には、青磁片は少しも見られない。

つまり、これらの海岸地帯の遺跡は、純石器使用者の遺したものであり、高地のものよりは古い。琉明貿易の影響以前のものである。この地帯では、地下水の自然露頭があって、井戸を穿つ必要はなかった。そうした技術も持たなかった時代の、この島の最初の住民は、そうした場所に先ず住みついたのである。ちょうど赤崎と城との中間で、城の方に近い、麦屋という部落がある。赤崎よりも高く、城よりは低い傾斜地である。島の人の話では、城に住みつく前には、人々は麦屋に住んでいたという。

その麦屋の部落内で、私はたくさんの石器を拾った。そして、それに混って、極く少量のシナ青磁片を拾った。たくさんの石器と少しの青磁、これはたくさんの青磁に少しの石器を伴う城の場合とは逆の現象である。つまり、明初のシナ陶器や鉄が輸入されはじめたころが、海岸から高所への居住地の移動期に当っていた、という私の推定には、非常に都合のいい発見であった。

八重山の波照間島へ昨年いったとき、ここでも海岸には純石器時代の遺跡、島の中央の高所には、たくさんのシナ青磁に少量の石器を伴う遺跡があり、そのもようは、与論島の場合と少しも変らない。ただ、麦屋のような中間的様相を示す遺跡を、波照間ではまだつきとめていない。

シナ青磁と石斧の伴う遺跡は、沖永良部島の西原の砂丘にもあった。砂丘の中層に、表面の固くなった薄層の傾斜面があり、それより上の砂層には、江戸時代中期ころの、肥前陶器（クラワンカ手）を伴う人骨が散乱していたが、その下層には人骨も日本陶器もなく、石斧とシナ青磁片とが共存していた。ただ、そのシナ青磁は、普通に見る竜泉窯の粗陶ではなく、やや薄手のもののみであった。時代はやはり明初ころのもの、恐らくは浙江省の他の窯のものかと思われる。

青磁と石器の伴う遺跡は、沖縄本島の国頭地方にもある。いずれも琉球の離島の文化史に独特の様相であり、沖縄の国頭の如きも、陸路の交通の制限されていた時代には、やはり一つの離島に他ならなかったことが、これからでも知れるわけである。

七、石敢当

与論島の城の部落内で、石敢当を二ケ所で見た。他にもあったと思われるが、私の見たものは、いずれもT字形の道路の角にあった。一つはつきあたりの石塀の、石組の中に組み入れられた角石にただ「石敢当」と刻まれていた。一つはつき当りではなく、T字形の路の一方の分れまたに石碑がたって、それに「石敢当」とあった。

石敢当も、もうあまり珍しい話ではなくなった。それだけに見すごされる恐れがある。分布資料は、やはり忠実に記載しておいた方がいいと思うので、見たところを記しておく。

八、芭蕉布

センイをとって芭蕉布を織る芭蕉を、与論島では「シマバシャ」といって、実を採ってたべる「ミバシャ」と区別していた。見た眼には両者の差別がつきにくい。ただ、シマバシャの方は葉柄の縁が、ミバシャのように紫色のボカシにならないで、黒い線でふちどられている。シマバシャにも実は成るが、しかし実が出来ると、糸が悪くなるという。

大島では、娘を縁づけるときに、持参金の意味で、シマバシャの山を与える。「バシャタイ（芭蕉田）」という。普通は三畝か四畝である。大島本島で醜い細君のことを「バシャヤマ」というのは、山をたくさんもってきただろう、という皮肉である。

センイをとる植物には、他にもいろいろあるが、与論島では「サンニン」ともいい「ヤマゴータ」ともいう茗芽に似た、いい香のする植物の茎をたたいて、センイをとっていた。これは縄や、編篭の材料にする。この植物は、沖縄では「サンニンガーサ」といっていた。正月の鬼餅を包む。そのために大へんいい匂いが餅に移っていた。

九、玩具

与論島の茶花の海岸で、子供たちが「チバナ」というカヤツリグサに似た草の花で、栗の実のイガを長くしたようなものを摘んで、そのままで、もて遊んでいた。これを砂浜において、風に吹かせて、仲間のものと競争させていた。

阿旦葉を割いて、上図のように編んで竹のさきにつけて走る風車もあった。「カダモージャ」（風舞）といっていた。

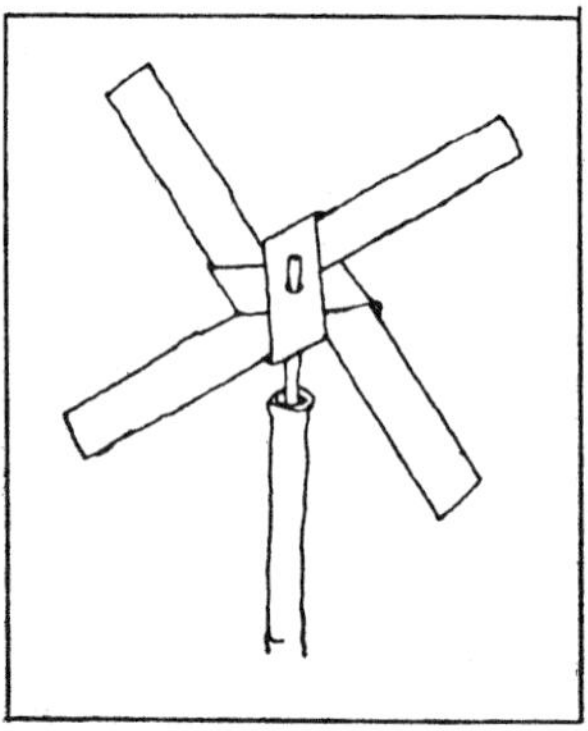

カダモージャ（風舞）

十、劇

この島では他の島では聞かない、古い日本の——といっても、島津時代に入ったと思われる——劇のあることを知った。祭のときの、琉球一般の踊りの間に、島の「一番組」の組子が、能狂言でわれわれのよく知っている「末広がり」、その他、郭巨の笋掘り（二十四孝）、五条橋の牛若弁慶、大江山の鬼退治、三上山のムカデ退治などの倭劇が、言語、音楽、衣裳も琉球化されて、そうと聞かなければ何の事かわからないものがある。それぞれの写真を見ていただきたい。

（この記録は、金関が一九五五年、「九学会連合奄美大島共同調査委員」の一人として、与論島民の人類学的調査をした時の、ノートよりその一部を集めたものである。）

末広がりの冠者

郭巨とその父

解説

中村哲

私は若い頃から金関さんの名を知っていた。小学五年の時、大正十二年の春、清野謙次博士の『日本原人の研究』という新刊書を買ってもらったことは、今も記憶に鮮やかであるが、この方面の学問に興味をもっていた私は、「ドルメン」や「人類学雑誌」に見える金関さんの名を、いつとはなしに知っていた。その後はからずも、台北で辱知の間となり、以来、交友は現在に及んでいる。

私にとっての金関さんは、一種の精神的身内という感じである。しかし学問の経歴においては遙かに先輩であって、先生と呼ぶのが自然な時がある。この呼び方は御本人が好まれないので私もためらうが、学問上さまざまな影響を受けたという点で、敬意を表するなにか適当な言葉はないかとも思う。私はこれまで多くの優れた学者に接することのできる恵まれた環境にあったことを、つねに徳としてきたが、中でも金関さんによる恩恵は大きい。古今東西にわたるアンシクロペディストとして、金関さんは一人の人間が到達し得る限界に近いものを示している感がある。知識に間隙というもののないこういうタイプの学者は、今後は恐らく稀になろう。

江戸時代の博識、太田南畝とか、『翁草』や『塩尻』や『甲子夜話』の著者といっても、金関さんのように、近代科学をその学問の基礎に持っている人ではない。だが金関さんの学問は、解剖学から始まって、人類学・考古学・民俗学へとその領域を拡げたものであり、研究の方法も、西洋の科学的体系をふまえた上で、東洋の批判的考証を消化したものである。

私はある時、そのような問題意識と関心の広さは、なにに由来するかと尋ねたことがある。それは旧制高校の寮生活によると答えられたが、三高時代に多くの友人からさまざまな刺戟をうけ、知識を競いあったものであろう。そういう雰囲気は、木下杢太郎、芥川龍之介などの一高出身者にも感じられ、私の世代の寺田透や加藤周一などの博識もここに発していると、私はかねてから考えている。

私は金関さんと前後して、昭和十二年、台北の旧帝大に赴任したが、ここは東大と京大の寄り合い世帯であった。そして三高・京大という、京都の文化的ムードも、当然その一部に持ちこまれていた。専門がかけ離れているにも拘らず、金関さんと日夜行動を共にすることが多かったのは、私が戦時下の精神的孤島に悩んでいたからでもあったが、そうしたムードにより惹かれたからであろう。この台北では、大都市では味わうことのできない、文化サロンが形成されていた。私たちのサロンは、内地人の住む城内ではなく、昔からの繁華街、大稲埕を本拠としていた。

当時、私は大学では、天皇の第一章から始まる憲法学の講義をし、また綜合雑誌「改造」に、軍を牽制するための政治強化論を書いていた。この政治評論が時局に捲きこまれるのではないかと忠告したのは、台北では金関さんだけであった。そのことは今も強い印象として残っている。一方、金関さんも、研究室にあった社会科学の書物、特に「改造文庫」を私のもとに托された。私の学問領域であれば、官憲の厳しい眼が見つけても、それほど咎められることはないであろう、という理由からであった。

金関さんは台湾出身者による「台湾文学」の支援者であり、みずから探偵小説などもものして、創作力のあるところを示していた。当時、金関さんほど、台湾人の社会に融けこんでいる人はなかった。金関さんは、台湾の知識人が今も懐しがる数少ない日本人の一人である。

金関さんは街を歩いている時も、全く無駄がなかった。いつも何か新しい発見をしていた。一口で言えば、行間の詰った知識の人であったが、その知識を支えているのは、独特のヒューマニズムであることも、私は次第に理解した。これは主として、生いたちの中に、キリスト教の洗礼があったからであり、学者として立ってからも、その研究の前提は、あまねく人間尊重によって貫かれていた。これはまた、外国人と日本人とを差別しないコスモポリタンの精神である。人種や階級の偏見を免れていた金関さんは、早くから国際的な学者との交流をもっている。別の面から見れば、金関さんは大正デモクラシーが生んだ時代の子であり、かつその具現者である、とすることもできよう。

思えば私が台北で別れてからも、機会を見つけては、金関さんの新しい任地を逐うようにして会ってきた。筑紫・出雲・大和。このようにその土地を挙げてみるだけでも、金関さんは日本人の発祥の原点を求めるような場所に、自分の学問の場を立地していることが分る。その足で海岸の涯や山間の墓地を尋ね、その眼で寒村の民芸や民芸品を捜り、つねに対象そのものの中に自分を置く研究生活を続け、みずからの存在する場所を、最も確実な起点として、経験をかさね精査を積んできたのが金関さんである。そしてその周辺の忘れられ、無視されてきたものを見出し、評価し紹介するのも、その大きな功績の一つであった。美術の鑑識にすぐれ、民芸品などに対しても鋭い審美眼を具えていた金関さんの感覚は、アマチュアの骨董趣味に淫したそれとは、全く異っていた。そのことは、前著『南方文化誌』の、「台湾工芸瞥見記」や「台湾民芸品解説」などを一読すれば明らかであろう。

私はある時、解剖学教室に立ち寄って、思わぬ発見をしたことがある。そこにはいつもの金関さんと全く印象の異った、メスを持った白衣の自然科学者の姿があった。室内一ぱいに並べられた頭蓋骨が、暗い燈下に映し出されていた。そこには精密な解析と測定とがあった。調査と実証による帰納の方法論が、金関さんの学問の根底にあるという当然のことを、私は改めて思い知らされた。金関さんの豊かな文化論は、この厳密な方法を芯に包んでいることを忘れてはならない。雑学とか雑芸などという、あまり感心はしないが親しみのある概念が、日本にはある。金関さんがその種の大家であることは、前に述べたが、その奥には精緻な科学者の論理が秘められているのである。金関さんは京大医学部の石川博士のことを、屍体に触れたそのメスで自分の歯くそをとっていた、と笑いながら語ったことがある。科学者としての異常なまでの冷静さは、こうした研究室生活において養なわれたのである。そしてこのことを度外視して、金関さんの学問を論じることはできないと、私は痛感している。金関さんは、伊波普猷はもとより、柳田国男や折口信夫のように、主として人間の心情より南島文化を探求しようとした人ではなく、そのような心情をも充分に持ちながら、物に即して科学のメスを振った人である。沖縄の人々がどう考えるか、或いはどう考えてきたかを問うのではなく、調査と研究によって導かれた事実に、時として金関さんは非情なまでに真実を語らせていることがある。

柳田国男は初めて沖縄へ渡る感想を、『海南小記』に次のように書いている。

> 黒島でも竹島でも硫黄島でも、佐多の岬に立って見ると、顧みて薩州の山を望むよりは猶親しい。島島に行けば次の島が又さうであらう。沖へ出て見たら尚一層、移る心が自然に起ることであらう。
>
> （佐多へ行く路）

柳田は南島への思慕が先に立って、その後に、日本人の起源を探ろうとするのであった。この点では、心より物の尊重を説いた柳宗悦と、金関さんはより通ずる所があると思う。柳宗悦は『物と美』の中で、

> 人間も活きたものであり、歴史も動きつつあるものに外ならない、……ことは之に対して抽象的な事柄の意になる。多くの観察者を見ると、不思議なくらいことに引かれてゐて、ものの方面を見ない。

少くとももの、への洞察者は稀の稀なのである。

金関さんはさまざまな様式の文化に接した時にも、むしろ柳のいうもの、の感覚に徹して、こ、との感情を混じていない。それは自然科学者としての観察を基礎としているからである。柳は、私が金関さんの主宰する「民俗台湾」に係っていた頃、台湾にも渡ってきたが、その時、彼の談話が金関さんの注意深いメモに移され、「台湾の民芸に就いて」と題して、同誌（昭和一八、五・六号）に載せられていることも、附記しておこう。

琉球は金関さんにとって、最も早い頃からの研究フィールドであった。昭和三年から四年にかけての調査は、その成果の一部が「琉球人の人類学的研究」としてまとめられた。本書に収められた「琉球の旅」は、その折の精密な旅行日誌で、前記柳田の『海南小記』から十五年を経た時期に、島を訪れた科学者の記録である。そこには単に人骨採集に関する記述ばかりではなく、南九州から琉球にかけての人々の顔貌に、多くの共通な特徴が認められ、南九州には共通するが、それらは北九州の人々とは全く異なるという感想、或いは琉球の舞踊や芝居に関する精細な見聞を含む点で、半世紀を隔てた現在では、貴重な記録といえよう。

新村出は日本の海洋伝承に、マレー的要素があると指摘したが、当時の研究者は大陸からの北方的要素を強調するあまり、そのことを忘れていた。その欠陥を埋めようとするのが、金関さんの学問の出発点であって、それは別の形の『海上の道』に他ならないと私は思っている。

金関さんと南島との邂逅は、そのように早い時代に遡るが、ここに集められた諸篇は、戦後台湾より帰ってからのものが、その殆どを占めている。金関さんが再び南島と接触を試みたのは、昭和二九年（一九五四）春、柳田国男の「南島文化の綜合研究」の一環としての、「八重山群島の人類学的調査」を担当した時からである。金関さんの下に、永井昌文（形質人類学）・酒井卯作（民俗学）・国分直一（考古学）の諸氏が参加した。その時の模様を国分直一は、次のように述べている。

三月のはじめであったか、波照間島は濃い緑に包まれていた。隆起珊瑚礁の海辺は、クサトベラの群叢によって、柔らかく覆われていた。パンダナスの多い原野を真紅のデイゴの花が彩り、民家は黒いまでの濃緑の福木に囲まれていた。金関教授は油絵の強烈なタッチを思わせる風景の展開に眼を見はって、ゴッホだ、ゴッホだ、と感歎の声をあげていた。

この島の人々の形質の計測と、下田原貝塚の発掘調査のあいまに、金関さんが朝日新聞に送ったリポートが、「琉球通信」であった。ここに述べられた波照間の島名に関する推論に対し、まもなく宮古島出身の宮良当壮博士の激しい反論が「民族学研究」に掲載された。それに答えた金関さんの大作が、第Ⅱ部に収められている「八重山群島の古代文化」であり、この論考は、先史考古学や民族学を通じて、戦後の南島研究を進める上での出発点となったものである。

八重山地方の先史文化が、一種の農耕文化であるとする見通しは、卓見といってよいであろう。現在この予想に実証が与えられているわけではないが、農耕的石器の組合せが、後代の鉄製農耕具の組合せに対比され得ることが、金関さんの規定を支えていると思われる。住民の体質も先史時代から連続していると見るべきであるとし、八重山の先史文化が、南下したものではなく、逆に北上したものであるとする指摘や、祝部土器の南漸についての挙証などは、当時としては、まさに画期的な発言であった。オーストリアの民族学者、クライナー教授などは、多くのページを割いて、この点について金関説を紹介している（Beiträge zur Japanologie, Bd. 2, Wien 1965)。ただし奄美諸島から琉球諸島に分布しているグレイの硬陶の多くは、南漸した祝部土器そのものではなくて、須恵質の硬陶（国分説）あるいは類須恵器（白木原説）などと呼ばれるものであることが、その後次第に分ってきた。しかし、その場合も、金関説の見通しをふまえた上での展開だったのである。

「八重山の民家」（一九五六）は、多忙を極めた波照間の調査の余暇に、採集ノートによって書かれたものであった。これに前後して「野国貝塚発見の開元通宝について」（一九五五）と「呉志の亶州と種子島」（一九五九）が発表された。いずれも南島史研究者にとって、その指針ともなったものである。後者は、後に種子島広田にある弥生時代の埋葬遺跡発掘調査の綜合的成果の上に立ってまとめられ、「種子島広田遺跡の文化」（『発掘から推理する』所収）の一部にとり入れられた。

「『耽羅紀年』に見える琉球関係記事」（一九五六）には、琉球から耽羅、即ち済州島に漂着した事例が紹介されている。その中には、琉球人が彼らより先に同島に漂着していたルソン人を、見分けることができたという記事がある。北から南へ漂流する例が多いのに、逆の場合が乏しいという人がある。先史時代においても、南から北漸する証跡の捉え難い事情と関連して考えようとするものであろう。しかしそういう例ばかりではないことを、金関さんはこの「耽羅紀年」によって教えてくれる。

その他一々触れないが、いま一つ述べておきたいことがある。須藤利一による、バジル・ホール『大琉球島航海記』の翻訳に寄せた、金関さんの文章の中に、次の言葉が見える。

沖縄を知らずに過ごす日本人の一生を、私は不幸な一生だと思う。私がもしいま一度首里の城址を訪ねて、あの美しい守礼の門をくぐることができないとしたら、私の後半生もまた不幸な半生であろう。

この言葉は、いたく沖縄の人々を感激させたということである。

私は台湾を第二の故郷ときめていたため、飛び石伝いに本土へつながる琉球の島々に、南方文化との連鎖があるであろう、とかねがね注意してきた。しかし媽祖の祭祀や、ペイロンの行事などが、港伝いに点点と本土まで繋がっているだけで、琉球と台湾とは全く別の文化圏であった。だがより広い視点に立てば、共にその根底には環太平洋文化が存在することも、また否定できない。かつて私は古い港町、今は廃れた鹿港に、佐藤春夫の「女誡扇綺譚」のモデルとなった漢詩人の許氏を訪ねたことがある。同家には日月潭の高山族と同じように、八月の月夜には、環を作って踊る古俗を伝えている、ということであった。それは他でもない、漢族文化の地層の下に、環太平洋文化が埋蔵していた証拠である。

金関さんが八重山において、メラネシア系とインドネシア系の文化基盤を指摘しているのは、このことであった。同地の人々のイントネイションの感触によって、まずそのことに気づく金関さんの直感は、このような新しい展望を拓く学者の優れた資質を、遺憾なく示しているものといえよう。八年に及び台湾社会に触れてきた私にも、島人の一部にある発声の語尾には、金関さんと同じようなものを感ずる経験をもっている。

戦前の名著といわれた和辻哲郎の『日本古代文化』の改訂版の序文には、昭和一三年の金関さんの論文「日本人種の構成」（『日本文化史大系』第一巻「原始文化」所収、宮内悦蔵と共著）がまっ先に挙げられ、もし二十年前に自分がこれらの論文を読むことができたのであったら、このようなことは企てたりしないですんだであろう、と書いている。金関さんの研究はこのように、隣接する学問から利用され得る部分が実に多く、いわば非完結的な示唆に富み、現在叫ばれている学問の固定領域の打破に寄与するところが多く、まさに、金関学は学際的である。

金関さんは香川県榎井《えない》の出身である。その村は琴平の参道に当り、日柳燕石《くさなぎえんせき》を生んだ土地柄だけあって、博奕打ちが多かったという。燕石は詩文を善くし、史学に深く、勤王の志篤い侠客で、高杉・木戸・中岡等をかくまい、そのため三年も投獄されたことがある。しかし明治維新の側に与《くみ》したため、後に従四位を贈位されている。加島屋長次郎というのがその本名であるが、今日の眼から見れば、この侠客はまさに新左翼の頭目であった。金関さんは戦前戦後を通じて、政治問題には発言していないが、警視庁から警告されるたびにペンネームを変えながら続けた「ドルメン」誌上の『人種秘誌』の翻訳にも見られるように、燕石流の叛骨を貫いており、また体制をはみ出した人柄が、あの厖大な業績や、学問の眩野を横断する研究となった、と私は想像することがある。

私は琉球論に触れつつ、思わず台湾時代のことを多く語ることになったが、これは同氏とともにこの島に日常を共にした時代があったからで、この体験から、とくに見識らぬ読者に伝えたいのは、金関さんにある全人類的な不屈のヒューマニズムの精神のことである。金関さんの主張の底にあるものが、地域ナショナリズムの心情をもつ人々によっても、誤りなく、正確に汲みとられ、それが南島研究への一投石となることを願うものである。そして、この巻に収められた金関さんの論考や報告が一粒の麦となって、今後の南島文化研究の豊かな実りを約束するものであることを私はしみじみと感じ、心ふくらむ思いがする。

あとがき

金関丈夫

足立文太郎先生より、琉球人の体質人類学についての研究を行なうよう、私はかねてから求められていたが、そのために沖縄に渡ったのは、昭和四年のことであった。その時の成果は、「琉球人の人類学的研究」と題して、翌年、私の学位論文となった。こうして私と琉球との接触が始まったが、その後、日本民族はどこから来たのか、という問題ともからんで、琉球の存在はいつも、私の心を強く牽きつけていたのである。

台湾での人類・考古学の調査研究をふまえ、私が再び琉球へ、その南端の波照間へ訪れたのは、戦後の昭和二九年のことであった。九州から台湾へ横たわるこの列島には、種子島をも含めると、前後八度に私の旅は及ぶ。そしてその間、その地に多くの知己をもち、懐しい思い出も限りない。

この『琉球民俗誌』は、愛する琉球についての、Ⅰ雑文・Ⅱ論考・Ⅲ旅行記を集めた。「八重山群島の古代文化」は、私の新聞紙上の発言に対する、宮良当壮博士の反論に答えたもので、論争の範囲をはみ出し、私の琉球に対する研究の、一応の綜合見解ともいうべきものを示している。宮良博士の意見は、つづく服部四郎博士のそれと共に、「わが沖縄」叢書第三巻『起源論争』（谷川健一編、昭四六、木耳社）に、すべて収録されている。また「琉球の旅」は、私の日記とメモをもとにして、京大の「歴史と地理」に連載したものである。すでに五十星霜を隔てる今、このような見聞記にも、多少の価値はあるかも知れない。ただ原文は、例えば「宝来館に投宿すべく桟橋を出《いづ》れば、早くも腕車は来って予を拉し去った」というような、古い文体であるので、やや現代風に改めた。

なおこれ以外に、「種子島広田遺跡の文化」(『発掘から推理する』朝日選書40)や、「十字紋の恨み石」「青白間道の行纒」(『木馬と石牛』角川選書81)等は、本来ここに収められるべきものであった。それらもお読み下されば幸いである。

この巻の解説は、法政大学総長であり、かつその沖縄文化研究所長でもある中村哲博士に依頼して、快諾を得た。博士は私の台湾時代からの旧知であり、「民俗台湾」を共に編集した仲間である。この書物が法政大学出版局から刊行されることと併せて、私の喜びこれに過ぎるものはない。

初出発表覚え書

I

南島の古代――「毎日新聞」(西部版) 一九五四・六・八
琉球通信――「朝日新聞」(西部版) 一九五四・三・三〜一七
八重山の民家――「民俗建築」一七・一八合併号、一九五六・九
ガーサと月桃――「琉球新報」一九六〇・一二・一九
野国貝塚発見の開元通宝について――「琉球新報」一九五九・三・二九〜三〇
与論島をめぐって――「西日本新聞」一九五五・八・二三
沖縄波照間島発掘石器――「西日本新聞」一九五四・四・九
私と琉球と本――「日本古書通信」二〇巻三号、一九五五・三
バジル・ホール『大琉球島航海探険記』――『胡人の匂い』所収、一九四〇
呉志の亶洲と種子島――「毎日新聞」一九五九・七・二九
『耽羅紀年』に見える琉球関係記事――「琉球新報」一九五六・一〇・一七―一八
沖縄の旧友――「琉球新報」一九五四・五・二

南風原朝保博士を懐う――「琉球新報」一九五七・三・三
カーの思い出――「沖縄タイムス」一九五六・九・一五～一六

II

八重山群島の古代文化――「民族学研究」一九―二、一九五五
琉球の言語と民族の起源――「琉球新報」一九五六・一・六、一八
八重山本『大和歌集』――「芸林」一―三、四、五、一九五四

III

琉球の旅――「歴史と地理」二四巻六号～二九巻四号、一九二九～一九三二
与論の旅――「えとのす」九号、一九七八・二

著　者

金関 丈夫（かなせき たけお）

1897年，香川県琴平に生まれる．松江中学・三高を経て，1923年，京都大学医学部解剖学科を卒業．京都大学・台北大学・九州大学を経て帝塚山大学教授となり，1979年退職．専攻：考古学・人類学・民族学．「南島の人類学的研究の開拓と弥生時代人研究の業績」により，1978年度朝日賞受賞．1983年逝去．著書に，『日本民族の起源』，『南方文化誌』，『琉球民俗誌』，『形質人類誌』，『文芸博物誌』，『長屋大学』，『孤燈の夢』，『南の風』，『お月さまいくつ』，『木馬と石牛』，『考古と古代』，『台湾考古誌』（国分直一共著．以上，いずれも法政大学出版局刊）などがある．

琉球民俗誌

1978年 6 月10日　　初版第 1 刷発行
2008年 5 月20日　新装版第 1 刷発行

著　者　金関丈夫 © 1978 Takeo KANASEKI

発行所　財団法人 法政大学出版局
〒102-0073 東京都千代田区九段北3-2-7
電話03（5214）5540／振替00160-6-95814

組版・印刷：三和印刷，製本：鈴木製本所

ISBN978-4-588-27051-2
Printed in Japan